Amédée Brunot

Licht vom Tabor

Mirjam – die kleine Araberin

Schwester Maria von Jesus dem Gekreuzigten
1846–1878

CHRISTIANA-VERLAG   STEIN AM RHEIN

Herausgeber: Arnold Guillet

Die französische Originalausgabe erschien unter dem Titel «Mariam la petite arabe –
Sœur Marie de Jésus Crucifié», 4. Auflage, im Verlag Editions Salvator, Mulhouse.
Ins Deutsche übertragen von Schwester Anne-Elisabeth Steinmann, Carmel-cou-
vent, CH-1661 Le Pâquier/Fribourg.

Bildlegenden und Photonachweis:
Erste Umschlagseite: Mirjam von Abellin. Pastell-Farbstift-Gemälde im Format von
48 x 48 cm. Geschenk einer Freundin an eine Schwester anlässlich deren Profess im
Jahre 1978. Befindet sich im Karmel vom Kinde Jesus in Bethlehem. Mit freundlicher
Genehmigung der Priorin Sœur St. Joseph du Cœur Immaculé de Marie.
Vierte Umschlagseite: Galiläische Landschaft mit Berg Tabor im Hintergrund. Photo:
Erich Lessing. Bildarchiv laenderpress, Düsseldorf.
Seite 1: Amédée Brunot. Photo von P. Gabriel Verley, Bétharram, F-64800 Nay.
Übrige Photos: Bildarchiv Christiana.

Zweite Auflage 1992: 11.–14. Tausend
© CHRISTIANA-VERLAG
CH-8260 STEIN AM RHEIN / SCHWEIZ
Druck: Buchdruckerei Bargezzi AG, CH-3000 Bern 13
Printed in Switzerland

Die Deutsche Bibliothek – CIP-Einheitsaufnahme
Brunot, Amédée:
Licht vom Tabor: Mirjam – die kleine Araberin; Schwester Maria von Jesus dem
Gekreuzigten, 1846–1878 / Amédée Brunot. (Ins Dt. übertr. von Anne-Elisabeth
Steinmann). – 2. Aufl., 11.–14. Tsd. – Stein am Rhein: Christiana-Verl., 1992.
ISBN 3-7171-0824-7

Inhaltsverzeichnis

III. DIE STIFTERIN

IV. DIE KLEINE

DER TOD UND DIE BOTSCHAFT

Vorwort

«Eine Seele und ein Leib, frei von Trug, reif für den Himmel.» Mit diesen Worten hat Maurice Barrès Mirjam Bauardy, die im Karmel Schwester Maria von Jesus dem Gekreuzigten hiess, charakterisiert. Der katholische Jude René Schwob hat in seiner kurzen Biographie dieser arabischen Mystikerin erklärt: «Kurz bevor die reine, und man könnte sagen: Vor Wundern behütete Heiligkeit der beiden Karmelitinnen Theresia vom Kinde Jesus in Lisieux und Elisabeth von der Dreifaltigkeit in Dijon aufblühte, vollendete sich eine der wunderbarsten Existenzen der katholischen Kirchengeschichte, nämlich das in Pau, Mangalore und Bethlehem verbrachte Leben einer kleinen Araberin, Mirjam Bauardy, die im Karmel Schwester Maria von Jesus dem Gekreuzigten genannt wurde.»

Das geheimnisvolle Phänomen Mirjam Bauardy lässt sich nicht leicht umschreiben und analysieren, aufgrund der Wechselfolge und zeitweiligen Verschachtelung des Ausserordentlichen und des Gewöhnlichen, des Natürlichen und des Übernatürlichen, der göttlichen Ekstasen und der teuflischen Besessenheit. Das wunderbare Geschehen aus einem derartigen Leben ausmerzen oder es auf natürliche Weise erklären zu wollen, ist ebenso unmöglich wie der Versuch, die Wunder und Teufelsaustreibungen aus dem Evangelium herauszureissen.

Wie seltsam war doch das Abenteuer dieser Palästinenserin, die in der Verborgenheit eines Karmelitinnenklosters abwechslungsweise eine Ekstatikerin mit unaussprechlichen Verzückungen, ein blutiges Abbild des Gekreuzigten und ein stets unbeugsames und dennoch verletztes, zermalmtes und wahrhaft schmachvolles Opfer Satans war!

Ich bin daher nicht ohne Bedenken an diese Biographie herangegangen. Glücklicherweise konnte ich mich auf ausgezeichnete Vorgänger berufen. Aber die Werke von P. Estrate und P. Buzy sind seit fünfzig Jahren nicht mehr gedruckt worden, obschon immer wieder eine Biographie der kleinen Araberin verlangt wurde. Ich habe meine Arbeit nicht durch einen die Lektüre erschwerenden kritischen Apparat komplizieren wollen. Aber es ist mir daran gelegen, zu betonen, dass ich die erreichbaren Quellen eingehend studiert und stets auf historische Genauigkeit abgezielt habe. So oft wie möglich überliess ich den unmittelbaren Zeugen und selbstverständlich vor allem Mirjam Bauardy selbst das Wort, deren Aussagen auf Anordnung des Bischofs von Bayonne und ihrer sich einander ablösenden Priorinnen immer sogleich schriftlich niedergelegt wurden.

Der Zauber, den die junge arabische Mystikerin auf zahlreiche katholische Intellektuelle, wie Maurice Barrès, Léon Bloy, Francis Jammes, Julien Green, Jacques Maritain, Louis Massignon, René Schwob, ausgeübt hat, erweckte in mir einen tiefen Eindruck. Wäre das nicht ein Zeichen, dass ihre Botschaft universale Bedeutung hat? Ihren Gebärden, ihren Worten, ihrer ganzen Persönlichkeit entströmt ein wahrhaft biblischer Wohlgeruch. Ist sie nicht eine Tochter des Landes der Patriarchen, Propheten und Apostel, des Landes, wo Jesus von Nazareth und Maria gewohnt haben? Wie sollte sie da nicht dieselbe Mentalität und dieselbe Sprache haben! Als palästinensische Orientalin drückt Mirjam sich gewöhnlich in Parabeln und Allegorien aus. Man dürfte sogar sagen, sie sei selbst ein wunderbares Gleichnis, das Gleichnis vom Himmelreich, das den Kleinen und Geringen versprochen ist. «Ich preise dich, Vater des Himmels und der Erde, dass du dies vor Weisen und Klugen verborgen und es den Kleinen geoffenbart hast» (Mt 11, 25). Sie bezeichnete sich selbst als das kleine Nichts, und man nannte sie meist die kleine Araberin oder einfach die Kleine. Sie war auch tatsächlich ein Abgrund von Demut.

Die universale Botschaft dieser Mystikerin ist heute ganz besonders aktuell. Wenn wir dem mystischen Crescendo dieses aussergewöhnlichen Lebens nachgehen, zeichnen sich immer klarer drei Hauptlinien ab. Diese arabische Charismatikerin bestätigt und offenbart das Dasein einer übernatürlichen Welt, die Transzendenz des Gottes der Liebe und die Wirksamkeit des Heiligen Geistes in der Kirche. In unserer Zeit, wo sich der atheistische Humanismus immer stärker entwickelt, erinnert sie kraftvoll an das Wort Pascals: «Der Mensch übersteigt den Menschen.» Mirjam Bauardy zwingt uns, über die körperliche und geistige Wesenheit des Menschen nachzudenken. Was P. Rideau über Theresia von Lisieux geschrieben hat, lässt sich ebensogut von Mirjam Bauardy sagen: «Das Bemerkenswerteste an ihr besteht darin, dass wir bei ihr in einem seltenen Grade die für das menschliche Leben bezeichnenden drei Faktoren wiederfinden, die ihm eine unvergleichliche Bedeutsamkeit verleihen, nämlich Sehnsucht, Liebe und Tod.»

Überdies ist diese echte Tochter Galiläas und der Ostkirche die Verkünderin einer an die Mitglieder ihrer Rasse und ihres Ritus gerichteten Botschaft. Wer hatte doch behauptet, dass die Lebenskraft der Heiligkeit in den Ostkirchen versiegt sei und das Land der Anachoreten (altchristliche Einsiedler) und Zönobiten (Mönche), der Lauren (Einsiedlergemeinschaften) und Klöster keine Blüten und Früchte mehr hervorbringe? Der Libanese Charbel Makhlouf und die Galiläerin Mirjam Bauardy sind die klare, unmissverständliche Antwort auf diese pessimistischen Urteile. Die göttliche Macht hat in diesen biblischen

Ländern immer wieder nationales Erwachen oder individuelle Wunder gezeitigt; sie sorgt auch dafür, dass diese alten Völker auch heute noch allen Grund zu edlem Stolz und unerschütterlicher Hoffnung haben.

Was gibt es Erstaunlicheres als den Lebensweg eines Heiligen? Und könnte das Bewusstsein, dass diese junge Galiläerin dem palästinensischen Volk, der palästinensischen Sprache und einem der ehrwürdigsten Riten des Heiligen Landes angehört, im so gequälten Nahen Osten nicht neue Hoffnung erwecken?

Diese Tatsache ist von zahlreichen Persönlichkeiten des Nahen Ostens recht wohl begriffen worden, denn sie haben Petitionen an den Heiligen Vater gerichtet, um ihn zu bitten, diese Dienerin Gottes, «die Ehre unseres Landes und unseres Ritus», wie die christlichen Laien Bethlehems sagen, zu verherrlichen. Aus den zahlreichen Bittschriften übernehmen wir nur die beiden folgenden Auszüge. Der erste stammt von Msgr. Makarios Saba, dem griechisch-katholischen Erzbischof von Aleppo: «Die Stimme des Volkes hat sich nicht geirrt; schon zu ihren Lebzeiten wurde die Dienerin Gottes allgemein als Die Heilige bezeichnet. Gesegnet sei der Tag, an dem Eure Heiligkeit das vorweggenommene Urteil der Priester und Gläubigen durch die Ernennung Schwester Marias von Jesus dem Gekreuzigten zur Patronin Palästinas, des Orients und der ganzen Welt bestätigen wird.»

Den zweiten Auszug entnehmen wir dem Brief der angesehensten Persönlichkeiten Jerusalems: «Wir sind überzeugt, dass die Heiligsprechung dieser Tochter Palästinas sich als von grossem Nutzen für die Ehre Gottes und das Heil der Seelen erweisen wird, damit den Gläubigen des Heiligen Landes in diesen Zeiten der Prüfung eine Beschützerin sowie ein Vorbild der Hingabe an die göttliche Vorsehung und der Verbundenheit mit dem Heiligen Stuhl geschenkt werde.»

Inch' Allah! Gott gebe es! wie die Araber sagen. Es muss noch hinzugefügt werden, dass seit dem Tod der jungen Karmelitin in Bethlehem zahlreiche körperliche und seelische Heilungen durch ihre Fürbitte erlangt worden sind.

Ich widme dieses Buch den Karmelitinnen von Bethlehem und Nazareth, sowie meinen zahlreichen christlichen, orthodoxen und muslimischen Araberfreunden, mit denen ich im Heiligen Land, und insbesondere in Jerusalem, Bethlehem und Nazareth über fünfzehn Jahre meines Lebens verbracht habe.

Amédée Brunot

Die Palästinenserin

1. KINDHEIT IN GALILÄA

Ein kleines Mädchen spielt im Obstgarten seines Onkels. Man hatte ihm einen Käfig mit Vögelchen geschenkt. Da diese sich nicht wuschen, hatte es versucht, sie zu baden – und nun waren sie tot! Schluchzend begräbt das Kind seine Lieblinge. Da vernimmt es plötzlich in seinem Innersten eine ganz klare Stimme: «So vergeht alles! Wenn du mir dein Herz schenkst, werde ich stets bei dir bleiben.» Niemals vergass die Kleine diese Stimme. Ihr ganzes Leben sollte sich gewissermassen zur oftmals dramatischen Erfüllung dieses inneren Wortes gestalten.
Wer war dieses Kind und was sollte aus ihm werden?

Eine schwergeprüfte Familie

Die Familie des Mädchens stammte aus dem Libanon und aus Damaskus und gehörte dem katholischen griechisch-melkitischen Ritus an. Die Verfolgung hatte sie zur Flucht in die hochgaliläischen Hügel gezwungen. Die Mutter, Mirjam Schahyn, stammte aus Tar-Schiha und der Vater, Giries (Georg) Bauardy, aus Horfech. Die beiden palästinensischen Dörfer waren teils von muslimischen und teils von christlichen Arabern und Drusen bewohnt. Wie sein Name es andeutet – Bauardy bedeutet Pulvermüller – stellte der Vater Pulver her. Er war arm, doch arbeitsam und ehrlich, geduldig und gutmütig.
Eines Tages wurde Georg Bauardy eines in der Gegend von Tar-Schiha begangenen Mordes beschuldigt. Die ottomanische Polizei verhaftete ihn und warf ihn ins Gefängnis von Akka. Tapfer und christlich trug er diese Prüfung, und nachdem man seine Unschuld nach sechsmonatiger Haft erkannt hatte, wurde er wieder freigelassen.
Noch schwereres Leid lastete auf diesem wahrhaft christlichen Ehepaar. Zwölf Knaben waren ihm nacheinander geschenkt worden, die jedoch alle im zartesten Alter starben. Schliesslich fühlte sich die tiefgebeugte, aber vertrauensvolle Mutter innerlich gedrängt, ihrem Manne eine Bitte zu unterbreiten: «Lass uns zu Fuss nach Bethlehem gehen, um die Jungfrau Maria um ein Mädchen zu bitten. Wir wollen

ihr versprechen, das Kind Mirjam zu nennen, wenn sie uns erhört, und an seinem dritten Geburtstag eine seinem Gewicht entsprechende Menge Wachs für den Gottesdienst zu spenden.»
Vertrauensvoll unternahmen die Eheleute die 170 Kilometer lange Reise nach Bethlehem. Mit grosser Inbrunst beteten sie in der Geburtsgrotte. Die Muttergottes segnete und erhörte sie: In Abellin, wohin sich das Ehepaar nach der Mordgeschichte zurückgezogen hatte, wurde ihnen ein Mädchen geschenkt.

Das Dorf Abellin

Abellin (von den Israelis Ibillin genannt) ist heute ein hübsches, auf einer Anhöhe gelegenes Dorf, das die Strasse, die von Nazareth über Schef-Amer nach Akka führt, überragt. Die meisten Häuser sind heute renoviert und die beiden, dem byzantinischen Ritus zugehörigen Pfarrkirchen wurden vergrössert. Im Altertum war Abellin anscheinend eine ziemlich bedeutende Stadt. Sowohl die biblische Stadt Zabulon, von der im Buche Josua (19,27) die Rede ist als auch das talmudische Dorf Abellin werden an dieser Stelle lokalisiert.
Als ich das Dorf vor einem halben Jahrhundert zum erstenmal besuchte, glich es wohl noch der elenden Siedlung, die Mirjam mit noch schmutzigeren Gässchen und baufälligeren Häusern gekannt hatte, in denen etwa sechshundert Einwohner eng aufeinander wohnten.
Von Schef-Amer aus erreichte man Abellin nur auf steinigen Pfaden, die sich unter den Ölbäumen am Hang der Hügel entlangwanden. Nach einem sonnigen Aufstieg gelangte man in einen kümmerlichen Flekken: Ein Wirrwarr von weissen, oft kubischen Häuschen, von Backöfen und Misthaufen; in den engen, dreckigen Gassen streunende Hunde, schreiende, lachende Kinder, auf ihren Herrn wartende Esel, neugierige Frauen und braungebrannte, misstrauische Männer. Alles war jedoch wie verklärt von der unvergleichlichen Zauberin des Orients, der Sonne. Abellin war eines der vielen Dörfer des damals türkischen Palästina.
Vom Haus der Eltern Mirjams waren nur ein Steinhaufen und einige Mauern übrig geblieben, die unter der Einwirkung der Sonne, des Windes und der winterlichen Regenfälle immer mehr einstürzten. In einer Ecke war ein zum Mörser ausgehöhlter Säulenschaft zu sehen, in dem der Vater das Pulver zubereitete. Hier hatte Mirjam am 5. Januar 1846, dem Vorabend des Dreikönigsfestes, das Licht der Welt erblickt.

Nach dem Geburtshaus besuchte ich die griechisch-katholische Kirche. Ein nackter, etwa fünfzehn Meter langer und sechs Meter breiter Raum mit einem unebenen, holperigen Fussboden aus gestampfter Erde und gesprungenen, fleckigen Mauern. In der Mitte, gegenüber des hinter einer einfachen Ikonostase verborgenen Altares, ein etwa meterhoher, mit einem umgekehrten Kapitell versehener Säulenstummel, auf den man das Taufbecken stellte.

In diesem Heiligtum war die Tochter von Georg und Mirjam Bauardy zehn Tage nach ihrer Geburt, am 15. Januar, getauft worden. Die Feier wurde nach orientalischem Ritus vollzogen: Dreimal tauchte der Pfarrer das Mädchen in das lauwarme Wasser. Gleich danach spendete er ihm die Firmung und schritt dreimal unter dem Gesang des *Alleluja* mit dem in seinen Händen hocherhobenen Kind um das Baptisterium. Hier der Text der offiziellen Taufurkunde: «Der Unterzeichnete Jakob El-Yamin, Pfarrer des Dorfes Abellin, erklärt hiermit auf Ersuchen des Bischofs von Akka, Msgr. Agapios, dass Mirjam Bauardy, eheliche, am 5. Januar 1846 geborene Tochter des verstorbenen Georg Bauardy und der verstorbenen Mirjam Schahyn, die beide dem griechisch-katholischen Ritus angehörten, zehn Tage nach ihrer Geburt nach demselben Ritus durch Josef Kudad, Pfarrer der St. Georgskirche des genannten Dorfes, getauft und gefirmt worden ist. Fräulein Therese, die Schwester von Pfarrer Johannes, war Patin.»

Das schönste an Abellin ist die unvergleichliche Aussicht. Von der Felsenkuppe, auf der das Dorf liegt, übersieht man ganz Hochgaliläa. Im Norden erstreckt sich die hohe Bergkette, die Palästina vom Libanon trennt, bis zu dem mächtigen Gipfel des Grossen Hermon (2814 Meter) − dem *Scheich* des Berges, wie die Araber ihn nennen. Im Osten drängen sich die Hügel wie Schafe gegen den See von Tiberias. Die fruchtbare Ebene von Jizreel oder Esdrelon entfaltet sich im Süden bis zum Karmelgebirge. Und zwischen Haifa und Akka im Nordwesten gleisst hinter der goldenen Linie der Dünen das Mittelmeer. Hat nicht der Anblick dieser leuchtenden Horizonte in Mirjam die tiefe Liebe zur Natur erweckt, deren tiefe Inbrunst an die des *Poverello* von Assisi erinnert und mehr noch an die unvergleichlichen Schilderungen Palästinas, die Jesus von Nazareth uns hinterlassen hat? Nach der Landschaft ihres Heimatdorfes wird sich die kleine Galiläerin ihr Leben lang sehnen.

Fioretti aus Abellin

Zwei Jahre nach Mirjams Geburt kam in der Familie Bauardy ein Knabe zur Welt, der Bulos (Paul) genannt wurde. Endlich schien das Glück der Familie vollkommen. Aber wie ein dunkler Habicht kreiste das Leid wieder über dem Haus von Abellin: Im Abstand von wenigen Tagen raffte der Tod Vater und Mutter dahin. Später hatte eine Tante Mirjam die letzten Worte ihres Vaters mitgeteilt: «Er heftete die Augen auf ein Bild des heiligen Josef und sprach wie in einem Hauch: ‹Du grosser Heiliger, sieh mein Kind; die heiligste Jungfrau ist seine Mutter; wache auch Du über Mirjam und sei ihr Vater.›»
Eine Tante mütterlicherseits, die in Tar-Schiha wohnte, nahm den kleinen Bulos zu sich, und Mirjam wurde von einem Onkel väterlicherseits adoptiert und blieb in Abellin. Bruder und Schwester sollten einander niemals wiedersehen.
Mirjam wurde im Heim ihres gutsituierten Onkels verwöhnt. Aber wie hätte sie vergessen können, dass sie eine Waise war? Zutiefst hatten diese ersten Erschütterungen das Kind gezeichnet. Aus diesen Jahren in Abellin sind uns einige Fioretti erhalten, die Mirjam später ihren Klostergefährtinnen anvertraut hatte. Bisweilen erscheint uns das Leben des Menschen wie die Verwirklichung gewisser Kindheitsträume. So können wir im Tun und in den Träumen des Mädchens von Abellin Zukunftszeichen, Symbole im biblischen Sinne des Wortes, Vorahnungen einer ungewöhnlichen Zukunft erkennen. Erinnern wir uns an das Vogelbegräbnis.
Obwohl Mirjam mit Aufmerksamkeiten überhäuft wurde, war sie zwischen ihrem vierten und achten Jahr ein träumerisches, nachdenkliches Kind, das die Einsamkeit suchte, um besser an Gott denken zu können. Mirjam liebte es, sich im Obstgarten aufzuhalten, weil sie dort in den Bäumen, Blumen, Insekten und Vögeln dem Widerschein Gottes begegnete. Da sie niemals die Schule besucht hat, lernte sie weder lesen noch schreiben. Zu jener Zeit durften die kleinen Arabermädchen in Palästina nur Hausarbeit verrichten und sich auf ihre im Alter von 12 Jahren vorgesehene Ehe vorbereiten.
Bei diesem lebendigen und intelligenten Kind hatte die fehlende Schulbildung nur einen noch ausgeprägteren Sinn für Innerlichkeit und persönliche Überlegung zur Folge. Der Heilige Geist arbeitet offensichtlich an seinem kleinen Meisterwerk. Oft wiederholt Mirjam für sich diese Worte, die wie ein Widerhall der beim Begräbnis der Vögelchen vernommenen Stimme erscheinen: «Alles vergeht auf der Erde. Was sind wir? Ein Nichts, erbärmlicher Staub; und Gott ist so

gross, so schön, so liebenswert, und er wird nicht geliebt!» Das Kind ist schon ganz von diesem Gedanken erfüllt, aus dem sie leben und den sie bis zu ihrem letzten Morgen vertiefen wird.

Die schönen Kleider, die ihr ihre Pflegeeltern schenken, lassen Mirjam völlig gleichgültig, obschon die kleinen Orientalinnen im allgemeinen besonders eitel sind. «Wie könntest du dich entschliessen, dich so aufzuputzen, du kleines Staubkorn, das einst den Würmern zur Nahrung dienen soll!» Das Kind liebt es, mit seinen Händen im Garten kleine Gräber auszuheben; dann legt es sich hinein und versucht, gewissermassen ihren Tod und ihre rasche Verwesung zu erleben. Dabei beschmutzt es bisweilen sein Kleid und bekommt dafür Vorwürfe. Aber Mirjam kann es nicht lassen. Unablässig denkt sie an den Tod und das Nichts. Später erzählt sie von zwei Greisen, die ihr Kinderherz tief beeindruckt hatten. Der eine, ein Verwandter, war Bischof. Oft nahm er die Kleine auf seine Knie; mit Tränen in den Augen sprach er von Gott, den man über alles lieben solle, denn ausser ihm sei alles verachtungswürdig. Der andere Greis war ein Einsiedler, der einmal im Vorbeigehen um Obdach gebeten hatte. Bevor er das gastfreundliche Haus des Onkels verliess, wünschte er die Kinder zu sehen, um sie zu segnen. Als er Mirjam erblickte, nahm er erschüttert ihre Händchen in die seinen und sagte nach einem langen Schweigen zu ihrem Onkel: «Oh! ich flehe Sie an, sorgen Sie ganz besonders für dieses Kind!» Danach ging er fort und wurde nie wieder gesehen. Später sagte Mirjam ihren Oberinnen im Vertrauen: «Diese Greise waren wohl Heilige, denen Gott offenbart hatte, wie sündig ich bin. Vielleicht hatten sie Sorge um mein Seelenheil!» Folgenden Traum hat Mirjam nie vergessen. Sie sieht, wie ein Händler zu ihrem Onkel kommt und ihm einen prächtigen Fisch anbietet. Das Kind errät jedoch, dass der Fisch vergiftet ist. Beim Erwachen sagt es sich: «Das ist ja nur ein Traum!» Am Morgen aber meldet sich ein Mann und will einen Fisch verkaufen, der dem im Traum gesehenen ganz ähnlich sieht. Mirjam warnt ihren Onkel, der jedoch den Fisch unbedingt erstehen will. Da bricht das Kind in Tränen aus und verlangt den ersten Bissen für sich, glücklich, sich für die andern zu opfern. Schliesslich öffnet man den Fisch, der tatsächlich vergiftet war, denn er hatte eine Viper verschlungen.

Eines Morgens lag Mirjam, wie es im Orient üblich ist, auf einem kleinen Diwan in ihrem Zimmer beim Frühstück und dachte an Gott. Von der Kühle des Raumes und dem Geruch der geronnenen Milch angezogen, glitt eine Schlange bis zu dem Kind. Furchtlos, ja lachend packt es sie und taucht ihren Kopf in seine Tasse, damit sie nach Belieben trinken kann. Ein Diener öffnet die Tür, sieht das Kind mit der

Schlange und stösst einen Schrei aus. Mirjam lässt die Schlange los, und währenddem alles herbeieilt, ergreift diese die Flucht. In ihrem Leben hatte Mirjam oft Schlangenvisionen, und im Karmel war ihr Leben ein hartnäckiger und zu gewissen Stunden tragischer Kampf gegen «die alte Schlange, genannt der Teufel oder Satan, der die ganze Welt verführt» (Offb 12,9). Aber wie die Frau in der *Geheimen Offenbarung* wird sie den Sieg davontragen.

Die Muttergottes umgab dieses Mädchen, um das seine Eltern sie in der Grotte zu Bethlehem gebeten hatten, mit zärtlicher Liebe. Ihr zu Ehren fastete Mirjam von ihrem fünften Lebensjahre an jeden Samstag und begnügte sich mit der Abendmahlzeit. Immer wusste das Kind sein Spiel geschickt zu verbergen. Im Frühjahr pflückt es im Garten und auf den Hügeln von Abellin die schönsten Blumen zum Schmuck der Marienikone. Eines Tages entdeckt Mirjam, dass die Schnittblumen in der Vase Wurzel gefasst haben. Sie macht ihren Onkel darauf aufmerksam, und dieser benachrichtigt den Pfarrer. Eine Kerze wird vor den wunderbaren Blumen angezündet. Aber aus Sorge um die Demut der Kleinen schilt der Pfarrer, als seien ihre Sünden schuld an dem ungewöhnlichen Vorgang. Mirjam fällt auf die Knie, bekennt ihre Sünden und bittet um Verzeihung.

«Was mag wohl aus diesem Kinde werden?» fragen sich der Pfarrer, die Verwandten und Nachbarn, wie einst die Bewohner von Ain Karim nach der Geburt Johannes des Täufers (Lk 1,66).

Wie glücklich verliefen die Tage in Abellin! «Das Kind nahm zu an Weisheit, Alter und Wohlgefallen vor Gott und den Menschen» (Lk 2,52). Warum wird Mirjam gezwungen, das Dorf auf dem Hügel zu verlassen, wo Gott so nahe ist und alles an die heilige Familie von Nazareth erinnert?

2. DIE MARTYRIN VON ALEXANDRIA

Warum Mirjams Onkel sich entschloss, Abellin zu verlassen, um sich in Ägypten in der Umgebung von Alexandria niederzulassen, ist nicht bekannt. Der Wohnortswechsel fand 1854 statt. Mirjam war 8 Jahre alt. Bewegt nahm sie Abschied von ihrem Geburtsdorf mit seinen Hügeln voller Blumen, seinen Vögeln und Bäumen, von der ganzen faszinierenden Schönheit Galiläas. Erst kurz vor ihrem Tod durfte sie Abellin wiedersehen (1878). Aber sie blieb ihr Leben lang eine echte Galiläerin mit dem ganzen Reiz der orientalischen Wesensart.

Der Hunger nach Jesus

Von ihrem siebenten Lebensjahr an beichtete Mirjam jeden Samstag und empfand schon damals brennenden Hunger nach der Eucharistie. Was tun, um vor dem für die Erstkommunion vorgeschriebenen Alter zum Tisch des Herrn zu gehen? Wie es aushalten ohne Jesus im Herzen? Wie der immer heftigeren Sehnsucht widerstehen? Nach jeder Beicht bittet das Kind den Priester, kommunizieren zu dürfen. Und jedesmal empfängt es dieselbe Antwort: «Ich bin einverstanden, mein Kind – aber etwas später.» Einige Monate vergehen. Eines Samstags unterlässt der Priester, wohl aus Unachtsamkeit, in seiner Antwort die gewohnte Einschränkung: «Etwas später». Mirjam glaubt, dass ihre Bitte erhört ist. Sie hüllt sich in ihren grossen Schleier, der ihre Jugendlichkeit verbirgt, und schliesst sich der Reihe der Kommunizierenden an. Nach byzantinischem Ritus trägt der Priester in seinen Händen den Kelch mit dem in das Blut Christi verwandelten Wein, in den Partikel konsekrierten Brotes eingetaucht sind, und reicht Mirjam das Löffelchen mit den heiligen Gestalten. So empfängt sie glückstrahlend den Leib und das Blut Christi.

Später wird Mirjam bekennen, dass sie gesehen hat, wie Jesus sich ihr unter dem Aussehen eines wunderschönen Kindes schenkte.

Am folgenden Samstag legt das Kind dem Priester seine Bitte aufs neue vor. Da wird er sich seiner Zerstreutheit bewusst. Aber Mirjams grosse Unschuld und geistige Reife veranlassen ihn, dem Kind die Gnade der Kommunion nicht länger vorzuenthalten. Er verlangt jedoch, dass es bis zum vorgeschriebenen Alter mit grosser Zurückhaltung und Verschwiegenheit zum Tisch des Herrn gehe, ohne die Aufmerksamkeit auf sich zu lenken. Mit 12 Jahren wurde Mirjam im Festgewand zur feierlichen Erstkommunion zugelassen. Seither kommunizierte sie so oft wie möglich. Als Karmelitin kam sie später dem Verlangen des heiligen Papstes Pius X. zuvor und empfahl den Nonnen immer wieder die häufige, ja tägliche Kommunion.

Die Bluthochzeit

Mirjam stand kurz vor ihrem dreizehnten Geburtstag. Nach orientalischem Brauch hatten ihre Eltern, ohne sie zu befragen, für ihre Zukunft gesorgt und sie einem Onkel, einem Bruder ihrer Tante, der in Kairo wohnte, anverlobt.

Der Tag ihrer Hochzeit war festgesetzt. Die ganze Familie war dazu eingeladen. Die Vermählung sollte in Alexandria gefeiert werden.

Einige Tage zuvor empfängt Mirjam den Verlobungsring. Sie wird mit Prunkgewändern bekleidet und trägt kostbaren Schmuck. Ihre Tante klärt sie über ihre zukünftigen ehelichen Pflichten auf. Für das Kind ist das eine entsetzliche Mitteilung. Die ganze Nacht findet es keinen Schlaf. In seinem Herzen steigt die einst in Abellin vernommene Stimme auf: «Alles vergeht! Wenn du mir dein Herz schenkst, werde ich immer bei dir bleiben.»

Mirjams Entschluss ist gefasst. Sie will keinen anderen Bräutigam als den, dessen Stimme sie in ihrem Herzen hört: Jesus. Es gibt für sie nur eine Zukunft: Jesus. Er wird ihr ein Blutbräutigam sein. Schon ahnt man ihren späteren Namen: Maria von Jesus dem Gekreuzigten. Die Nacht vor der Hochzeit verbringt Mirjam im Gebet vor der Ikone der heiligsten Jungfrau. Als sie einen Moment einschlummert, hört sie, wie jemand in ihrem Innersten sagt: «Mirjam, ich bin bei dir. Folge der Eingebung, die ich dir schenke; ich werde dir helfen.»

Beim Aufwachen empfindet die junge Braut eine ungeahnte Freude. Ohne zu zögern schneidet sie ihre langen Zöpfe ab und mischt den von den Eltern und ihrem Bräutigam erhaltenen Schmuck unter ihre schwarzen Haare. Als ihr Onkel diese Zeichen ihres Entschlusses zur Jungfräulichkeit erblickte, brach er in Wut aus. Zornentbrannte Schreie, Ohrfeigen, nichts konnte das junge Mädchen erschüttern. Man rief ihren Beichtvater und gar einen mit der Familie befreundeten Bischof herbei, um Mirjam zu bewegen, die Ihrigen nicht zu entehren, indem sie ihrem Onkel, dem sie so viel Dank schuldig war, den Gehorsam verweigerte. Nichts konnte die enschlossene Kleine von ihrem Vorhaben abbringen. In seiner blinden Wut entschliesst sich der Onkel, das Kind wie eine Sklavin zu behandeln. Er schickt es in die Küche und gebietet den Bediensteten, ihm die härtesten Arbeiten aufzutragen und es ohne jegliche Rücksicht zu behandeln. So beginnt für Mirjam der Abstieg in die Demütigung. Jetzt ist sie allein, ohne Halt, ohne Liebe; sogar auf den Beistand ihres Beichtvaters muss sie verzichten. Aufgrund ihres Ungehorsams verweigert er ihr die Absolution und untersagt ihr die Kommunion. Drei Monate verbringt Mirjam unter diesen dramatischen Umständen. Keiner gibt nach. Die Herzen verhärten sich; jeder beharrt auf seinem Standpunkt. Mirjam denkt an ihren jüngeren elfjährigen Bruder, der in Tar-Schiha in Galiäa geblieben ist. So gerne möchte sie ihn wiedersehen! Ihre Sehnsucht wird zur fixen Idee. Im geheimen diktiert sie einen Brief an ihren Bruder, um ihn einzuladen, sie bei ihrem Onkel zu besuchen. Mirjam weiss, dass ein früherer Diener ihrer Familie, ein Muslim, sich anschickt, nach Nazareth zu gehen. Heimlich rennt sie eines Abend zu ihm.

Mit Freuden empfangen der Mann, seine Mutter und seine Frau das junge Mädchen. Da das Abendessen bereit ist, wird es dazu eingeladen. Nach vielem Drängen willigt es schliesslich ein und erzählt den Gastgebern all sein Ungemach. Empört über all das Leid, das ihm zugefügt wird, spürt der Muslim, wie der Fanatismus in seinem Herzen erwacht. Er wirft der Kleinen vor, dass sie einer Religion die Treue wahrt, deren Mitglieder sich als so hart und unerbittlich erweisen. Langsam wagt er Anspielungen auf eine Bekehrung zum Islam. Mirjam wird sich der Ungeheuerlichkeit dieses Ansuchens bewusst. Mit grossem Stolz und tiefer Verachtung erhebt sie sich und beteuert feierlich ihren Glauben an Jesus: «Ich eine Muslimin? Nein, niemals! Ich bin eine Tochter der Katholischen, Apostolischen und Römischen Kirche und hoffe, mit Gottes Gnade bis zum Tod in meiner Religion, die allein wahr ist, zu verharren.»

In seiner Wut, von einer kleinen Christin zurechtgewiesen zu werden, wird der Fanatiker gewalttätig. Hasserfüllt und mit blitzenden Augen wirft er das junge Mädchen nieder, zieht seinen Krummsäbel blank und durchschneidet ihm die Kehle. Er glaubt das blutüberströmte Kind tot und wickelt es in seinen grossen Schleier. Mit Hilfe seiner Mutter und seiner Frau trägt er den Leichnam in ein dunkles Gässchen.

Dieses Verbrechen wurde in der Nacht vom 7. zum 8. September 1858 begangen. Als Ordensfrau feierte Mirjam den Jahrestag ihrer Bluthochzeit am Fest Mariä Geburt.

Die Krankenschwester im hellblauen Gewand

Als Mirjam später im Gehorsam verpflichtet wurde, ihr Martyrium zu erzählen, beteuerte sie, dass sie damals wirlich gestorben war. Als ihre Novizenmeisterin von Marseille sie fragte, ob sie dem Partikulargericht unterzogen worden sei, antwortete sie: «Oh nein! Ich befand mich im Himmel. Die Muttergottes, die Engel und Heiligen empfingen mich mit grosser Güte, und ich erblickte meine Eltern in ihrer Gesellschaft. Auch den strahlenden Thron der Heiligsten Dreifaltigkeit und Jesus Christus in seiner Menschheit durfte ich sehen. Es gab weder Sonne noch Lampe, und dennoch erglänzte alles in strahlendem Licht. Da sagte mir jemand: ‹Du bist Jungfrau, das ist wahr; aber dein Buch ist noch nicht vollendet.›» Man muss an die Beschreibung des Himmels in der Geheimen Offenbarung des hl. Johannes denken.

Nach diesen Worten erlosch die Schau, und Mirjam erwachte in einer Grotte. Neben ihr stand eine Ordensfrau in hellblauem Gewand. Diese erzählte ihr, sie habe sie in dem Gässchen aufgehoben, sie unter dieses Obdach getragen und ihre durchschnittene Kehle zugenäht. Diese geheimnisvolle Krankenschwester erwies sich als ausserordentlich zartfühlend. Sie sprach sehr wenig, benetzte die Lippen des Kindes mit wassergetränkter Watte und liess es schlafen. Sie glich keiner anderen Ordensfrau.

Wie lange verblieb Mirjam in dieser verborgenen Grotte? Als echte Orientalin besass sie überhaupt kein Zeitgefühl. Nach ihrem Ermessen weilte sie dort einen Monat lang. Eines Tages kochte ihr die Krankenschwester eine so köstliche Suppe, dass die Genesende nach mehr verlangte. Ihr ganzes Leben lang wird sie sich an den Geschmack dieser Suppe erinnern. Kurz vor ihrem Tod hörte man sie zärtlich sagen: «Sie hatte mir Suppe gekocht. Oh! welch eine herrliche Suppe! Ich seit langem suchen und niemals essen etwas Gutes wie diese Suppe. Ich habe noch den Geschmack im Mund. Sie hat mir versprochen, mir in meiner letzten Stunde noch ein Löffelchen davon zu geben.»

Gegen Ende des Aufenthaltes in der Grotte offenbarte die Krankenschwester dem Mädchen sein Lebensprogramm: Du wirst deine Familie nie wiedersehen; du wirst nach Frankreich gehen und dort Ordensfrau werden, und zwar zuerst ein Kind des heiligen Josef und später eine Tochter der heiligen Teresa werden. In einem Kloster wirst du das Gewand des Karmel empfangen, in einem anderen die Profess ablegen und in einem dritten, in Bethlehem, sterben.» Als die Wunde geheilt war, führte die Ordensfrau Mirjam aus der Grotte, geleitete sie zur Franziskanerkirche St. Katharina und liess einen Beichtvater rufen. Als Mirjam den Beichtstuhl verliess, befand sie sich allein: Die Krankenschwester im hellblauen Gewand war verschwunden.

Wer war diese geheimnisvolle Ordensfrau? 1874, am Fest Mariä Geburt, dem Jahrestag des Martyriums und des Wunders, sagte Schwester Maria von Jesus dem Gekreuzigten in der Ekstase: «An diesem Tag war ich bei meiner Mutter. An diesem Tag habe ich Maria mein Leben geweiht. Man hatte mir die Kehle durchgeschnitten, und am nächsten Tag hat Maria mich geholt.»

Etwas später, im August 1875, als die Karmelitin während der Überfahrt nach Palästina ihrem geistlichen Vater, P. Estrate, ihre Erinnerung erzählte, fügte sie eine noch deutlichere Angabe hinzu: «Ich weiss jetzt, dass die Ordensfrau, die mich nach meinem Martyrium gepflegt hat, die Muttergottes war.» Anlässlich der Zwischenlandung in Alexandria mit den zur Stiftung des Karmels von Bethlehem bestimmten Schwestern führte Maria von Jesus dem Gekreuzigten die kleine Karawane zur Katharinenkirche und zu der Grotte, die inzwischen von den katholischen Griechen in einen Saal umgewandelt worden war.

Was verbürgt uns die Wahrheit dieses wunderbaren Geschehens? Als einziges Zeugnis haben wir die Aussage Mirjams, denn der Mörder hat sich selbstverständlich niemals gemeldet, und die Ordensfrau, die das Kind gepflegt hatte, gab das Geheimnis ihrer Identität nicht preis − man errät leicht, warum. Die Verwandten der Waise, die nichts von der Tragödie wussten, dachten wohl, dass Mirjam die Flucht ergriffen habe, um den Misshandlungen zu entgehen und sich vielleicht in Alexandria zu prostituieren. Es war in ihrem Interesse, die Unglückliche, die ihnen nur Schande machen konnte, mit Schweigen zu umgeben.

Somit ist Mirjams Zeugnis wirklich unsere einzige Garantie. Für die Echtheit ihrer Aussagen bürgen viele Zeugen, die für den Ernst, die Aufrichtigkeit und die Demut einstehen, die das ganze Leben der Karmelitin gekennzeichnet haben. Mehrere Einzelheiten wurden später von ihrem Bruder Bulos bestätigt. Er hatte nämlich den Brief seiner Schwester erhalten und war ihrem Wunsche entsprechend nach Alexandria gereist. Aber da er seine Schwester nicht mehr bei ihrem Onkel vorgefunden hatte, war er nach Galiläa zurückgekehrt. Eine Tatsache lässt sich auf jeden Fall nicht widerlegen: die Halsnarbe. Diese wurde anlässlich der zahlreichen Krankheiten der Karmelitin in Marseille, Pau, Mangalore und Bethlehem von Ärzten und Krankenschwestern festgestellt. Die Narbe war zehn Zentimeter lang und ein Zentimeter breit und zeichnete die ganze Vorderseite des Halses. An dieser Stelle war die Haut feiner und schneeweiss. Wie ein Arzt von Pau am 24. Juni 1875 konstatierte, fehlten überdies mehrere Ringe der Luftröhre. Die Novizenmeisterin bezeugt: «Ein berühmter ungläubiger Arzt von Marseille, der Mirjam behandelt hatte, bekannte, dass es einen Gott geben müsse, denn auf natürliche Weise hätte sie in diesem Zustand nicht leben können.» Infolge dieses tiefen Einschnittes behielt Mirjam zeitlebens eine gebrochene Stimme. Das Martyrium der kleinen Araberin war kein Traum gewesen, denn sie trug dessen Spuren bis zum Tod in ihrem Fleisch.

DIE ETAPPEN DES GEISTES

In der alexandrinischen Grotte wurden Mirjam die Hauptabschnitte ihres Lebens offenbart. Im Rückblick ist es uns möglich, diese mit genaueren Angaben aufzuzählen:

Mai 1865 bis Juni 1867: Noviziat bei den Josefsschwestern in Marseille.

Juni 1867 bis August 1870: Im Karmel von Pau

August 1870 bis November 1872: Im Karmel von Mangalore.

November 1872 bis August 1875: Im Karmel von Pau.

September 1875 bis August 1878: Im Karmel von Bethlehem.

Vor diesen genau abgegrenzten Etappen ihres Werdegangs im Ordensleben musste Mirjam jedoch den Zickzackwegen einer unruhigen Jugend und − nicht nur im übertragenen Sinne − den Stürmen des eigenwilligen Mittelmeeres folgen, in der angstvollen Suche nach ihrer wahren Berufung.

Der Heilige Geist liebt es, die Pfade seiner Auserwählten zu durchkreuzen, wohl um sie daran zu gewöhnen, ihre Segel immer wieder nach seinem Hauch zu spannen, sich ihm hinzugeben und nur von ihm leiten zu lassen. Es ist schwierig, Mirjam in ihren abenteuerlichen Jahren zu folgen, besonders weil sie sich als echte Orientalin niemals um eine Chronologie gekümmert hat; überdies hat sie in ihren vertraulichen Gesprächen weniger Einzelheiten aus diesem Lebensabschnitt verraten als aus den andern. Nur der Gehorsam konnte sie dazu bewegen, sich ihren Oberinnen völlig zu eröffnen.

Das demütige Hausmädchen

Mirjam ist dreizehn Jahre alt. Ganz verlassen, obdachlos und ohne Angehörige wartet sie in der Katharinenkirche in Alexandria. Ein Franziskaner kümmert sich um die Waise und findet für sie eine Stelle als Hausmädchen in einer christlichen Familie. Zu ihrer Überraschung bemerkt Mirjam, dass es sich um entfernte Verwandte handelt! Glücklicherweise wird sie nicht erkannt, so dass sie ihre Herkunft verheimlichen kann. Sie wird in der Küche beschäftigt und hat die Kinder zu hüten. Mirjam wird so liebenswürdig behandelt, dass sie sich fragt, ob sie unter so günstigen Umständen ihrer Berufung wirklich folgen kann. So verlässt sie dieses Haus, um sich in den Dienst einer anderen Familie zu stellen, bei der sie jedoch nur sechs Monate lang bleibt. Sie sucht vor allem, unbekannt zu bleiben: Sie lebt in grosser Armut und besitzt nur ein einziges Kleid. Ihren Lohn verteilt sie unter die Bedürftigen und behält für sich kaum einige Piaster, um das Öllämpchen, das Tag und Nacht vor einer Ikone der Muttergottes brennt, unterhalten zu können. Ihre Freizeit widmet sie den Armen. Später verlässt das Mädchen eine begüterte Dame aus Alexandria, um sich hingebungsvoll in den Dienst einer durch Krankheit ins Elend gekommenen Familie zu stellen. Sie erneuert die Strohsäcke, schenkt den Kranken die bestmögliche Pflege und scheut sich nicht zu betteln, um Nahrungsmittel und Kleider für sie zu erstehen. Mirjam verkauft sogar die wenigen Habseligkeiten, die sie noch besitzt. Fünf Wochen später sind ihre Pfleglinge wiederhergestellt. Trotz allen Bitten fasst Mirjam den Entschluss, ihre Liebesdienste an einem anderen Ort auszuüben. Aber wieder wird sie von dem Wunsch nach einem Wiedersehen mit ihrem Bruder erfasst. Sie schifft sich in Alexandria nach Akka ein, um sich von dort aus nach Tar-Schiha zu begeben; der Sturm lässt das Schiff jedoch an den Klippen Jaffas zerschellen.

Beim Heiligen Grab

In Jaffa sucht Mirjam wieder Arbeit, aber nur auf einige Tage, denn sie will weiter. In dem Wunsch, nach Jerusalem hinauf zu gehen, schliesst sie sich einer Pilgerkarawane an und erreicht so die Heilige Stadt. Dort findet ein Priester eine Stelle für sie bei einer ausgezeichneten Familie. Im Laufe der sieben abenteuerlichen Jahre vor ihrem Eintritt ins Kloster wagt sie mehrmals den «Aufstieg nach Jerusalem».
Wann Mirjam in der Grabeskirche das Gelübde der Jungfräulichkeit abgelegt hat, wissen wir nicht. Sie hat jedoch später die wichtigsten Umstände erzählt. Eines Tages nähert sich ihr in den Strassen Jerusalems ein sehr schöner, junger Mann und spricht sie an. Er macht einen äusserst ehrlichen Eindruck. Das Mädchen war damals fünfzehn Jahre alt. Das Gespräch mit dem jungen Mann, der die vollkommene Keuschheit preist, ist von Feingefühl geprägt. Einige Tage später begegnet er ihr aufs neue und sagt ihr, sein Name sei Johannes Georg. Er schlägt ihr vor, sie zur Grabeskirche zu geleiten. An dieser heiligen Stätte verspricht Mirjam ihrem geheimnisvollen Führer, das ewige Gelübde der Keuschheit abzulegen, wenn er dasselbe tue. So wurden die beiden Jugendlichen am glorreichen Grabe unseres Herrn Jesus Christus durch das endgültige Keuschheitsgelübde zu «Kindern der Auferstehung». Bevor Johannes Georg Mirjam verlässt, erinnert er sie an die Hauptabschnitte ihres Lebens, die ihr die heiligste Jungfrau

in der Grotte von Alexandria vorgezeichnet hatte. Zehn Jahre später in Indien, kurz vor ihrer ewigen Profess im Karmel von Mangalore, sah Mirjam ihren «geistlichen Bruder» aufs neue. Da begriff die junge Ordensfrau, dass Johannes Georg ein Engel war, den der Herr ihr, wie vor alten Zeiten dem Tobias, zugesellt hatte.

Nach ihrer Pilgerfahrt kehrte Mirjam nach Jaffa zurück, um sich von dort aus nach Akka zu begeben. Kaum hatte sie jedoch die heilige Stadt verlassen, als zwei Männer, die ihr gefolgt waren, sie verhafteten. Sie war angeklagt worden, bei der Dame, die sie beherbergt hatte, einen Diamanten gestohlen zu haben. So wurde sie nach Jerusalem zurückgeschleppt und in der Nähe des Basars in ein abscheuliches, für lasterhafte Frauen bestimmtes Gefängnis geworfen. Zwei Tage später kam die Wahrheit ans Licht. Eine arme, halbverrückte Negerin rannte durch die Strassen der Stadt, um das entwendete Schmuckstück zum Verkauf anzubieten. Mirjam wurde freigelassen und war glücklich, an demselben Ort, wo der Herr gelitten hatte, an seiner Schmach teilzuhaben. Damit hatte sie auf dem Abstieg zur Demut eine neue Stufe erreicht.

Der abenteuerliche Aufenthalt in Beirut

Wind und Meer sind Mirjam entschieden nicht wohlgesinnt! Sie schifft sich in Jaffa ein, aber zum zweitenmal gelingt es ihr nicht, Akka zu erreichen. Auf dem in wildem Aufruhr schäumenden Meer wird das Schiff nach Beirut abgetrieben, und das junge Mädchen bleibt mutterseelenallein in der grossen Hafenstadt zurück. Wie gewohnt findet es Zuflucht in einer Kirche und bittet einen Priester um Hilfe und Rat. Dieser findet für sie eine Stelle bei einer Frau Atalla. Nach einigen Tagen ein neuer Skandal! Die junge Angestellte wird wieder des Diebstahls an einem Wertgegenstand bezichtigt. Die Polizei wird gerufen, aber schliesslich gesteht der Bruder der Herrin seine Schuld ein. Dreizehn Jahre später, im Juli 1873, wird Mirjam, zu der Zeit im Karmel von Pau, ihre Novizenmeisterin bitten, einen Danksagungspsalm zu beten nicht zum Andenken an die Entdekkung ihrer Unschuld, sondern an die Demütigung, die sie so sehr dem Gekreuzigten ähnlich gemacht hatte. Bei Frau Atalla blieb Mirjam etwa zehn Monate lang.

In diese Zeit fallen zwei aufsehenerregende Ereignisse. Das Mädchen befand sich noch kaum sechs Monate im Dienst, als es plötzlich erblindete. Vierzig Tage lang dauerte diese Prüfung. Wieder wendet sich Mirjam an die heiligste Jungfrau: «Sieh, meine Mutter, all die

Ungelegenheiten, die ich in diesem Haus verursache; selbst meine Eltern haben sich niemals besser um mich gekümmert. Oh! möge es dir und deinem göttlichen Sohn gefallen, mir das Augenlicht zurückzugeben!» Sogleich fällt etwas von ihren Augen; sie öffnen sich, und Mirjam kann sehen.

Einige Zeit später, als sie auf der Terrasse Wäsche aufhängt, fällt sie über die Brüstung und man hält sie für tot. All ihre Knochen scheinen zermalmt, und die Ärzte geben auch nicht die geringste Aussicht auf Heilung. Ihre Arbeitgeber pflegen sie wie ihr eigenes Kind. Einen Monat später sieht sie – wie später Therese vom Kinde Jesus – die Muttergottes hinter ihrem Öllämpchen lächeln und ihr drei Dinge empfehlen: Gehorsam, Nächstenliebe und Gottvertrauen. Ein lieblicher Duft und strahlendes Licht erfüllen den Raum. Mirjam ist geheilt und hat Hunger. Die Familie und die Nachbarn eilen herbei. Angesichts des wunderbaren Geschehens knien alle, Christen und Muslime, nieder, erkennen und preisen das Wunder, das die Jungfrau Maria gewirkt hatte.

Sechs Jahre später (1869) richtete die Priorin des Karmels von Pau an die Oberin der Vinzentinerinnen von Beirut, Schwester Gelas, die Bitte, die Echtheit dieser Vorkommnisse nachzuprüfen. Hier ist deren Antwort:

«La Miséricorde, Beirut, den 16. Oktober 1869.

«Die Erkundigungen, die wir bei der Familie Atalla eingezogen haben, und die Tatsachen, die uns die Dame, bei der Ihr Schützling gelebt hat, mitteilte, stimmen mit allem, was Sie geschrieben haben, völlig überein. Ausserdem wurden uns noch zahlreiche, nicht weniger interessante Einzelheiten erzählt, die uns sehr erbaut haben. Eines konnte das junge Mädchen Ihnen nicht sagen, dass nämlich überall, wo es geweilt hat, die Erinnerung an seine Tugend, insbesondere an seine ergreifende Treuherzigkeit und Frömmigkeit, lebendig geblieben ist und in ihrer Umgebung einen tiefen Eindruck hinterlassen hat... Ich bin glücklich, Ihnen eine so gute Antwort geben zu können. Selten kommt es vor, dass ein so unstetes Leben ohne jeglichen Tadel verläuft!»

An ihrer neuen Stelle bemerkt Mirjam wieder die ihr entgegengebrachte Verehrung. Das ist des Glücks zuviel! Könnte das nicht eine Falle, eine Versuchung sein? Die Jungfrau Maria hat ihr, wie Bernadette, kein irdisches Glück verheissen. der Heilige Geist läutert und formt sie und drängt sie zur Entsagung. So entschliesst sie sich, Frau Atalla und sogar Beirut zu verlassen. Wieder schreibt sie ihrem Bruder Bulos, um ihm ihre baldige Ankunft mitzuteilen. Aber Gottes Pläne sind nicht Mirjams Pläne! Kreuz und quer führt ihr Weg sie durch eine geheimnisvolle Wirrnis. Eine Familie Naggiar, deren Tochter in Marseille wohnt, lädt Mirjam ein, sich in der grossen französischen Hafenstadt in deren Dienst zu stellen. Frankreich! Dieses Wort erschüttert die junge Araberin. Haben ihre Stimmen nicht angekündigt, dass sie in diesem herrlichen Land die erste Etappe ihres Ordenslebens verbringen werde? So erklärt sie sich mit dem Anerbieten einverstanden. Mit Herrn Naggiar verlässt sie den Libanon. Anfang Mai 1863 kommen sie in Marseille an. Mirjam ist achtzehn Jahre alt.

Als Araberin in Marseille

So wird Mirjam Frau Naggiars Köchin. Sie ist so jung und unschuldig, dass ihre Herrin ihr verbietet, allein auszugehen, selbst wenn sie zur Kirche gehen will. Das Verbot ist zu hart. Mirjam kann nicht auf ihre Besuche beim eucharistischen Herrn verzichten. Sie wittert Gefahr für ihre Seele und verlässt ihre Arbeitgeberin, um in die Dienste einer anderen arabischen Familie zu treten. Mirjam bleibt jedoch nur kurze Zeit, denn Frau Naggiar verspricht ihr grössere Freiheit. Sie hatte das Mädchen ja nur eingeschlossen, um es besser zu behüten. Morgens besucht Mirjam gewöhnlich die Kirchen *Saint-Charles* oder *Saint-Nicolas*. Letztere gehört dem griechisch-katholischen, also ihrem eigenen Ritus an. Da findet sie aufs neue die prächtigen östlichen Liturgien, mit ihren Öllämpchen und ihrem Weihrauchduft. Sie wählt den Rektor der Kirche, Abbé Philippe Abdu, einen Libanesen, zum Beichtvater.

Bei einer ihrer ersten Kommunionen in diesem Heiligtum fällt sie in eine wunderbare Verzückung. Man benachrichtigt ihre Herrin, die sie mit einem Wagen abholt. Vier Tage lang verbleibt sie in diesem Zustand. Die Ärzte verstehen nichts davon. Mirjam gesteht später, dass sie damals, wie in der tragischen Nacht von Alexandria, durch Himmel, Hölle und Fegfeuer gegangen ist. Während dieser Ekstase wird ihr befohlen, ein Jahr lang bei Wasser und Brot zu fasten, um für die Schlemmerei der Welt zu büssen, und sich armselig zu kleiden, um für die Schamlosigkeit und den Luxus der Menschen Sühne zu leisten.

Erinnern wir uns an die Begegnung im Basar von Jerusalem mit dem schönen jungen Mann, der ihr ein ausgezeichneter Berater geworden war. Als Mirjam eines Morgens in Marseille zum Heiligtum von *Notre-Dame de la Garde* hinaufstieg, folgte ihr ein Mann, der ein Kind an der Hand führte. Mehrfach wiederholte sich das Zusammentreffen. Durch dieses beharrliche Bemühen verwirrt, spricht Mirjam schliesslich den Unbekannten an und bittet ihn, sie in Ruhe zu lassen. Mit einem gewinnenden Lächeln antwortet er ihr: «Ich weiss, dass Sie ins Kloster gehen wollen und werde Sie begleiten, bis sie eingetreten sind.» Von diesem Moment an fühlte sich Mirjam zum Ordensleben berufen. Wer war dieser Unbekannte? Das junge Mädchen war überzeugt, dass es sich nur um den heiligen Josef handeln konnte.

Bei den Schritten, die Mirjam unternahm, um ihrer Berufung Folge zu leisten, war Abbé Abdu ihr eine grosse Hilfe. Aber wie immer musste sie an mehrere Türen klopfen und hatte grosse Schwierigkeiten zu überwinden. Zuerst fragte die junge Palästinenserin bei den Vinzentinerinnen an. Da Frau Naggiar ihre Köchin um keinen Preis verlieren wollte, hatte sie die Schwestern gewarnt. So wurde Mirjam abgewiesen unter dem Vorwand, sie sei nur ein Dienstmädchen. Danach sprach Mirjam bei den Klarissinnen vor, deren Leben in Armut und Schweigen ihr sogleich gefiel. Aber ihre zarte Gesundheit erlaubte ihr nicht, in die Klausur einzutreten: Ihr Fasten hatte sie sehr geschwächt. Man spendete ihr sogar die Krankenölung. Aber wiederum wurde sie rasch und unerwartet geheilt.

Als Postulantin in La Capelette

Aufs neue wagt Mirjam einen Versuch, diesmal bei den von der heiligen Emilie de Vialar gegründeten Josefsschwestern. Das Mutterhaus und das Noviziat befanden sich damals in *La Capelette,* einer Vorstadt von Marseille. Die kleine Palästinenserin kann weder lesen noch schreiben und spricht nur arabisch. Dennoch wird sie aufgenommen, weil das Noviziat mehrere Palästinenserinnen zählt und die Kongregation zahlreiche Niederlassungen im Vorderen Orient und insbesondere im Heiligen Land besitzt. In Zukunft nennt man sie vertraulich *Mirjam die Araberin* oder *die kleine Araberin,* weil sie klein von Gestalt war. Nur zwei Jahre lang wird sie in diesem Hause als Postulantin verweilen. Der Heilige Geist hatte noch nicht ganz sein Werk an ihr vollenden können. Der erste Teil des Programmes der heiligsten Jungfrau hat sich jedoch verwirklicht: Mirjam ist eine Tochter des heiligen Josefs geworden.

Ihre Gespräche in geradebrechtem Französisch belustigen die Gemeinschaft. Aber die Worte der Araberin sind so offenherzig und spontan, dass sich die jungen Postulantinnen und Novizinnen belehren lassen. Ihre Dienstfertigkeit wird sehr geschätzt. Bei der Arbeit ist sie immer die erste und wählt unauffällig das Schwerste und Unscheinbarste. Wenn man sie um den Grund ihres Diensteifers befragt, erwidert sie: «Ich das tun, weil ich haben Zeit.»

Eines Tages fällt sie die Treppe hinunter und wirft zwei volle Wasserkessel um. Als spüre sie nichts, steht sie mit strahlendem Lächeln wieder auf und sagt: «Lieber Gott, ich danke dir!» Wenn ihr scheint, sie habe sich irgendwie verfehlt, kniet sie nieder und sagt: «Verzeihung! Ich sehr böse! Du beten für mich.» Als echte Araberin ist sie unfähig, das Du vom Sie zu unterscheiden. In der ersten Zeit benützt sie beide Ausdrücke in einem lustigen Durcheinander, aber schliesslich trägt das in den semitischen Sprachen gebräuchliche Du den Sieg davon. Seither duzt sie jedermann, selbst wenn es sich um Obere, Bischöfe oder Patriarchen handelt. Das verleiht ihrem originellen Französisch, das oft nur aus aneinandergereihten Hauptwörtern und Infinitiven besteht, noch einen neuen Reiz.

Zwei sehr hochstehende Frauen leiteten damals das Kloster von *La Capelette:* Die Generaloberin, Mutter Emilie Julien, und die Novizenmeisterin, Mutter Honorine Piques. Bald bemerkten sie eigenartige Phänomene bei der kleinen Araberin. Deren ekstatische Zustände mehrten sich unter verwirrenden Begleiterscheinungen. So überraschte Mutter Honorine im Januar 1866 die damals zwanzigjährige Postulantin auf dem Boden ausgestreckt mit blutbedeckter linker Hand. Vom Mittwochabend bis zum Freitagmorgen jeder Woche kamen zu den Verzückungen die Wundmale hinzu, auf die wir später eingehend zurückkommen werden.

Angesichts dieser Tatsachen geht Mutter Honorine mit Klugheit und Verständnis vor. Da der Gehorsam in derartigen Fällen der wichtigste Echtheitsbeweis ist, untersagt sie Mirjam, untertags und im Beisein der Schwestern Ekstasen zu haben. Selbst während der Nacht soll sie nicht aufstehen und die Aufmerksamkeit auf sich lenken. Mirjam gehorcht. Da die Novizenmeisterin in ihr das Wirken des Heiligen Geistes erkennt, wünscht sie, dass die Novizin ihr ihre Kindheits- und Jugenderinnerungen erzählt. Alles soll schriftlich festgehalten werden. Eine Kopie wird an den Karmel von Pau geschickt, mit folgendem, von Mutter Honorine beigefügtem Vermerk: «Ich sende Ihnen eine Abschrift von allem, was ich aus Mirjams eigenem Munde erfahren habe, obschon sie Schwierigkeiten machte und sich einzig im Gehorsam unterwarf. Sie hat mich um völlige Verschwiegenheit gebeten, die ich auch bis heute gewahrt habe ... Alles, was ich wegen Mirjams mangelhaftem Französisch nicht recht verstand, habe ich weggelassen.»

Eine Gefährtin der kleinen Araberin, Schwester Marie-Rose Dupuy, bezeugt: «Während unseres Noviziates schrieb Mutter Honorine die Biographie der kleinen Araberin. Während wir mit unseren schriftlichen Aufgaben oder unserem Studium beschäftigt waren, sass Mirjam in einer Ecke des Noviziates bei der Mutter, die sie leise befragte und danach ihre naiven Antworten niederschrieb, ohne dass Mirjam sich irgendwelche Gedanken darüber gemacht hätte.»

Als Mutter Honorine erkrankte, übernahm Mutter Veronika deren Amt im Noviziat. Diese Ordensfrau sollte im Leben und im Herzen Mirjams einen bedeutenden Platz einnehmen. Sie war Engländerin und hatte von der anglikanischen Kirche zum Katholizismus konvertiert. Nachdem sie siebzehn Jahre bei den Josefsschwestern verbracht hatte, trat sie mit Mirjam in den Karmel von Pau ein, und einige Jahre später starb die junge Auserwählte in ihren Armen im Karmel von Bethlehem. Entgegen aller Voraussicht hatte Mirjam die Ernennung Mutter Veronikas zur Novizenmeisterin in *La Capelette* vorhergesagt. Sie erfüllte dieses Amt einen Monat lang bis zum Empfang des Indultums, das ihr den Eintritt in den Karmel gestattete. Auf ihren Wunsch verschwanden Mirjams Wundmale in Marseille. Diese erschienen, nach der Prophezeiung der Araberin, erst wieder in Pau während der Fastenzeit des nächsten Jahres.

Es ist nicht schwer zu erraten, dass Mirjam in einer so zahlreichen und unterschiedlichen Gemeinschaft zu einem Stein des Anstosses wurde. Die Ordensfrauen waren ihr zwar mehrheitlich wohlgesinnt, doch unter den älteren, allzu traditionellen Schwestern formte sich bald eine Gruppe des Widerstands. War eine mit so ungewöhnlichen Phänomenen behaftete Person wirklich tauglich für eine tätige Kongregation? Und waren diese Erscheinungen überhaupt echt?

Als der Tag der Abstimmung über Mirjams Aufnahme ins Noviziat gekommen war, enthielten sich zwei der sieben Stimmberechtigten, zwei stimmten positiv und drei negativ. Mirjam war nicht zugelassen. Der Schlag war hart, besonders für Mutter Honorine, die gute Gründe hatte, von der Echtheit eines solchen Lebens überzeugt zu sein, aber auch für die Generaloberin, die am Tag der Abstimmung abwesend war und nach ihrer Rückkehr erklärte, dass es in ihrem Beisein niemals soweit gekommen wäre. Am 12. Dezember 1868 schrieb sie an die Priorin des Karmels von Pau: «Unsere kirchlichen Oberen haben es für gut befunden, dass wir Mirjam nicht bei uns behalten, mit der Begründung, einzig ein klausuriertes Kloster sei würdig, eine solche Seele vor den Augen der Welt zu verbergen. Unsere Schwestern haben gehorcht. Gott sei gelobt, dass Sie nun diese bevorzugte Seele in Ihrem Karmel haben dürfen!»

Am härtesten war jedoch Mirjam von dem Ereignis betroffen. Was sollte nun aus ihr werden? Ohne ihr Wissen bereitete der Heilige Geist ihren neuen Lebensabschnitt vor. Als Mutter Veronika von Rom die Erlaubnis erhielt, in den Karmel von Pau einzutreten, schlug sie Mirjam vor, sie der dortigen Priorin zur Aufnahme zu empfehlen. Auf ihren Brief empfing sie sogleich eine zustimmende Antwort. Mutter Veronika hatte nichts von den Gnaden, die Mirjam zuteil wurden, erwähnt und nur angedeutet: «Sie wird gehorchen bis zum Wunderwirken.»

Am Nachmittag des 15. Juni 1867, einem Samstag, meldeten sich die beiden Ordensfrauen an der Pforte des Karmels von Pau. Zu dieser Stunde psalmodierten die Schwestern im Chor die erste Vesper des Dreifaltigkeitsfestes. Mirjam wusste nichts über den Karmel und die heilige Teresa. Aber sie begriff, dass sich an diesem Tag das geheimnisvolle Wort ihrer wunderbaren Krankenschwester von Alexandria erfüllte: «Du wirst ein Kind des heiligen Josef und danach eine Tochter der heiligen Teresa werden.»

Die Charismatikerin

1. DIE HOCHZEITSGABEN DES GEISTES

Mirjams Charakterbild

Mirjam ist einundzwanzig Jahre alt. Betrachten wir sie beim Eintritt in den Karmel mit den Augen ihrer Begleiterin, die in Zukunft Mutter Maria-Theresia-Veronika genannt wird: «Nach ihrem Äusseren zu schliessen, hätte man sie für nicht älter als zwölf Jahre gehalten. Ihre kleine Gestalt, ihr unschuldiges Antlitz, ihre Schwierigkeit, sich in der französischen Sprache auszudrücken, ihre grosse Unwissenheit (sie konnte kaum lesen, weder Arabisch noch Französisch), dies alles machte sie zu einem richtigen Kind. Daher nannten wir sie unter uns nur die kleine Schwester. Erstaunlicherweise verbanden sich jedoch mit dieser Einfalt grösste Weisheit, ein gerader Geist, ein klares Urteil, ein gutes Unterscheidungsvermögen und die Erfahrung des Alters. Wenn es ihr auch an ausgebildeten Talenten fehlte, so gelangten wir bald zur Überzeugung, dass sie reiche Herzens- und Geistesgaben besass.»
Mirjam war die Freude der Gemeinschaft. Man denke: Eine Palästinenserin, eine Landsmännin Jesu und Marias in diesem pyrenäischen Karmel! Ist sie vielleicht die erste Galiläerin, die eine Tochter der heiligen Teresa wurde? Alles an ihr ist orientalisch: Ihr kleines ovales Gesicht, ihre glänzenden schwarzen Schlitzaugen, ihre naschhaften Lippen, ihr olivfarbener Teint, ihre Lebhaftigkeit, ihre kindliche Fröhlichkeit, ihre seit der schrecklichen Nacht in Alexandria belegte Stimme, die Liebe, mit der sie ihre Schwestern umarmt und deren Hände küsst.
Mirjam ist wirklich die Perle des Karmels von Pau! Welch wunderbares Geschenk aus der Heimat des Herrn und des Ordens! Am zweiten Juli, zwei Monate nach ihrem Eintritt in die Klausur, beginnt die junge Schwester ihr Noviziat. *Schwester Maria von Jesus dem Gekreuzigten,* das ist ihr neuer Name. Das Leben der Nonne wird dessen blutige Illustration sein. Der Name Maria soll sie daran erinnern, dass sie ihr Dasein der Muttergottes zu verdanken hat und dass Maria ihr mehrmals und insbesondere in Alexandria das Leben gerettet hat. *Von Jesus dem Gekreuzigten!* Mirjam gehört zu jenen gekreuzigten Mysti-

kerinnen, denen der Geist die schmerzliche und zugleich berauschende Gnade verleiht, das Geheimnis der Kreuzigung Christi zu verkünden und gewissermassen zu erneuern. Der Aufstieg zum Berge Karmel wird für sie zu einem Aufstieg zum Kalvarienberg, mit der Geisselung und den Nägeln, mit der Kreuzigung und der Durchbohrung des Herzens. Das ganze Leben der Karmelitin wird sich zu einer Via dolorosa, einem schrecklichen Leidensweg gestalten.

Während ihres zweimaligen Aufenthaltes im Karmel von Pau übten mehrere Menschen einen entscheidenden Einfluss auf Schwester Maria von Jesus dem Gekreuzigten aus. Wir stellen sie vor, weil wir ihnen sichere Auskünfte zu verdanken haben.

Sie war von Mutter Elias, der damaligen Priorin, in den Karmel von Pau aufgenommen worden. Kurz darauf, nach Ablauf ihres Priorates, wurde Mutter Elias zur Novizenmeisterin ernannt. Aufgrund dieses Amtes verliess sie die Novizin auch nicht einen einzigen Tag bis zu ihrem Tod (1870). Sie war eine heilige, erfahrene, aufopfernde und kontemplative Frau. Obschon sie sich selbst gegenüber hart war, brachte sie den anderen grosses Verständnis entgegen. Mirjam schenkte ihr volles Vertrauen.

Auch vier bedeutende Priester kümmerten sich um die Karmelitin. Prof. Dubarat, der Religionshistoriker des Bistums Bayonne, ein feiner Psychologe, gibt über die drei ersten folgendes Urteil ab:

Msgr. Lacroix, der Bischof von Bayonne, «war ein nüchterner, äusserst weiser und kluger Mann, ein bekannter Bischof seiner Zeit. Sein sicheres Urteil liess ihn die Tugend anderer richtig würdigen.» Kaum hatte man ihn über die ausserordentlichen Zustände der kleinen Araberin in Pau informiert, schrieb er nach reiflicher Überlegung an die Priorin von Pau: «Die Gnaden, die Gott der jungen Araberin, die Sie aufgenommen haben, gewährt, erscheinen mir sehr interessant und bewundernswert... Es ist wichtig, dass alles Wunderbare im Zusammenhang mit den Zuständen der Stigmatisierten geheim gehalten wird und darüber nicht ausserhalb des Klosters gesprochen wird, bis Gott es anders entscheidet.» In einem späteren Brief vom 16. September verlangt der Bischof, dass möglichst viele Angaben gesammelt werden sollen, «damit die vollständige Geschichte dieses grossen Ereignisses aufbewahrt werde und in kommenden Zeiten wie in der Gegenwart zur Erbauung diene.» In den drei Karmelitinnenklöstern, in denen Mirjam ihr Leben verbracht hat, schrieben Ordensfrauen auf Geheiss der Oberen ihre Worte nieder, die sie in der Entrückung gesprochen hatte.

Abbé Manaudas, der Obere des Priesterseminars von Bayonne, wird folgendermassen charakterisiert: «Er war ein äusserst gestrenger, vielleicht sich selbst und den anderen gegenüber zu harter Mann, ein guter Theologe und wahrer Gottesmann. Er war auch befähigt, in einer gewissenhaft von ihm beobachteten Seele zwischen göttlichem und teuflischem Wirken zu unterscheiden». Er bekleidete in der Diözese das Amt des Exorzisten.

Abbé Saint-Guily, der Erzpriester und Pfarrer der Martinskirche von Pau, der zugleich Oberer des Karmelitinnenklosters war, wird so geschildert: «Er erwies sich niemals als ein vermessener oder abenteuerlicher Geist und hinterliess einen Ruf der Heiligkeit. Sein Geist war gerade und sein Urteil ausgewogen und gescheit».

Der vierte Priester war P. Estrate von den Herz-Jesu-Priestern von Bétharram. Er war zweiunddreissig Jahre alt, als er mit Schwester Maria bekannt wurde. Während ihres zweiten Aufenthaltes in Pau war er ihr Seelenführer, und später wurde er ihr erster Biograph. Er war ein Mann, dem der heilige Michael Garicoïts (1797–1863), der Gründer der Patres von Bétharram, sein volles Vertrauen schenkte, da er seine menschliche und spirituelle Begabung erkannt hatte. P. Estrate war wie ein Abbild des heiligen Stifters und wurde später Generaloberer der Kongregation. Er starb am 8. April 1910 in Bethlehem. Man hat von ihm gesagt, «sein Blick sei ständig auf das Bild des Stifters geheftet, als wolle er dessen Züge den jungen Ordensmännern einprägen», für die er im Studienhaus von Bethlehem verantwortlich war. Sein Zeugnis über Mirjam ist äusserst wertvoll.

Mirjam war als Laienschwester in den Karmel eingetreten, wurde jedoch bald den Chorfrauen zugesellt. Ihre Allergie gegen die lateinische Sprache und ihre Demut führten sie jedoch dazu, baldmöglichst wieder den letzten Platz einzunehmen. Sie nannte sich gern *das kleine Nichts,* und da sie klein von Gestalt war, wurde sie von den Schwestern meistens *die Kleine* oder *die kleine Araberin* geheissen.

Die zehn ausserordentlichen Charismen

Die in Jerusalem im Jahre 30 am Pfingsttag aufgeblühten Charismen sind als «Hochzeitsgaben» Christi an seine Braut, die Kirche, bezeichnet worden (Gutjahr). Lukas in der Apostelgeschichte, diesem Evangelium des Heiligen Geistes, und Paulus in seinen Briefen haben dieses Hereinbrechen des Heiligen Geistes über die jungen Gemeinden Palästinas und der Diaspora ausführlich geschildert. Mit seinen Patriarchen und Propheten, seinen Richtern und Befreiern, seinen Weisen und seinen Armen des Herrn war Israel vorzüglich das charismatische Volk. An der Spitze dieser geistigen Ahnenreihe, wie der Schlussstein am Verbindungspunkt der Spitzbogen, erscheint Jesus von Nazareth als jener, der voll des Heiligen Geistes ist und ihn ausspendet. Seit dem berauschenden Frühling des ersten christlichen Pfingsten sind die Charismen in unglaublicher Mannigfaltigkeit immer wieder in der Kirche erblüht und haben Frucht getragen. Mönche und Nonnen, Asketen und Mystiker waren von jeher die Bevorzugten des Heiligen Geistes. Sie haben die geistigen Freuden gekostet und anderen den Geschmack daran vermittelt. Hat man Teresa von Avila nicht «die Korsarin der unsichtbaren Welt und die Abenteurerin der Entrückung» genannt?

In der Geschichte der charismatischen Kirche erscheint Maria von Jesus dem Gekreuzigten wie eine Bergspitze, auf der sich alle Charismen vereinigen, die sich in den unzähligen Zeugen des Geistes entfaltet haben. P. Estrate hat von ihr gesagt: «Ihr ganzes Leben, von der Geburt bis zum Tod, war ein einziges Gewebe wunderbaren Geschehens.» Der Erzbischof von Lyon, Kardinal Sevin, schrieb am 16. Dezember 1915: «Warum hat Gott diese grosse Seele in unserer Mitte erstehen lassen? Einmal, um unserer verweltlichten Zeit ein wahrhaft übernatürliches Leben entgegenzustellen, so wunderbar, wie selbst die Wüste es nie geschaut hat. Maria von Jesus dem Gekreuzigten ist in den Annalen der christlichen Heiligkeit eine einmalige Erscheinung und wird es auch bleiben.» Bischof Lacroix schrieb am 16. Dezember an den Patriarchen von Jerusalem, Msgr. Bracco, einen Brief, in dem er ihm die kleine Araberin als «ein Wunder der göttlichen Gnade» vorstellte.

Bevor wir nach einer Erklärung all dieser Phänomene suchen, müssen wir diese von wunderbarem Geschehen erfüllte «Seelenburg» erforschen. Wir werden die zehn Hauptcharismen behandeln und dabei die authentischen Berichte glaubwürdiger Zeugen benützen. Mit den modernen Theologen unterscheiden wir das mystische Leben von den ausserordentlichen, nach Paulus (1 Ko 12−14) Charismen genannten Phänomenen. Das mystische Leben, das für jeden Christen etwas Normales sein sollte, besteht in der harmonischen Entwicklung der Taufgnade unter dem Antrieb der sieben Gaben des Heiligen Geistes; diese lenken die drei göttlichen Tugenden und machen den Menschen geneigt, sich in den verschiedenen Lebenslagen den göttlichen Eingebungen zu fügen. Somit ist jedes wahrhaft christliche Leben eigentlich ein mystisches Leben. Es soll zur fortschreitenden Entdeckung und Erfahrung Gottes führen, in demselben Mass wie die Taufgnade in uns keimt, aufblüht und sich entfaltet. Die Askese besteht in dem methodischen und beharrlichen Bemühen des Menschen, zu diesem spirituellen Wachstum beizutragen. In diesem Zusammenhang erscheinen die *Charismen* als ausserordentliche, nur einigen Bevorzugten gewährte Geistesgaben. Schwester Maria von Jesus dem Gekreuzigten war eine dieser aussergewöhnlichen, mit diesen strahlenden Geschmeiden des Geistes überschütteten Seelen − sie, die die Schmuckstücke einer menschlichen Hochzeit über alles verachtet hatte.

1. Ekstasen

Ihr ganzes Leben lang war die kleine Araberin eine Ekstatikerin. Von ihrer Kindheit an, im Garten, im Haus und in der Kirche von Abellin, in der blutigen Nacht von Alexandria, bei ihren Arbeitgebern in Beirut und Marseille, während der viertägigen Verzückung, in die sie in der Nikolauskirche in Marseille fortgerissen wurde. Das wunderbare Geschehen steigerte sich jedoch besonders nach ihrem Eintritt ins Kloster. In *La Capelette* bei den Josefsschwestern wurde sie in der Kapelle, in der Rekreation und besonders nachts im Schlafsaal in Entrückung überrascht.

Nach ihrem Eintritt in den Karmel wurde dieser Zustand so häufig, dass Mirjam in Mangalore fast täglich, ja bis zu fünfmal im Tag in Ekstase verfiel. In den letzten, in Bethlehem verbrachten Jahren ihres Lebens sind die Verzückungen zwar noch häufig, jedoch ruhiger und schmerzvoller.

Welch eine Mannigfaltigkeit in den ekstatischen Zuständen! Am 29. Juli 1873 betritt Schwester Mirjam abends in Pau das Refektorium. Sie führt ein Glas an die Lippen und wird sogleich entrückt. Sie scheint einem Konzert beizuwohnen. Plötzlich beginnt sie zu singen und improvisiert wie gewohnt Worte und Melodie. Mit einer Hand schlägt sie den Takt und mit der anderen hält sie das volle Glas, ohne es auszuschütten, obschon der Rhythmus ihren Körper mitreisst. Ein einfaches Wort der Priorin genügt, um die Entrückte zur irdischen Wirklichkeit zurückzuführen.

Am 29. August 1873 gerät Mirjam während des Geschirrabwaschens in Verzückung. Hören wir darüber den Bericht der Novizenmeisterin: «Man kann sich nicht vorstellen, wie anziehend sie war mit ihrem strahlenden Antlitz, ihren leuchtenden Augen, die sich auf eine beglückende himmlische Schau zu heften schienen. Sie lächelte, erschauerte, sang und vollzog dennoch mit dem Lappen und dem Teller die Bewegung des Abwaschens. Am 31. Juli 1877 geschieht Ähnliches in der Waschküche: «Sie war entzückend,» notiert dieselbe Zeugin, «und man sah, wie die Wäsche unter ihren Händen im Nu weiss wurde.»

Bisweilen wird *die Kleine* plötzlich und bisweilen nach und nach entrückt. Sie bekennt: «Manchmal kann ich mich absolut nicht wehren; was ich auch tun mag, ich werde einfach mitgerissen, wenn ich am wenigsten daran denke; ein andermal vermag ich mich ein wenig abzulenken, um nicht fortgerissen zu werden.» Sie kämpfte nämlich gegen die Entrückung an. In ihrer Einfalt und Demut ahnte sie nicht einmal, wie bevorzugt sie war. Sie sprach von *Schlaf* und suchte ihre *Schläfrigkeit* zu überwinden! Die Karmelitin flehte Abbé Manaudas, ihren geistlichen Vater, an, ihr diesen *Schlaf* zu untersagen. «Meine Tochter», antwortete der Priester, «Sie können ganz ruhig einschlafen!» Da brach sie in Tränen aus.

Auch an Bischof Lacroix richtete sie dieselbe Bitte. Er riet ihr jedoch, sich Gott zu überlassen, statt sich gegen diesen Schlaf zu wehren. Es war wirklich ein Kampf. Um dem Zugriff des Herrn zu entgehen, ging Mirjam hin und her, sie schüttelte sich, stürzte zum Brunnen, um sich zu waschen, arbeitete noch eifriger. Sie stach sich sogar mit Stecknadeln oder führte brennend heisse Speisen zum Mund. Aber alles war vergebens.

Als die Novizenmeisterin die junge Araberin fragte, wie sie denn mit solcher Leichtigkeit einschlafen könne, antwortete sie unschuldig: «Ich fühle, dass mein Herz offen ist, es ist wie eine Wunde; und wenn ich von gewissen Gedanken und Eindrücken über Gott ergriffen werde, scheint mir, man berühre die Wunde meines Herzens; dann überfällt mich die Schwäche und ich verliere mich.» Während ihrer Professfeier in Magalore, am 21. November 1871, musste ein Befehl der Priorin sie *aufwecken,* damit sie die Gelübdeformel sprechen konnte. Am 28. Juni 1873 in Pau betrat die Priorin nach der Matutin die Zelle der Kleinen. Diese sass vor dem offenen Fenster und war verzückt. Sie sagte zu der Mutter: «Alles schläft, und an den grossen, allen Lobes würdigen Gott voll Güte denkt niemand! Schau, wie die Natur, der Himmel, die Sterne, die Blumen und Gräser, sieh, wie alles ihn lobpreist! Und der Mensch, der seine Wohltaten zu erkennen vermag, der ihn loben sollte, er schläft! Gehen wir, wecken wir das Universum auf!» Mirjam stürzt aus der Zelle und ruft: «Gehen wir Gott loben, singen wir zu seiner Ehre! Alles schläft. Alle Welt liegt in tiefem Schlaf. Wecken wir die Menschen auf! Jesus wird nicht erkannt, Jesus wird nicht geliebt! Er, der die Güte selber ist und so viel für die Menschen getan hat!»

Zeitweilig könnte man denken, die kleine Araberin befinde sich vor dem *brennenden Dornbusch.*

«Bei wem sind Sie?»

«Beim Geliebten.»

«Was für ein Fieber hat Sie denn ergriffen?»
«Das Fieber des Liebeswehs.»
«Was haben Sie denn, meine Schwester?»
«Ich habe die Liebe.»
«Meine Schwester, wo sind Sie denn?»
«In der Liebe.»

Sie singt, stösst kleine Schreie aus, erschauert, improvisiert Gedichte und Melodien. Während der Ekstase bleibt ihr Leib bisweilen biegsam, und bisweilen erstarrt er in der Haltung, die sie bei Beginn der Entrückung eingenommen hat. Nichts und niemand kann sie dann dazu bringen, sich zu regen. Unmöglich, sie aufzusetzen oder zum Gehen zu nötigen, einen Gegenstand aus ihren Händen zu nehmen oder ihren erhobenen Arm zu beugen. Einzig der Gehorsam vermochte, diese Unbeweglichkeit zu meistern.

Ihre Fühllosigkeit war vollkommen. Als sie sich einmal das Knie mit einem Nagel verletzt hatte, hinkte sie. Da wurde sie plötzlich entrückt. Sie hinkte nicht mehr und blieb zwei Stunden lang auf den Knien liegen. Am 30. November 1874 begann sie während der Verzückung zu singen, und zwar «mit klarer, lauter Stimme» obschon sie seit ihrem *Martertod* eine rauhe Stimme hatte. Am 7. Januar 1875 schlug sie den Kopf heftig an, so dass ein Auge verwundet wurde. Als sie entrückt wurde, schrieb ihre getreue Sekretärin: «Wir beleuchteten das verletzte Auge, dessen Inneres wir noch nicht erblicken konnten. Selbst wenn das Licht darauf fiel, blieb es offen und unbeweglich, obschon es gerötet war.» Noch eins muss bemerkt werden: Sobald die Ekstatikerin wieder zu sich kam, erinnerte sie sich an nichts mehr. Mit einer Ausnahme jedoch: Wenn ihre Oberin Rechenschaft über das Gesehene und Gehörte verlangte, kam ihr das Gedächtnis wieder zurück. «Ich erinnere mich an diese Dinge,» bekennt Mirjam, «um sie denen anzuvertrauen, denen ich Gehorsam schuldig bin. Danach ist es mir wieder unmöglich, etwas zu wiederholen oder mich an etwas zu erinnern.» Der Heilige Geist liebt es, seine Bevorzugten in den Schleier der Demut zu hüllen.

Die Echtheit dieser Ekstasen wird durch mehrere Zeichen bestätigt, nämlich durch den dogmatischen Reichtum der von der jungen Karmelitin während ihrer Verzückung mitgeteilten Lehren und Gedanken, den gesunden Menschenverstand ihrer Bemerkungen und die praktische Seite ihrer Äusserungen über das Gemeinschaftsleben. Man hat ihre Lehre mit derjenigen einer Teresa von Avila, einer Maria-Magdalena von Pazzi und einer Katharina von Siena verglichen. Und vergessen wir nicht, dass die kleine Araberin Analphabetin war! Überdies drückte sie sich in einem arg geradebrechten Französisch aus, obschon sie während ihres Noviziats als Chorschwester einige Fortschritte gemacht hatte.

Folgende vertrauliche Aussagen waren unter anderen während den Verzückungen der kleinen Araberin notiert worden:

«Ich bin in Gott, und Gott ist in mir. Ich spüre, dass alle Geschöpfe, alle Bäume und Blumen Gott gehören und auch mir. Ich habe keinen Willen mehr, denn er gehört Gott. Und alles, was Gottes ist, ist auch mein.

Nur die Liebe vermag das Herz des Menschen zu erfüllen. Dem Gerechten genügen die Liebe und eine Fingerspitze voll Erde, um sich zu sättigen; der Böse aber leidet trotz aller Vergnügungen, aller Ehren, allen Reichtums stets Hunger und Durst. Niemals ist er gesättigt.

Achtet auf die kleinen Dinge! Alles ist gross vor dem Herrn. Von Vorbehalten beim Opfer will der Herr nichts wissen. Gib ihm alles.

Im Himmel sind die Bäume, die am meisten gesündigt haben, am schönsten. Sie haben ihre Sünden wie guten Mist um ihren Fuss gelegt.

Übt viel Nächstenliebe; wenn eines eurer Augen das Ungute sieht, dann schliesst es und öffnet das andere. Sagt nicht: Das Wasser ist schlecht; nein! Sagt vielmehr: Auf jener Seite ist es gut, aber ich bin schlecht. Wandelt alles in Gutes um.

Wenn ihr im Gewand Eures Nächsten einen Riss bemerkt, dann zerreisst es nicht noch mehr, sondern schneidet ein Stück von eurem Kleid ab, um das Loch zu flicken. Ich sage und wiederhole: Zerreisst euer Gewand, um euren Nächsten zu bedecken; Jesus wird euch dafür mit dem hochzeitlichen Gewande bekleiden.

Anstatt die Wunde wieder zu öffnen, um Essig hineinzugiessen, soll man vielmehr suchen, den Schmerz zu lindern und die Wunde mit dem Öl der Liebe zu schliessen.

Wenn du deinen Nächsten liebst, dann weiss ich, dass du mich liebst. Jedesmal wenn du in deinem Nächsten nur das Geschöpf und nicht Jesus in ihm siehst, fällst du sehr tief.»

Schwester Marias Gefährtinnen stellten ihr während ihren Ekstasen Fragen. Ihre Antworten lassen ihre Ausgeglichenheit sowie ihr Gefühl für intelligente Anpassung und den Vorrang des Geistes über den Buchstaben erkennen. Man bittet sie, «unsere Mutter Teresa» über einige Punkte des Gemeinschaftslebens zu befragen. Die Schwester Ökonomin, die den Chor eine Viertelstunde vor Schluss der Betrachtung verlassen muss, möchte wissen, ob sie diese eine Viertelstunde früher als die anderen beginnen soll. «Nein,» antwortet die Ekstatikerin im Namen der heiligen Teresa, «denn wenn kommen alle zusammen, dann Jesus ist zufrieden und segnet alle. Die Ökonomin geht aus Nächstenliebe, um den Laienschwestern zu helfen und damit alles für die Schwestern bereit ist. Jesus rechnet ihr das an und wird sie dafür entschädigen.»

Darf man sich während der Betrachtung setzen? «Mutter Teresa sagt, dass wenn man wie die Gärtnerinnen viel gearbeitet hat und wie die Pförtnerinnen viel umhergelaufen ist, darf man sich eine halbe Stunde lang setzen. Aber die Novizinnen sollen die ganze Stunde lang knien. Für die Krankenschwester sagt Mutter Teresa, sie solle immer darauf achten, ob ihre Schwestern leiden, und sie gut pflegen. Sie soll sich jedoch nicht um deren Seele kümmern und sie nie über ihr innerliches Leben befragen.»

Darf man zum Frühstück Kaffee oder Schokolade auftragen? «Mutter Teresa sagt, dass die Oberen Schokolade und Kaffee verboten hatten zu einer Zeit, wo diese selten und sehr teuer waren; damals standen sie nur bei den Grossen dieser Welt im Gebrauch. Aber heute ist das anders, da nicht teurer als etwas anderes. Sie erlaubt es, besonders für die Kranken.»

Soll das Ordenskleid der Mutter Teresa unverändert beibehalten werden? «Die Kleider sind nicht sehr wichtig. Mutter sagt: Nicht ganz wie sie, aber zufrieden wie ihr seid.»

Soll man barfuss oder mit Fussbekleidung gehen? «Sie sagt, man kann die Strenge etwas mildern, weil die Zeiten sich verändert haben.»

Auf die während den Verzückungen verfassten Gedichte und Lieder werden wir später zurückkommen.

Wir möchten diese Abhandlung über das Phänomen der Entrückung, wie Schwester Maria es erlebt hat, mit dem Urteil eines Experten in mystischer Theologie, P. Garrigou-Lagrange, abschliessen: «Diese Ekstasen weisen mitnichten den Charakter krankhafter Erregung auf. Es handelt sich dabei vielmehr um eine Bewegung ihres ganzen Wesens, von Leib und Seele, auf das in Erscheinung getretene göttliche Objekt zu; in grosser Ruhe wird die Seele durch eine geheimnisvolle Macht aus der Sinnenwelt herausgerissen, infolge einer bildlichen oder intellektuellen Vision. Das Ende der Ekstase erweist sich als eine ruhige Rückkehr zum natürlichen Zustand, begleitet vom Schmerz über das Entschwinden der Schau und der durch sie vermittelten himmlischen Freude. Diese Verzückungen erinnern an die der heiligen Bernadette Soubirous und der meistverehrten Ekstatiker der Kirche.»

2. Ekstatisches Schweben

Olivier Leroy, ein Historiker und Spezialist für das Phänomen des ekstatischen Schwebens, beschreibt, dieses wie folgt: «Der menschliche Körper soll bei gewissen Personen und zu gewissen Zeiten befähigt sein, sich in die Luft zu erheben und sich bisweilen darin ohne sichtbare Stütze und ohne kontrollierbare Einwirkung irgend einer physischen Kraft zu bewegen.» Trotz der Seltenheit dieses Charismas lassen sich in der kirchlichen Hagiographie doch etwa 200 Fälle nachweisen. Der berühmteste ist der heilige Josef von Cupertino (1603 bis 1663). Während sich der Ekstatiker im allgemeinen nur wenig über den Boden erhebt, ist es nur von Maria von Jesus dem Gekreuzigten und vom heiligen Josef von Cupertino bekannt, dass sie wirklich in die Höhe geflogen sind.

Bei der kleinen Araberin wurde das Phänomen erstmals am 22. Juni 1873 im Garten des Karmels von Pau festgestellt. Da sie nicht zum Abendessen erschienen war, suchte die Novizenmeisterin vergeblich im Kreuzgang und im Obstgarten nach ihr, als eine andere Karmelitin plötzlich einen Gesang vernahm: «O Liebe, Liebe!» Sie erhebt den Kopf und erblickt die *Kleine,* die sich ohne Stütze im Gipfel einer riesigen Linde wiegt. Man benachrichtigt die Priorin. Diese kommt herbei und weiss nicht, was tun. Nach einem Gebet richtet sie sich an die Ekstatikerin: «Schwester Maria von Jesus dem Gekreuzigten, wenn Jesus es will, kommen Sie im Gehorsam herunter, ohne zu fallen oder Schaden zu nehmen!» Sobald sie das Wort «Gehorsam» vernimmt, steigt Mirjam «mit strahlendem Antlitz und grossem Anstand herunter und hält nur einen Moment bei einigen Ästen inne, um die Liebe zu besingen. «Kaum war sie auf dem Boden angekommen», bemerkt eine Zeugin, «umarmte sie uns in einer Art Trunkenheit und mit unaussprechlicher Liebe.»

Acht ekstatische Höhenflüge haben erwiesenermassen stattgefunden, und zwar am 22. Juni, am 9., 19., 25., 27. und 31. Juli, sowie am 3. August 1873 und schliesslich am 5. Juli 1874. «Wie sind Sie denn dazugekommen, so in die Höhe zu schweben?» fragt die Mutter Priorin; und Mirjam antwortet: «Das Lamm hat mir die Hände gereicht.» Einige Karmelitinnen wollten wissen, woran sie waren, und beobachteten die *Kleine* heimlich. Eines Tages sieht eine Laienschwester, die im Garten arbeitet, den Höhenflug mit an: «Mirjam hatte die Spitze eines Zweigleins ergriffen, das sich unter dem Gewicht eines Vogels gebeugt hätte, und war in demselben Augenblick in die Höhe gerissen worden.» Am 5. Juli ruft sie der Priorin vom Gipfel der Lin-

de zu: «Ich war auf dieser da, und jetzt bin ich hier herübergekommen. Sieh, sieh, meine Sandalen sind dort liegen geblieben!»
Am 19. Juli 1873 zögerte sie einen Moment, als man ihr befahl herunterzukommen. Sie flehte, man möge sie noch länger bei dem Lamm lassen. «Nein», wiederholte die Priorin mit Nachdruck, «kommen Sie im Gehorsam herunter!» Das kurze Zögern war der *Kleinen* jedoch zum Verhängnis geworden: Die Vision war verschwunden. «Das Lamm fortgegangen», seufzt die junge Schwester, «es lässt mich allein hinuntersteigen.» Tatsächlich gelang ihr der Abstieg nur mit Mühe, und sie büsste vier Tage lang unter Schmerzen für diesen unglückseligen Augenblick. Am 25. Juli dauerte die Levitation von 16 bis 19 Uhr, am 31. Juli von der auf die Abendmahlzeit folgenden Rekreation bis um 21 Uhr. Dieses Phänomen ereignete sich nur im Karmel von Pau.
In einem Brief vom 14. Februar 1927 teilte P. Buzy, der Biograph der Karmelitin, Olivier Leroy noch folgende Eizelheiten mit: «Schwester Maria erhob sich an den äussersten Astenden bis zum Gipfel der Bäume. Sie fasste ihr Skapulier mit der einen Hand, ergriff mit der anderen die Blätter an der Spitze eines Zweigleins und glitt im Nu an der Aussenseite des Baumes in die Höhe. Einmal oben angelangt, blieb sie auf einigen, für eine so «gewichtige» Person wie sie viel zu schwachen Ästen sitzen. Hier einige Zeugenberichte aus den Prozess. Die inzwischen verstorbene Schwester E. erzählte mir, dass Mirjam eines Tages, als sie sich mit ihr im Garten befand, zu ihr gesagt hatte: «Dreh dich um!» Kaum hatte sie den Kopf umgewandt und wieder hingeschaut, sah sie ihre Gefährtin schon zuoberst auf dem Baum auf einem kleinen Zweig sitzen, sich wiegen und die göttliche Liebe besingen.» Eine andere Person erklärt: «Ich habe sie einmal auf dem Gipfel einer Linde in Verzückung gesehen. Sie sass auf dem Ende des höchsten Astes, der sie normalerweise nicht hätte tragen können. Ihr Antlitz strahlte. Wie einen Vogel sah ich sie vom Baum herunterkommen: Mit Leichtigkeit und Anstand glitt sie von einem Zweig zum anderen.»
Eines Tages sagte die kleine Araberin: «Wenn ich gehorchen rasch, dann der Baum so geworden», und sie hob dabei die Hand nur ganz wenig über den Boden. Das eine oder andere Mal blieben ihre Sandalen an den Zweigen hängen, und einmal gar ihr Rosenkranz. Wie nach den anderen Ekstasen, erinnerte sich die Karmelitin später an nichts mehr.

3. Die Wundmale

Seitdem Franz von Assisi 1224 auf dem Alverno die Wundmale empfing, werden die körperlichen Zeichen des Leidens Christi *Stigmata* genannt. Die Schmerzen, die der Mit-leidende empfindet, und die Wunden an seinem Körper treten an denselben Stellen auf, die Christus seinen Jüngern bei den österlichen Erscheinungen gezeigt hat: «Seht meine Hände und meine Füsse» (Lk 24,39). «Er zeigte ihnen seine Hände und seine Seite» (Joh 20,20). Im allgemeinen werden die Stigmata, die oft einen Wohlgeruch verbreiten, im Lauf einer Entrückung in das Fleisch eingedrückt.

«Das Studium der körperlichen Stigmata,» schreibt Professor Jean Lhermitte, «führt uns in ein etwas verdächtiges, für den Historiker und Biologen oft verwirrendes Gebiet». Auch hier werden wir Vorsicht walten lassen und uns an Tatsachen halten, die von sicheren Zeugen festgestellt und von aufmerksamen Beobachterinnen schriftlich niedergelegt worden sind.

Lesen wir zuerst in den Erinnerungen der Mutter Veronika aus *La Capelette* den Bericht über die ersten Wundmale der kleinen Araberin nach: «Am ersten Donnerstag, dem 2. Mai 1867, als ich Mirjam besuchte, fand ich sie schwer leidend neben ihrem Bette sitzend. Sie zeigte mir ihre Seite, ihre Hände und Füsse. Auf dem oberen Teil der Hände, an der Stelle der Wundmale, hatten sich eine Art nagelkuppenähnliche Blasen gebildet, und auf der inneren Handfläche war die entsprechende Stelle schwarz und geschwollen. Auf der Seite, etwas oberhalb des Herzens, entdeckte ich ein gerötetes und entzündetes kreuzförmiges Gebilde, in dessen Mitte sich drei kleine Bläschen mit einem Loch befanden... Ich verbrachte die Nacht bei ihr, und um fünf Uhr morgens quoll aus den Wunden der Hände Blut. Ich wusch es ab, und der Schmerz schien gelinder. Das Blut floss aus der Handfläche. Die Finger waren verkrampft und zusammengezogen, als hätte wirklich ein Nagel die Handfläche durchbohrt. Mirjam war unfähig, sie auszustrecken oder das Glas zu erfassen, aus dem ich ihr von Zeit zu Zeit zu trinken gab... Gegen 9 Uhr rann Blut aus der Dornenkrone, die das ganze Haupt umgab. Ich kann feierlich bezeugen, dass ich Blut aus den Löchern der Dornen quellen sah. Eines davon öffnete sich vor mir mitten in der Stirn, und Blut spritzte heraus. Während ich sie wusch, schloss sich das Loch, ohne ein anderes Zeichen als die Blutspuren zu hinterlassen. Ihre Füsse waren so weiss wie die eines Leichnams und die Zehen ausgestreckt, wie die eines Gekreuzigten. Die Wunden auf der Oberseite der Füsse und auf der

Seite bluteten ebenfalls. Nach 15 Uhr kam Mirjam wieder völlig zu sich und fühlte sich nur etwas schwach. Ich sagte ihr, sie solle aufstehen, was sie ohne Hilfe tat, und am Abend kam sie mit der Gemeinschaft zum Nachtessen.»

In den Notizen des Karmels von Pau lesen wir am Donnerstag, dem 27. Februar 1868: «Mirjam konnte wegen den Schmerzen an Händen und Füssen nicht aufstehen. Sie wurde in die Krankenabteilung getragen. Während des ganzen Abends wurde dort ein süsser, eindringlicher Duft unbekannten Ursprungs wahrgenommen, der auch dem Schleier und dem Chormantel der Novizin entströmte. Mirjam verbrachte eine schlechte Nacht. Am nächsten Morgen, einem Freitag, um 6 Uhr, begann aus den Händen und Füssen Blut zu fliessen. Die Dornenkrone blutete zweimal und danach auch die Seitenwunde unter unsagbaren Schmerzen. Am Mittag versiegte alles, aber die Wunden blieben offen und vertieften sich täglich, so dass sie vierzig Tage lang weder stehen noch gehen konnte. Kaum ertrug sie, besonders freitags und samstags, den Verbandstoff, mit dem man ihre Wunden verband. Vom Samstag bis zum folgenden Freitag sickerte nur wenig Blut aus den Wunden. An jedem Donnerstag bildeten sich jedoch schwarze kurtenförmige Auswüchse, die sich jeweils bis zum Freitag vergrösserten. Zu der von Mirjam vorausgesagten Stunde fielen diese «Blasen» ab, und nachdem ihnen Blut enflossen war, schlossen sich die Wunden bis zur folgenden Woche.

Für den Aufenthalt Schwester Marias in Mangalore steht uns vor allem das Zeugnis ihres geistlichen Vaters, des Karmeliten P. Lazarus, zur Verfügung. Am 24. und 25. November 1871 untersuchte er die Stigmata mit grosser Aufmerksamkeit. Aus seinem Bericht entnehmen wir folgende Einzelheiten: «Die inneren Handflächen waren geschwollen und die Wunden offen; auf deren Rändern befand sich ein wenig gestocktes Blut, wahrscheinlich weil die Wunden schon seit mehreren Tagen begonnen hatten, sich zu öffnen. Im Inneren der Hände hatten sich nagelkuppenähnliche Erhebungen gebildet. Auf der Aussenfläche schien das Fleisch heftig aufgerissen worden zu sein; auf der Innenfläche war jedoch kein Riss, sondern nur die schwarze nagelkopfähnliche Erhebung zu sehen. Die Füsse waren in gleicher Weise völlig durchbohrt. Die Wunden waren frisch und das Fleisch vielleicht noch ärger zerrissen als an den Händen. Die Durchbohrungen gingen genau bis zur Mitte der Fussohlen und endeten in einem kleinen, ganz frischen Loch, genau als wäre ein spitzer Nagel hindurchgegangen und nachher wieder herausgezogen worden.» Für die in Bethlehem verbrachte Zeit besitzen wir besonders das Zeugnis der Novizenmeisterin, Mutter Maria vom Kinde Jesus. Die Wundmale traten dort während der Fastenzeit 1876 auf. Am 3. März, dem ersten Donnerstag der Fastenzeit, rief Mirjam die Mutter in ihre Zelle und sagte ihr: «Sieh meine Demütigung; ich will, dass niemand hierher kommt; sieh meine Hände!» Und die Zeugin erklärt: «Wir haben feststellen können, dass die schwärzliche Blase, die wie ein grosser Nagel auf der Innen- und Aussenseite der Hände erscheint, sich viel rascher als während der Fastenzeit 1868 gebildet hat. Gegen 9 Uhr waren die Male noch schwärzer und grösser; Mirjams verkrampfte Finger hinderten sie am Gebrauch ihrer Hände. Am Mittag bemerkten wir dasselbe oben auf den Füssen, aber sie weigerte sich absolut, sie mit einem Tuch bedecken zu lassen, was ihr wahrscheinlich noch heftigere Schmerzen verursacht hätte.» Am folgenden Tag ist die Stigmatisierte mit blutigem Schweiss bedeckt. Am Freitag, dem 10. März, sehen die Novizenmeisterin und die Krankenschwester, wie sich die Dornenkrone auf der blutigen Stirn abzeichnet. Dasselbe geschieht am Freitag, dem 24. März: «Um halb 6 Uhr hat der Kopf rund um die Stirn geblutet; Mirjam trug eine Art Krone aus kleinen Bläschen, von denen wir einige offen gesehen haben, währenddem sie das ihnen entströmende Blut abwischte. Sie ist danach sofort aufgestanden, und jegliche Spur war verschwunden.» Die Karwoche war entsetzlich. Alles blutete an ihr: Kopf, Herz, Hände und Füsse. Im Lauf ihres Lebens ist es vorgekommen, dass Mirjam gewisse Szenen des Leidens Christi erlebt und nachgeahmt hat. Sie war die gekreuzigte Braut eines gekreuzigten Gottes und wurde bis in alle Einzelheiten des Karfreitags mit ihrem Bräutigam identifiziert! «Wenn sie sich in diesem Zustand befand, hätte man meinen können, Christus selbst während seines Leidens zu sehen», sagte Mutter Honorine 1867 in *La Capelette.*

Am Karfreitag, dem 10. April 1868 in Pau, befand sich die Stigmatisierte wirklich am Kreuz. «All ihre Wunden, auch die der Dornenkrone, öffneten sich aufs neue und bluteten. Mirjam wurde von unvorstellbar heftigen Schmerzen gequält. Sie fühlte, wie zuerst das eine und dann das andere Bein und danach der eine und der andere Arm gedehnt wurde und wie schliesslich die Nägel in ihr Fleisch drangen... Später bluteblutete das Herz wie gewohnt, und sofort nachher begannen die Wunden zu verheilen. Sie blieb jedoch die ganze Woche hindurch sehr schwach, und ihre geschundenen, geschwollenen und von Geschwüren bedeckten Knie, die wohl die Knie des Herrn nach seinem mehrmaligen Niderfallen zeigten, schmerzten sie weiter.

Bisweilen rötete sich sogar ihre Wange, als würde sie geohrfeigt. Die schrecklichste Szene fand im provisorischen Karmel von Bethlehem am 14. April 1876, einem Freitag, statt. Lassen wir der Novizenmeisterin wieder das Wort: «Sie stöhnte und bebte am ganzen Leib. Es war herzzerreissend, sie in diesem Zustand zu sehen. Oft wiederholte sie diese Worte: ‹Mein Gott, verlass mich nicht! Mein Gott, ich opfere dir alles auf! Verzeihung, mein Gott Verzeihung!› Um ein Viertel nach zwei nachmittags begann ein schmerzlicher Todeskampf. Wir waren alle bei ihr. Ihre Beine waren starr und ihre gestreckten Füsse gekreuzt; zwei Schwestern stützten ihre Arme, die in Kreuzesform ausgebreitet waren. Ihre Brust dehnte sich aus; sie stiess sogar einige Seufzer aus, als sei sie am Sterben ... Nach halb vier Uhr empfand sie etwas Erleichterung. Sie sprach wieder mit den Kindern (Engeln) und bat sie: ‹Erbarmt euch, ruft mich heute!› In einem Ausbruch von Sehnsucht und Liebe flehte sie: ‹Rufe mich, damit ich diese Erde verlasse! Die Kinder haben gesagt: ‹Fiat! Jesus!› Da hatte man den Eindruck, die Gekreuzigte steige langsam vom Kreuz und von Kalvaria herab, um sich auf die österlichen Freuden vorzubereiten.»

Don Belloni, der in Bethlehem der Beichtvater der Stigmatisierten war, versichert, dass das Fleisch an der Stelle der Wundmale wie durchsichtig erschien, wenn man die Hand der *Kleinen* gegen das Licht hob.

Nach diesen realistischen Beschreibungen der Stigmata bei Schwester Maria von Jesus dem Gekreuzigten möchten wir die Hauptetappen dieses Phänomens in ihrem Leben aufzeichnen.

Das Stigma des Herzens erschien als erstes. Sie war zwanzig Jahre alt. Es war in Marseille im August 1866. Als sie eines Abends in der Kapelle betete, sah sie, wie Jesus ihr im Tabernakel mit seinen fünf Wunden und der Dornenkrone erschien. Sie hatte den Eindruck, in seinen Händen die glühenden Kohlen des Zornes zu gewahren. Sie vernahm, wie Jesus zu seiner Mutter, die sich ihm zu Füssen geworfen hatte, sagte: «O, wie sehr wird mein Vater beleidigt!» Da stürzt die Postulantin auf Jesus zu, legt ihre Hand auf seine Seitenwunde und ruft: «Mein Gott, gib mir bitte all diese Schmerzen, aber erbarme Dich der Sünder!» Als sie nach der Entrückung wieder zu sich kam, bemerkte sie, dass ihre Hand blutüberströmt war, und sie empfand einen heftigen Schmerz an ihrer linken Seite, aus der seither jeden Freitag Blut floss.

Am 27. März 1867 erschienen die anderen Wundmale. Die von dem Gekreuzigten begnadete Novizin vertraute sich ihrer Meisterin an: «Mir schien, ich pflücke Rosen, um den Marienaltar zu schmücken. Diese Rosen trugen auf beiden Seiten Dornen, die in meine Hände und Füsse eindrangen. Als ich wieder zu mir kam, war mein Mund voller Bitterkeit, meine Hände und Füsse waren geschwollen, und in der Mitte meiner Hände und auf meinen Füssen befanden sich schwarze knopfartige Erhöhungen.» Am folgenden Tag, einem Donnerstag, nahmen die Schmerzen bis zum Freitag ständig zu. Es war das Fest der *Fünf Wunden Christi*. Am Morgen gegen zehn Uhr fielen die dunklen Gebilde ab. Gleichzeitig erschienen Spuren der Dornenkrone auf der Stirn, und Blut floss vom Haupt, von den Händen und Füssen der Karmelitin. Das Wunder wiederholte sich im Laufe des Monats April und der ersten zwei Maiwochen. Es hörte auf Befehl der Novizenmeisterin auf.

Um den Gerüchten, die in der Gemeinschaft umgingen, ein Ende zu setzen, verlangte die Novizenmeisterin von der Postulantin, Gott zu bitten, sie von allen äusseren Zeichen zu befreien. Zur grossen Freude der Stigmatisierten schlossen sich die Wunden und vernarbten. In ihrer Demut ahnte sie nicht einmal, dass es sich um ein Charisma handelte, sondern hielt die Wundmale für eine Krankheit. Sie flehte zu Gott und der heiligsten Jungfrau, diese «schlechten Zeichen», wie sie sagte, von ihr zu nehmen.

Während der folgenden Fastenzeit, die sie im Karmel von Pau verbrachte, öffneten sich die Wunden, ihrer Voraussage gemäss, aufs neue. Es traten wieder heftige Schmerzen auf, und aus den Stigmen ergoss sich Blut. Dies wiederholte sich an jedem Freitag der Fastenzeit 1868. Den Karmelitinnen wurde erlaubt, das Wunder anzuschauen. Der Obere des Klosters, Abbé Saint-Guily, betrat die Klausur. Er stellte das Phänomen fest und legte seinen Finger auf eine der Wunden. Unter dieser Berührung erschauerte der ganze Körper der Novizin. Am Karsamstag verschwanden die Wundmale.

In Mangalore erschienen die Stigmata aufs neue. Am 20. November, am Vorabend ihrer Profess, sagte die kleine Araberin im Vertrauen zu ihrer Novizenmeisterin: «Werden Sie mein Geheimnis wahren, wenn ich Ihnen etwas mitteile?»

«Ja.»

«Sehen Sie, die *Krankheit*, vor der ich mich so sehr fürchte, ist wiedergekommen.» Und sie zeigt ihre geschwollenen Hände und Füsse. Zwei Tage nach ihrer Profess entströmt ihren Wunden viel Blut. Die erschrockene Schwester fleht Gott um Heilung an und wird auch diesmal erhört. Während mehr als vier Jahren spürt sie nichts mehr. Zum letztenmal wiederholt sich die Stigmatisation im April 1876 in Bethlehem. Es war dies die längste und schmerzhafteste Leidensperiode. Man hatte den Eindruck, der Kreuzigung auf Kalvaria beizuwohnen! Während einer Ekstase sagt die Schwester: «Wisst ihr es schon? Fünf Rosensträucher sind aufgeblüht. Schnell, schnell! Sie haben den andern die Rosen gegeben, mir aber die Dor-

nen.» Und mit einem Lächeln fügt sie hinzu: «So etwas tut man nicht!
man gibt wenigstens ein paar Rosen! Und mich gar nicht lassen rie-
chen den Duft, ich nur die Dorrnen fühlen! O! ich verdiene es nicht.
Wenn nur Jesus zufrieden ist; mehr will ich nicht. Ich nehme alle
Dornen auf meinem Leib an, aber sag dem Herrn des Rosenstrau-
ches, er solle die Rosen schliessen!» Nach diesen roten Blütezeiten in
Marseille, Pau, Mangalore und Bethlehem schlossen sich die fünf
Rosen der Stigmen endgültig am 26. April 1876. *«Dieu sensible au
corps»* («Gott im Leibe wahrnehmbar») − diese Worte Pascals übertrug Stanislas Fumet auf die Stigmatisation, um sie zu definieren.

4. Durchbohrung des Herzens

Johannes vom Kreuz versichert, dass Gott gewöhnlich die Wundmale nur Menschen gewährt, denen er auch innere «Liebeswunden»
schlägt. Diese bedeuten zugleich Schmerz und Wonne, Leid und
Lust. Es sind «selige Wunden». Bei manchen Begnadeten offenbart
und bezeugt Gott das Vorhandensein der inneren Wunde der Seele
durch eine wirkliche Herzwunde. Den bekanntesten Fall finden wir
bei Teresa von Avila.
Bevor wir die Erfahrung der kleinen Araberin beschreiben, möchten wir
an den berühmten Text erinnern, in dem Teresa ihre Vision von 1559
schildert: «Ich sah links neben mir einen Engel in leiblicher Gestalt.
Er war nicht gross, sondern klein und ausserordentlich schön. In der
Hand hielt er einen langen, goldenen Pfeil, an dessen eiserner Spitze,
wie ich glaube, ein wenig Feuer brannte. Mir schien, er durchbohre
mir damit mehrmals das Herz und stosse ihn bis in mein Innerstes.
Wenn er ihn herauszog, hätte man meinen können, das Eisen risse
mir mein Innerstes heraus und lasse mich in unendlicher Gottesliebe
entbrennen. Der Schmerz war so heftig, dass ich laut aufstöhnte, wie
ich schon gesagt habe. Dennoch übersteigt die von dieser unvergleichlichen Qual hervorgerufene Wonne jegliches Mass, so dass die
Seele nicht wünscht, davon befreit zu werden, und an nichts anderem
als an Gott Genüge findet. Es ist dies nicht ein körperlicher, sondern
ein geistiger Schmerz, ein so süsser Austausch der Liebe zwischen
Gott und der Seele, dass ich den Herrn anflehe, denen, die mir keinen Glauben schenken sollten, in seiner Güte dieselbe Gnade zu verleihen!». Bernini hat diese im 29. Kapitel der Selbstbiographie Teresas geschilderte Vision in einer Marmorstatue verewigt.
Das Charisma der Durchbohrung des Herzens wurde Schwester Maria von Jesus dem Gekreuzigten am Sonntag, dem 24. Mai 1868, im

Karmel von Pau verliehen. Die Mutter Priorin hatte sie mit der Sorge für die Einsiedelei Unserer Lieben Frau vom Berge Karmel betraut. Die *Kleine* betete dort mit einigen Schwestern den Rosenkranz, als sie plötzlich in Verzückung geriet. Sie seufzt: «O Liebe, o Liebe!» und ist verklärt. Schauungen ziehen an ihren Augen vorbei. Voll Erwartung sucht sie nach jemandem; sie ruft: «Mein Vielgeliebter, wo bist Du? Wer hat meinen Vielgeliebten gesehen? Ich suchte ihn und fand ihn nicht. Mein Geliebter, ich gehe, ich laufe, ich weine, ich habe meinen Vielgeliebten nicht gefunden. O Jesus, meine Liebe, ich kann ohne dich nicht leben! Wo bist du, mein Geliebter? Wer hat meinen Jesus gesehen? Wer hat meinen Vielgeliebten gefunden? Du weisst es, meine Liebe: Die ganze Welt bedeutet mir nichts ohne dich; alles Wasser des Meeres genügt nicht, um mein Herz zu erquikken.» Wie der Bräutigam im Hohenlied, offenbart sich Jesus seiner Braut. Sie legt die Hände auf ihr Herz, wo sie eine Wunde fühlt, eine lebendige Flamme, die sie durchdringt und brennt. Sie empfindet zugleich Wonne und Pein, Trunkenheit und Schmerz. Kniend heftet sie die Augen auf den Vielgeliebten. Sie hält ihr Gewand an der Stelle des Herzens von sich und ruft: «Genug, genug, o Jesus! Ich kann nicht mehr! Ich werde sterben vor Entzücken und Schmerz!» Man denkt an die glühenden Verse des heiligen Johannes vom Kreuz: «O sanfte Flamme! O Wunde wonnevoll!» Die Ekstatikerin schweigt einen Augenblick, und dann, von einem wunderbaren Lächeln leuchtend, beginnt sie wieder: «Wer hat mein Herz getröstet? Du selbst, mein Vielgeliebter! Wer hat es erquickt? Du selbst, meine Liebe!» In einer Vision schaut sie Teresa von Avila und sagt zu ihr: «Mutter Teresa, Jesus hat mir das Herz durchbohrt!» Das ist der Schlüssel für dieses Martyrium der Liebe.

Von dieser Stunde an blutete ihr Herz oftmals. Im geheimen wusch sie die Tücher, mit denen sie die blutende Seitenwunde abwischte. Einige davon tragen den Abdruck eines Kreuzes und die drei Buchstaben *O.J.S.*, die vielleicht bedeuten: *O Jésus Sauveur!* (O Jesus, Erlöser!) Mehrere dieser Tücher werden sorgfältig im Karmel von Bethlehem aufbewahrt.

Seither spürt die *Kleine* ständig eine äusserst empfindliche Wunde an ihrem Herzen. Jedesmal wenn Gott es durch ein Wort oder einen Gedanken berührt, erschauert sie und fühlt zugleich Schmerz und Lust in ihrem Leib und ihrem Geist. Eines Tages, der Ohnmacht nahe, seufzt sie: «Ich kann nicht mehr! Die Liebe brennt mich, versengt mich, verzehrt mich!»

Handelt es sich hier nur um eine Vision, oder kann man auch von materieller Durchbohrung sprechen? Der beste Zeuge ist das Herz der

Nonne. Bei ihr ist die materielle Durchbohrung noch genauer erwiesen als bei Teresa von Avila. Deren Herz wurde erst 1592, also zehn Jahre nach ihrem Tod, entnommen. Daher können ihre Biographen nicht mit Gewissheit sagen, ob die festgestellte Wunde auf die berühmte Vision von 1559 zurückgeht, oder ob sie im Augenblick des Todes verursacht wurde; in letzterem Fall hätte der heftige Schock einer ausserordentlichen Liebeswallung ihr Herz zerspringen lassen.

Das Herz Schwester Marias von Jesus dem Gekreuzigten wurde dagegen schon an ihrem Todestag und im Beisein kompetenter Zeugen entnommen. Sie hatte gewünscht, dass ihr Herz an den Karmel von Pau gesandt werde, wo sie in den Orden eingetreten war. Ein Chirurg von Jerusalem, Doktor Carpani, kam am Morgen des Todestags gegen acht Uhr, um die Handlung vorzunehmen. Überlassen wir das Wort einem offiziellen Zeugen, Msgr. Valerga, dem Neffen des ersten lateinischen Patriarchen der Heiligen Stadt: «Als man das Herz herausgenommen hatte, wurde es auf eine flache Schale gelegt, damit alle Anwesenden es genau betrachten konnten. Ich war zugegen mit Don Belloni, Don Emilio, Don Teofilo, Don Giovanni Marta und Don Riccardo Branca. Wir konnten alle sehen, dass das Herz die Narbe einer allem Anschein nach von einem breiten, zugespitzten eisernen Gegenstand hervorgerufenen Wunde trug. Das Herz wurde in der Schale von Hand zu Hand weitergegeben, so dass alle Priester und Schwestern, die sich im Raume befanden, die wunderbare Tatsache feststellen konnten.»

Die beiden Wundränder waren ausgetrocknet, ein Zeichen, dass die Verletzung schon älter war. Don Belloni fragte den Chirurgen: «Könnte nicht eine Krankheit so etwas hervorrufen?» Doktor Carpani antwortete: «Nein, dieses Herz ist niemals krank gewesen.» An Ort und Stelle wurde ein Protokoll über die Entnahme verfasst und von allen Anwesenden unterzeichnet.

Am 13. Mai 1929 wurde in Pau eine offizielle Untersuchung des Herzens vorgenommen. Zwei Ärzte, die Herren Aris und Ecot, bemerkten in ihrem Bericht: «Es ist schwierig, eine wissenschaftliche Erklärung für diese Tatsache zu geben.»

Johannes vom Kreuz bemerkt, dass ein derartiges Charisma ein Zeichen hoher mystischer Begnadung ist.

5. Erscheinungen

Die Seele Schwester Marias von Jesus dem Gekreuzigten gleicht einer jener herrlichen byzantinischen Kirchen, die ganz mit Ikonen in ihren vielerlei Farben ausgeschmückt sind. Aber bei der kleinen Palästinenserin sind die Ikonen lebendig; ein beseelter Himmel. Die Erscheinungen ziehen sich durch ihr ganzes Leben hin.

Die Engel sind ihr vertraut. Erinnern wir uns an Johannes-Georg, den Unbekannten, der sie in Jerusalem zum Heiligen Grab geführt hatte, damit sie dem Herrn ihre Jungfräulichkeit weihe. Wie sich der Seraph der heiligen Teresa gezeigt hatte, so erschienen die Engel auch ihr unter der Gestalt von Kindern, um ihr in Gefahren beizustehen, ihr während der Ekstasen als Dolmetscher zu dienen und ihr Anteil an ihrer Glückseligkeit zu geben. Im Chor und während der Erholung sah sie oft die Schutzengel ihrer Gefährtinnen. Es war eigenartig, dass sie manchmal, in verklärter Weise, die Züge der ihnen anvertrauten Karmelitin trugen.

Wie viele Heilige sind im Laufe ihres Lebens an ihren Augen vorübergezogen! Der heilige Josef, die heilige Teresa — die sie *Rose-Terese* nannte — die heilige Maria Magdalena von Pazzi, die heilige Katharina von Alexandrien, die heilige Margareta-Maria Alacoque, der heilige Johannes vom Kreuz. Oft wurde sie auch von einem biblischen Heiligen besucht, von ihrem heiligen Landsmann Elias, wie sie ihn mit Vorliebe nannte. In ihrer Kindheit konnte sie von ihrem kleinen Dorf Abellin aus auf dem langausgedehnten Karmelgebirge die beiden mit dem Leben des Feuerpropheten besonders eng verbundenen Berggipfel sehen; nämlich das heilige Vorgebirge mit der Muttergottesbasilika, die der Grotte des Propheten gewissermassen als Schrein dient, und den *Muhraka* (das Opfer), auf dem Elias gegen die entfesselte Meute der Baalspropheten den Sieg davontrug, als er dem einen Gott Israels das Opfer darbrachte, das von himmlischem Feuer verzehrt wurde (1 Kg 18). Die Palästinenser und insbesondere die Galiläer bringen *Mar Elias* (dem heiligen Elias), den sie *El Khader* (den Grünenden, d.h. den Immerlebendigen) nennen, auch heute noch eine überschwengliche Verehrung entgegen. Sie versichern, er lebe noch immer auf dem Berg und zeige sich dort häufig.

Als Kind war Mirjam am Fest des Propheten, am 20. Juli, auf den ins Meer vorgelagerten heiligen Berg gepilgert. Mit lärmender Inbrunst wird er da von der riesigen Menge der Pilger — arabischen und drusischen Muslimen, Christen und Juden — gefeiert. Elias wird einmütig von allen, die an den einen Gott glauben, verehrt. Acht Tage lang werden von den Pilgern wilde Fantasias unter dem durchdringenden «Yu-yu»-Geschrei der Frauen und dem Knattern der Gewehre veranstaltet.

Zum erstenmal erschien Elias der kleinen Galiläerin an seinem liturgischen Fest, am 20. Juli 1867. Erst seit wenigen Tagen weilte Mirjam im

Karmel von Pau. An diesem Tag war die Statue des Propheten im Refektorium aufgestellt worden. Plötzlich sieht die junge Postulantin, wie die Statue vor ihren Augen Leben annimmt. Im Habit der Karmeliten geht Elias an den Tischen entlang und segnet jede Karmelitin.

Auch Verstorbene erscheinen der Seherin: Der Pfarrer von Ars, Abbé Cestac, der Gründer der Dienerinnen Mariens, Mutter Elias, Mutter Emilie Julien, Mathilde von Nédonchel, von der später die Rede sein wird, Herr Manaudas...

Aber wir wollen uns hier nicht weiter damit befassen, denn ihr ganzes Leben ist davon durchzogen: von Erscheinungen des heiligen Josef, der Muttergottes, und ganz besonders von Erscheinungen Jesu.

Welch ausgesuchte Blumenlese, vergleichbar mit den schönsten franziskanischen Legenden und der «Geistlichen Wiese» des Anachoreten der Wüste Juda, Johannes Moschus, könnte man mit den im Leben der kleinen Araberin gepflückten *Fioretti* zusammenstellen! So betrat die Jungfrau Maria eines Tages die Zelle der nähenden Novizin, um ihr zu zeigen, wie man Nähte heftet. Ein andermal hilft ihr ein geheimnisvolles Kind, Wäschekisten fortzuschaffen, die mehrere Schwestern kaum von der Stelle gebracht hätten. Während einer Krankheit der kleinen Araberin kommt eine Ordensfrau mit den Zügen der Mutter Elias in ihre Zelle und wirft einige Zweiglein Rosmarin auf den Fusswärmer − und sogleich verschwinden Fieber und Kopfschmerzen.

Am 4. September 1868 geht die teuflische Besessenheit der Novizin in der Krankenabteilung des Karmels von Pau zu Ende. Die Seherin betrachtet eine himmlische Prozession, die an ihr vorbeizieht: Die allerheiligste Jungfrau, der heilige Josef, die heilige Teresa, Elias, Paulus. Erbebend hält sie ihr Gewand an der Stelle des Herzens von sich und flüstert: «Jesus! Jesus! Er ist meine süsse Erquickung. Jesus kommt, um mich zu erquicken!» Sie gewahrt die Muttergottes: «Meine Mutter, ich bitte Dich, dass die Kirche den Sieg davon trägt. Weisst Du, worum ich Dich bitte? Um die Bekehrung der Sünder und den Sieg der Kirche!» Wie Teresa von Avila, ist auch sie eine echte Tochter der Kirche. Für sie ist die Kirche kein abstrakter Begriff; sie ist die Gemeinschaft der Heiligen und die Gemeinschaft der Bewohner des Himmels, des Fegfeuers und der Erde.

6. Prophezeiungen

Mirjam Bauardy ist im Lande der Propheten geboren und aufgewachsen. Sie sieht, lebt und spricht wie die alten biblischen Nabis. Wie diese zeichnet sie sich durch ihre symbolischen Handlungen, ihre Visionen und Prophezeiungen aus. Der Orientale hat Sinn für die konkreten und greifbaren Wirklichkeiten und findet Gefallen an Nachahmungen, mimischen Darstellungen und Symbolen. Seiner Eigenart entsprechend drückt er sich oft in Form von Symbolen, in einer Art von Parabeln oder Gleichnissen aus, entweder in Worten, oder auch in äusseren Handlungen. Die Symbole sind insofern mit den Parabeln verwandt, als man darin immer ein Zeichen und eine bezeichnete Sache, ein eigentliches Symbol und eine symbolisierte Sache, ein literarisches Gewand und eine Lehre unterscheidet. Die Bibel ist reich an Symbolen.

Wenn wir die biblischen Propheten verstehen und das Verhalten eines Isaias, eines Jeremias, eines Ezechiel begreifen wollen, dann müssen wir unsere westlichen Vorurteile beiseitelassen und versuchen, eine semitische Mentalität anzunehmen. Der Osten ist das Land der Weisheit, der gelungenen Lebenskunst, in der Gegenwart Gottes zu wandeln. Wenn ein Orientale zu uns spricht, erzählt er gewöhnlich eine Geschichte, und wir müssen versuchen, weniger deren anekdotische Genauigkeit als deren hintergründige Bedeutung zu erfassen. Die Moral ist wichtiger als die historische Wahrheit. Schwester Maria von Jesus ist so sehr ein Kind ihrer Rasse, dass sie sich häufig und spontan in Gleichnissen, Parabeln, Symbolen und symbolischen Handlungen ausdrückt.

So verlangte der Herr beispielsweise 1873 eine Anzahl von Prozessionen rund um den Garten. Mirjam führt diesen Auftrag auf den Knien aus, mit einem Sack voll Asche auf dem Rücken. Trotz ihrer geschundenen Knie führt sie ihn im Schweisse ihres Angesichts zu Ende. Oft setzt sie sich auf orientalische Weise zu Füssen des heiligsten Sakramentes oder eines Madonnenbildes nieder. Sie faltet die Hände, neigt und erhebt den Kopf und macht die Geste, als reisse sie sich das Herz aus der Brust, um es Jesus und Maria zu schenken.

Ein andermal bittet Schwester Maria von Jesus dem Gekreuzigten nach dem Nachtessen um ein Glas Weisswein, in das sie Brotstückchen schneidet. Doch lassen wir der Chronistin das Wort: «Sie sah uns mit bezauberndem Charme an. Dann zählte sie alle Schwestern. Unsere Mutter Priorin hatte sich etwas verspätet, und als sie eintrat, sagte die kleine Schwester: ‹Hirtin! Hirtin! Die heiligste Jungfrau wartet, um uns alle zusammen zu segnen›. Danach liess sie sich die

Schale mit den achtundzwanzig in Wein getauchten Brotstückchen bringen, kniete nieder und erhob sie, ohne etwas zu verschütten, über ihr Haupt, damit unser Herr sie segne und sprach: ‹Meine Schwestern, ihr seid alle eins. Jesus will euch dies schenken, um euch noch tiefer miteinander zu verbinden, damit Satan weniger Gewalt hat, euch zu entzweien.› Dann ruft sie unsere Mutter Priorin: ‹Hirtin! Muttergottes sagt, Du verteilen allen Schwestern nach Rangordnung, du nach ihnen und das *kleine Nichts* letztes von allen. Die Pförtnerinnen sollen auch ihren Anteil haben, denn sie gehören zu euch. Hirtin, du sollst ihnen ihren Anteil selber bringen!› Wir empfingen alle dieses Symbol der Einheit. Aber immer mehr entdeckten wir in alledem etwas Geheimnisvolles, das uns wunderbar beeindruckte. Wir fragten uns gegenseitig: ‹Was hat dies alles zu bedeuten?›»

Selbstverständlich müssen die Symbole mit Liebe und Verständnis gedeutet werden, soll man die darin enthaltene Lehre erkennen. Sonst hätte es zu schweren Missverständnissen zu Ungunsten der kleinen Araberin kommen können. So hätte man das Symbol von Wein und Brot als eine unwürdige Karikatur der Eucharistie betrachten können, wo uns doch nur eine köstliche und poetische Lektion über Liebe und Eintracht geboten wurde.

Die Propheten kennzeichnen sich jedoch nicht nur durch ihre symbolischen Handlungen, sie sind auch visionäre Menschen. Mirjam wurden auch viele Visionen zuteil, die an die eines Ezechiel und eines Zacharias gemahnen, sowie an die Apokalypsen Daniels und des Apostels Johannes.

Während der Betrachtung schaute sie oft folgendes Bild:

«Ich sah ein grosses rundes Blumenbeet, das in mehreren konzentrischen Kreisen angelegt war. Der erste war ganz mit Rosen bepflanzt: Die Rose bedeutet die Liebe, und die Dornen sind das Zeichen der Wachsamkeit. Der zweite Kreis war mit Reben bedeckt, deren Trauben die Liebe und deren Blätter die Sanftmut versinnbildlichen. Der dritte Kreis war voller Weizen, dem Symbol des Vertrauens und der Hoffnung. Die Mitte war mit Veilchen, dem Sinnbild wahrer Demut, übersät. Im Mittelpunkt baue ich einen Thron und bitte Jesus, sich darauf niederzulassen. Unter seinen Füssen sprudelt eine Quelle, die sagt: ‹Alles vergeht, alles fliesst vorbei wie Wasser!› Neben dem Thron pflanze ich Stiefmütterchen (*pensées*, d. h. Gedanken) und Efeu. Der Efeu spricht: ‹Verbindet euch ständig mit Jesus.› Und das Stiefmütterchen ermahnt mich: ‹Denke nur an Jesus›. Herr Jesus, pflanze all diese Tugenden tief in mein Herz und schenke ihnen Wachstum durch deine Macht!»

Eine andere Vision fand am Sonntag vom Guten Hirten statt: «Ich sah ein Kornfeld, dessen Ähren sich vor mir neigten, als wollten sie den Schöpfer grüssen; und über diesem Feld sah ich in grossen Buchstaben geschrieben: *Das ist mein Leib.* Das Feld war von einem Weinberg umgeben, und darüber stand geschrieben: *Das ist mein Blut.* Ich gewahrte einen Baum, dessen Wurzeln tief in das feuchte Erdreich drangen, der viele Früchte trug und sich zu freuen schien, dem Schöpfer durch seine Früchte Ehre zu erweisen. Ich sah, wie Sonne, Mond und Sterne und alles,was im Himmel und auf der Erde ist, Gott verherrlichen. Und ein jedes sang ein so schönes Lied, dass ich niemals ein schöneres gehört habe. Ich spüre, dass ich es nicht richtig beschreibe, aber es war so schön, so schön! Und ich sah etwas wie eine hohe Mauer, die in Staub zerfiel, so dass ich meinen Schöpfer schauen konnte.»

Die folgende Vision ist apokalyptischer Art:

«*Die Kleine* sagt uns, sie habe sich auf einem von kleinen und vor allem grossen Schlangen umgebenen Weg befunden. Sie sah, wie die Schlangen die Erde bedeckten und verbissen gegen sie (Mirjam) kämpften. Ein schöner junger Mann half ihr, sie zu töten; er hatte ein Beil, um sie in Stücke zu hauen, aber das genügte nicht. Da erfasste er ein riesiges Schwert, und sie selbst bediente sich des Beiles. Der junge Mann, der, wie sie sagt, sehr schön war, riet ihr, sich nicht damit zu begnügen, die Schlangen zu zerhacken, sondern ihnen auch noch den Kopf abzuschlagen; da dieser jedoch wieder lebendig werde, solle sie ihn noch der Länge nach zerhauen. Sie fragte den schönen jungen Mann, wer er sei, und er antwortete ihr: ‹Ich bin der Erzengel Raphael.› Dann kam sie wieder zu sich, voller Freude und Vertrauen.»

Eine weitere Vision gemahnt an die Geheime Offenbarung:

«Ich befand mich vor Jesus in stillem Gebet, als ich plötzlich sah, wie der Himmel sich öffnete. Zuerst gewahrte ich eine Wolke, die sich etwas herabliess und sich öffnete; hinter dieser geschah dasselbe mit einer anderen. Dann tauchten noch mehrere auf, die wie die Stufen einer Treppe übereinanderlagen, sich senkten und mich durch eine Öffnung den Himmel schauen liessen. Es ist mir unmöglich, alles was ich in einem einzigen Augenblick sah, wiederzugeben und begreiflich zu machen. Ich sah einen riesigen, grenzenlosen Raum. Darüber war nicht das Himmelsgewölbe wie hier: Der Raum war auf allen Seiten unendlich. In der Mitte war etwas wie ein Berg aus Feuer und Licht, der diese ganze Unendlichkeit erhellte. Und alles war Feuer und Licht. Rund um den Berg gewahrte ich eine unzählbare Menschenmenge. Dieses Feuer und dieses Licht waren ihre Glückseligkeit, ihre Freude, ihre Nahrung, ihr Alles. In einem Augenblick habe ich alles das gesehen, und seither schmerzen mich die Augen, und ich sehe schlecht. Wenn ich auch nur kurze Zeit in ein Buch schaue, werden meine Augen trüb. Heute Morgen während der Betrachtung, dachte ich an den Himmel. Ich weiss, dass ich noch andere Dinge gesehen habe, aber die Erinnerung daran ist verwirrt und ich kann nicht sagen, wie es war. Und dennoch, so schwach ich auch bin, brannte ich gestern den ganzen Tag lang vor Liebe zu Gott; aber heute bin ich wie fühllos. Daraus sieht man, dass wir selber nichts vermögen und dass Gott alles in uns wirkt.»

Diese Fülle von Bildern und Visionen ist gewiss charakteristisch für die orientalische Einbildungskraft. Diese hat zweifelsohne ihren Reiz und verdient unsere Aufmerksamkeit, selbst wenn wir im ersten Moment einen unklaren Eindruck haben, wie das oft auch der Fall ist, wenn wir in der Schrift die Visionen der Propheten des Alten Testamentes lesen. Am Schluss ihrer Mitteilungen gibt die Seherin jedoch in wenigen genauen Worten die Erklärung oder die Bedeutung des Geschauten. Oft wird sie von einem jungen Mann, einem Engel geführt, wie das beispielsweise auch in den Texten des Propheten Zacharias vorkommt.

Was die Prophezeiungen im Sinne von Voraussagen künftigen Geschehens betrifft, so kommen Hunderte aus dem Munde der kleinen Karmelitin. Fast zuviel! Es muss jedoch zugegeben werden, dass die klösterlichen Sekretärinnen die von der Seherin während der Ekstasen gesprochenen Worte nicht immer von dem, was sie im Lauf eines gewöhnlichen Gespräches oder während der Rekreation gesagt hatte, zu unterscheiden vermochten. Sie hat das sogar selbst bemerkt. Wenn zudem die Palästinenserin sich in Metaphern ausdrückt, muss auch die Erfüllung ihrer Prophezeiungen unbedingt bildlich interpretiert werden; denn eine wörtliche Auslegung würde widersinnig sein. Die Zuhörer und Leser dieser Prophezeiungen haben solche Sinnwidrigkeiten nicht immer vermieden. So hatte sie vorausgesagt, man werde nach ihrem Tod den Namen Jesus in ihrem Herzen eingeschrieben finden. Bei der Entnahme des Herzens suchte man jedoch vergeblich danach. In Wirklichkeit hatte sie sich aber bildlich ausgedrückt. Die Durchbohrung ihres Herzens war nur auf die Liebe Jesu, das heisst nach orientalischer Ausdrucksweise: auf die Person oder den Namen Jesu zurückzuführen. Die Herzwunde war das «Schriftzeichen» für den Namen Jesu. In diesem Sinne hatte sich die Prophezeiung auf erstaunliche Weise erfüllt.

Trotz alledem besass Schwester Maria von Jesus dem Gekreuzigten das Charisma der Prophezeiung in aussergewöhnlichem Grad. Mutter Maria vom Kinde Jesus hat nur ganz wenig übertrieben, wenn sie schreibt: «Wollten wir alles, was Schwester Maria von Jesus dem Gekreuzigten einer jeden von uns gesagt und was sich auch wortwörtlich erfüllt hat, wiedergeben, müssten wir Bände schreiben.»

Einmal besitzen wir die Prophezeiungen, welche sie selbst betreffen. Sie hat erzählt, unter welchen Umständen sie von den Hauptabschnitten ihres Lebens, von dem Datum ihrer Profess und ihres Todes Kenntnis erhielt.

Weiter stehen uns die Prophezeiungen, die die Karmelitinnenklöster von Mangalore, Bethlehem und Nazareth angehen, zur Verfügung. Davon werden wir anlässlich der Stiftungsgeschichte dieser Ordenshäuser sprechen.

Andere Prophezeiungen betreffen die Kirche, die sie den «Ölbaum» nannte, und Frankreich, das sie den «Rosenstrauch» nannte. Ihre Lebenszeit fällt in das lange Pontifikat Pius IX. (1846–1878). Für diesen Papst bezeugte sie eine besonders zärtliche, kindliche Liebe. Sie nannte ihn ihren Vater; sie sah ihn oft im Geiste, bald während der herrlichen Pontifikalämter, bald in den Ängsten, die ihn kreuzigten. Mehrmals liess sie ihm wichtige, die Interessen der Kirche betreffende Botschaften zukommen. 1868 liess sie ihm dreimal die Warnung zukommen, die in der Nähe des Vatikans gelegene Kaserne sei unterminiert. Diese Warnung aus Pau wurde jedoch nicht ernstgenommen, bis am 23. Oktober die Kaserne Serristori, die zum Polizeirevier des *Borgo Vecchio* gehört, am hellichten Tag in die Luft gesprengt wurde und die Regimentsmusiker unter ihren Trümmern begrub, «Leider hatten wir uns die von Pau empfangene Mitteilung nicht zunutze gemacht», sagte Kardinal Antonelli später.

Als jedoch Schwester Maria im folgenden Jahr, als das Konzil in vollem Gange war, den Papst auf ein neues drohendes Unheil aufmerksam machte, wurde der Stimme des Himmels grössere Aufmerksamkeit geschenkt. Mehrfach bezeichnete die Seherin mit bemerkenswerter Genauigkeit die Stellen im Vatikan, wo drei Bomben gelegt worden waren. Diesmal konnte die Katastrophe verhindert werden. Die kleine Araberin kündigte auch den Tod Pius' IX. sowie den Namen seines Nachfolgers, des späteren Leo XIII., an. Ihre kindliche Liebe offenbarte sich sogar auf ausserordentliche Weise, so weitgehend, dass an gewissen Tagen ihr Antlitz die Züge von Pius IX. annahm. Von 1875 an versichern mehrere Zeugen, voller Staunen, dass ihre Augen, ihr Mund und ihr ganzes Gesicht sich bisweilen veränderten. Mehrere Personen, die den Papst in Rom oder auf Fotos gesehen hatten, erklärten verblüfft: «Das ist ja unser Heiliger Vater! Wie sehr gleicht sie Pius IX.!». Eines Tages sagte die Ekstatikerin zu zwei ihrer Mitschwestern, die mit ihr darüber sprachen: «Ein Kind soll doch seinem Vater ähneln!» Für Pius IX. war die kleine Araberin keine Unbekannte. Als Kardinal Antonelli ihn 1875 von den Gnaden und der Art der Führung, die der Nonne zuteil wurden, in Kenntnis setzte, liess er antworten, man solle «fortfahren, sie wie bisher zu leiten, denn sie befinde sich auf dem rechten Weg.»

Seit Karl dem Grossen haben die Christen des Nahen Ostens Frankreich ihre Liebe bewahrt, denn sie betrachteten dieses Land als den Beschützer der heiligen Orte und der Christen. Für Mirjam war Frankreich zu einer zweiten Heimat geworden, «der Mittelpunkt meines Herzens und des Herzens Gottes», wie sie sagte. Sie hat den Zusammenbruch von 1870, aber auch die Wiederaufrichtung des Landes, trotz der zahlreichen und blutigen Prüfungen, vorausgesagt: «Hier, was ich gesehen und gehört habe: Ja, ich werde meine Wonne in Frankreich finden; Frankreich wird wieder die Königin aller Königreiche sein. Aber zuvor muss es durch das Sieb gesiebt werden.» Mehrfach hatte sie einen langen und grossen Krieg angekündigt, in dem «Ströme von Blut» vergossen würden. Warum? Ihre Antwort zeugt von grosser Demut: «Weil wir verderbt sind!» Sie sagte sogar voraus, dass man während dieses grossen Krieges «alle Priester zum Kampf aufrufen werde». Sie prophezeite auch einen glänzenden Sieg: «Frankreich hat in den Missionen zu viel Gutes vollbracht, als dass Gott es verlassen könnte.» Während einer Ekstase am 16. Juli 1878 sagte Schwester Maria: «O lieber Rosenstrauch, du bist die Freude meines Herzens: O! wie schön wird der Rosenstrauch sein!» Wie hätte jedoch die Palästinenserin ihr kleines Heimatland vergessen können? Sie verkündete, dass Frankreich den Türken Palästina und Syrien wieder entreissen werde. Tatsächlich wurde am 11. Dezember 1917 der Hochkommissar Georges Picot in Jerusalem eingesetzt, um die Verwaltung Palästinas zu übernehmen und den Schutz der christlichen Heiligtümer zu sichern.

Schliesslich sind noch die unzähligen Prophezeiungen zu erwähnen, die Einzelpersonen betrafen. In *La Capelette* hatte sie wider alles Erwarten die Ernennung Mutter Veronikas zur Novizenmeisterin angekündigt. Sie sagte auch voraus, dass sie Mutter Elias die Augen schliessen werde, was sich am 5. November 1870 in Kozhikode bewahrheitete. Als noch niemand an die Gründung in Mangalore und Bethlehem dachte, verkündete die junge Schwester, dass sich die Karmelitinnen von Pau später «in drei Gruppen aufteilen würden.» Sie wies auch zahlreichen Menschen die Richtung, teils zur Ehe und teils zum Ordensleben, je nach der persönlichen Berufung der einzelnen. Ein Mädchen, das gegen ihren Rat bei den Herz-Jesu-Schwestern eingetreten war, blieb nicht lange dort und ging, nachdem sie wieder ausgetreten war, eine glückliche Ehe ein. Aber man käme an kein Ende, wollte man alle Vorhersagen der *Kleinen* aufzählen!

7. Geheimnisvolles Wissen

Bei der kleinen Araberin findet man in enger Verbundenheit mit der Gabe der Prophezeiung das Charisma der Unterscheidung der Geister und des Wissens um Ereignisse, von denen sie nach menschlichem Ermessen unmöglich Kenntnis haben konnte. Die Novizenmeisterin von Bethlehem sagte, Mirjam lese in den Herzen «wie in einem Buch». Und sie fügte hinzu: «Oft wird ihr das Innerste der Menschen bis in deren Kindheit zurück völlig enthüllt; und zwar handelt es sich dabei nicht nur um Leute, mit denen sie persönlich spricht, sondern auch um deren Freunde und Verwandte. Obschon sie diese niemals gesehen hat, vermag sie deren gute und schlechte Eigenschaften zu schildern. Die Schwester, die diese Zeilen niederschreibt, hat das mehrfach selbst erfahren.»

Ein Jahr vor dem Tod der Charismatikerin schreibt dieselbe Ordensfrau: «Sehr oft hat sie uns Dinge gesagt, die sie nur durch übernatürliche Erleuchtung wissen konnte. Der liebe Gott eröffnet ihr auch weiterhin und mehr denn je die Geheimnisse der Herzen. Sie durchschaut nicht nur ihre Besucher, sondern auch in weiter Ferne lebende Menschen. Sehr oft ist es uns möglich, die Richtigkeit dessen, was sie schaut und mitteilt, nachzuprüfen.»

So hat sie mehreren Leuten Sünden offenbart, die sie in der Beichte verschwiegen hatten. Unter dem Eindruck einer solchen Enthüllung fiel ein junges Mädchen in Ohnmacht. Als es wieder zu sich kam, eilte es zum Beichtstuhl. Einer verwirrten Novizin, die versicherte, sie habe all ihre Sünden in der Beichte bekannt, sagte die Seherin: «Und jene Angelegenheit?» Der Schock war hart, aber heilsam, denn er führte die junge Schwester zu einem vollständigen Bekenntnis ihrer Sünden. Schwester Maria half auch zwei jungen Mädchen bei der Vorbereitung ihrer Generalbeichte, indem sie ihnen vergessene schwere Vergehen wieder in Erinnerung rief.

Ihre Enthüllungen wirken nicht zersetzend. Sie will vielmehr, dass die Menschen von Herzen aufatmen können. «Warum nicht ruhig in Gott bleiben?» sagt sie zu einer Ordensfrau. «Du hast dir über vier Dinge Sorgen gemacht.» Und sie zählt diese mit allen Einzelheiten auf.

Am 19. Juli 1874 hatte Schwester Maria eine Unterredung mit Bischof Lacroix. Die Novizenmeisterin hat diese zusammengefasst: «Sie hat dem Bischof Dinge gesagt, die Gott allein bekannt waren und der Wahrheit genau entsprachen. Da verpflichtete er sie im Gehorsam, ihm alles zu sagen, was sie darüber wusste. Sie hat mit ihm gesprochen und dabei Priester, die sie nie gesehen und von denen sie nie gehört hatte, mit Namen genannt und ihm im Zusammenhang mit den Betreffenden Dinge aufgedeckt, die ein Bischof wissen muss. Er bat sie noch um eine Erklärung, doch antwortete sie statt dessen: ‹Lass das, Bischof! Er soll sich dir selber eröffnen. Dies ist eine Gewissenssache.›»

Nicht weniger bemerkenswert als das Charisma der Herzens-Kenntnis ist die Gabe der Schau von Ereignissen, die in weiter Ferne stattfinden. Im Karmel von Mangalore wohnte sie der Hinrichtung der Geiseln der *Kommune* in Frankreich bei. In den Klöstern von Pau und Mangalore sah sie die Verfolgungen und Massenmorde in China. 1877 schaute sie die Hungersnot, von der die Bevölkerung Indiens damals heimgesucht wurde, und nahm durch ihre Ängste an all diesem Elend teil. Als sie am 17. September 1874 nach einer Entrückung wieder zu sich kam, war sie ganz erschüttert über die grauenhaften Szenen, denen sie soeben beigewohnt hatte. Sie hatte verstümmelte und enthauptete Christen gesehen und andere, denen man den Bauch aufgeschlitzt hatte. Unter ihnen befand sich auch ein Priester. Vier Monate später berichtete die Zeitschrift *L'Univers* vom Martertod eines Missionspriesters im Yün-nan, Abbé Baptifaud, der tatsächlich am 17. September ermordet worden war. Tief beeindruckt schrieb Bischof Lacroix am 6. Februar 1875 an Kardinal Antonelli: «Sie können dem Heiligen Vater diese Nachricht in meinem Namen als von mir verbürgt und absolut echt mitteilen.›

Wir haben schon erwähnt, wie sie Papst Pius IX. sah und dem Konklave beiwohnte, in dem Leo XIII. gewählt wurde. Am 24. Februar 1876 morgens diktierte sie einige Zeilen an den Patriarchen von Jerusalem: «Diese Nacht habe ich den neuen Papst erblickt. Er lag auf den Knien, und ich habe gesehen, wie unser Herr ihm die Hände auflegte und dabei sprach: ‹*Stella versa* oder *bersa*›. Das letztere Wort habe ich nicht gut gehört; ich habe nicht verstanden, ob das sein Name ist, oder ob das Wort etwas anderes zu bedeuten hat.» Was die Schwester nicht begriffen hatte, war für Patriarch Bracco und die Priester des Patriarchates ganz klar: Es handelte sich um den umgekehrten Stern (stella versa), den Kardinal Pecci in seinem Wappen führte. Von diesem Augenblick an erwarteten sie die Nachricht seiner Erwählung. Zwei Stunden nach dem Empfang des Briefes der

Seherin von Bethlehem meldete ein Telegramm dem Patriarchen, dass Leo XIII. am 20. Februar gewählt worden war.

8. Bilokation

Das Phänomen der Bilokation oder Multilokation besteht in der gleichzeitigen physischen Anwesenheit ein und derselben Person an mehreren Orten. Auch in dieser Hinsicht gibt es im Leben der kleinen Araberin ein bemerkenswertes Beispiel. Die bekannte Schwester Joséphine, eine Josefsschwester, die sich durch ihre Nächstenliebe ausgezeichnet hatte und deren Biographie jüngst in Frankreich veröffentlicht wurde, war die Empfängerin dieser Gnade.
1876 befand sich Schwester Joséphine Rumèbe (1850–1927) auf der Insel Zypern, wo sie schwerkrank und vom Fieber verzehrt darniederlag. Ihre Oberin erwartete ihren Tod und legte von Zeit zu Zeit einen Spiegel auf ihren Mund, um festzustellen, ob sie noch atme. Eines Nachts gegen elf Uhr betrat eine Ordensfrau die Zelle der Sterbenden. Mit in Kreuzesform ausgebreiteten Armen schwebte sie über dem Boden. Von lebendigem Licht umflossen, erhellte sie das ganze Zimmer. Es ist Schwester Maria von Jesus dem Gekreuzigten, die frühere Postulantin der Josefsschwester in *La Capelette*. Die Kranke hatte diese jedoch niemals gesehen. Hören wir ihren Bericht:
«Ich hatte sie noch nie gesehen und wusste dennoch, dass sie es war und dass sie mit Gott sprach; ich schlief absolut nicht. Ich rufe sie bei ihrem Namen, und sie antwortet mir. Ich sage zu ihr: ‹Schwester Maria, fragen Sie den lieben Gott, ob ich sterben werde.› Da redete sie mit dem Herrn. Nach einigen Sekunden sagte sie: ‹Nein, Sie werden nicht jung sterben, sie müssen noch viel Gutes wirken.› Danach sagte ich ihr: ‹Fragen Sie ihn, ob ich bis zum Tod in meinem heiligen Beruf ausharren werde.› Nach einigen Sekunden antwortete sie: ‹Mit der Gnade.› Sie hat mir auf alle Fragen, die mein innerliches Leben betreffen, Antwort gegeben. Danach verschwand sie, und alles, was sie mir angekündigt hatte, ist auch tatsächlich eingetroffen. Von diesem Moment an begann die Besserung. Im folgenden Jahr war ich wieder reisefähig und fuhr von Zypern nach Jaffa. Zu derselben Zeit kamen die Karmelitinnen von Bethlehem nach Jaffa auf der Durchreise nach Nazareth. Wie gross war mein Glück, als ich Schwester Maria erkannte. Sie sah genau so aus, wie ich sie in Zypern gesehen hatte. Der liebe Gott ist mein Zeuge, denn nur zu seiner Ehre schreibe ich diesen Bericht. Sie sagte mir: ‹Der heilige Josef liebt euren Orden sehr.›

Beim Abschied (nach ihrer Rückkehr von Nazareth) sagte mir die Dienerin Gottes: ‹Heute sehe ich dich zum letztenmal. Ich werde in jenem Monat und an jenem Tage sterben. Durch Schwester Maria vom Kinde Jesus werde ich dir schreiben lassen und dir den kleinen Jesus senden, den ich jeden Abend küsse.› Tatsächlich empfing ich den angekündigten Brief mit dem genauen Datum des Todes der Dienerin Gottes; da ich dieses in mein Heft eingetragen hatte, konnte ich feststellen, dass Mirjam ihren Todestag richtig vorausgesagt hatte. Das war vor Gott und einzig zu seiner grössten Ehre der genaue Verlauf dieser Ereignisse. Selbst im Augenblick meines Todes könnte ich nicht anders darüber sprechen. Jerusalem, den 30. September 1895.»

Schwester Joséphine starb am 1. September 1927, nachdem sie in Kirjath-Jearim, auf einem in Ost-Judäa gelegenen Hügel, das Haus und die Kapelle der Bundeslade gegründet hatte. (P. Benedikt Stolz OSB hat ihr Leben beschrieben im Buch «Cherub auf dem Gotteshügel. Joséphine Rumèbe, Gründerin des Heiligtums U. L. Frau von der Bundeslade zu Kirjath-Jearim», Christiana-Verlag 1972).

9. Von einem Engel besessen

Damit gelangen wir zu dem vielleicht aussergewöhnlichsten all dieser ausserordentlichen Charismen. Obschon Thomas von Aquin erklärt, dass «nach den Aussagen der Heiligen die guten wie die bösen Engel kraft ihrer geistigen Natur die Macht haben, Körper, in die sie eingezogen sind, umzuwandeln», bezeugen die Theologen wenig Interesse für die Fragen der Besessenheit durch einen guten Engel. Zwar hat der heilige Thomas von Aquin kein derartiges Beispiel erwähnt, und offenbar ist überhaupt kein solches Vorkommnis bekannt. Der Fall Schwester Marias von Jesus dem Gekreuzigten wurde besonders eingehend beschrieben. Wenn man die *teuflische Besessenheit* als unwiderstehliche Beherrschung der Sinne und Glieder eines Menschen durch den Teufel definiert, so kann man auch sagen, dass die *Besessenheit durch einen Engel* in der unwiderstehlichen Beherrschung der Sinne und Glieder eines Menschen durch einen guten Engel besteht, der sie zum Guten drängt. In beiden Fällen ist die menschliche Freiheit aufgehoben.

Indem wir uns wie gewohnt auf die Augenzeugen berufen, beschreiben wir aus dem Leben der kleinen Palästinenserin ein solches Phänomen. Das Ereignis fand in Pau am 4. September 1868 statt. Es war am Mittag. Vor genau vierzig Tagen hatte die erste teuflische Besessenheit begonnen, von der später eingehend die Rede sein wird. Nach Ablauf seiner Zeit hatte Satan soeben den Leib der *Kleinen* verlassen. Die Zeugen, das heisst die in der Krankenabteilung versammelten Karmelitinnen, behielten diesen Augenblick in unvergänglicher Erinnerung.

Während die zwölf Glockenschläge zum Mittag ertönen, geht in Schwester Maria sichtlich eine auffallende Veränderung vor.

An die Stelle der Versuchungen, Demütigungen und Entstellungen der Schwester, die auf ihren Kampf gegen den Bösen zurückzuführen sind, tritt eine wirkliche Verklärung. Die Novizin erhebt sich etwa zwanzig Zentimeter über das Bett, ihr Antlitz strahlt, ihre schwarzen Augen glänzen wie Diamanten, ein wunderbares Lächeln umspielt ihre Lippen. Die Nonnen sind auf die Knie gefallen und vermögen nur ein Wort, einen Namen auszusprechen: «Jesus!» Sie meinen, einem Vorübergang des Herrn beizuwohnen.

Nach ihm ergreift ein übernatürlicher Geist Besitz von dem befreiten siegreichen Leib der Ekstatikerin. Sie ist jetzt von einem guten Engel besessen. Vier Tage lang dauert dieser Zustand an. Bisher drückte sich Satan durch den Mund der Karmelitin aus, jetzt spricht der gute Engel aus ihr. Er übermittelt den Schwestern Lehren und Ratschläge von hohem Wert. Die Nonnen möchten bei ihrer Schwester bleiben. Diese sagt jedoch zu ihnen: «Schwestern, die Muttergottes sieht euren Wunsch, bei dem *kleinen Nichts* zu bleiben; aber sie will, dass ihr euren Pflichten nachgeht; sie wird bei euch sein. Während der Erholungsstunde dürft ihr wiederkommen, da die Regel es erlaubt.» Die Priorin fragt sie, ob eine Schwester bleiben darf, um Notizen zu machen. Die *Kleine* antwortet: «Die Muttergottes ist damit einverstanden und überlässt Ihnen die Wahl dieser Schwester.»

Während der Erholungspausen eilen die Karmelitinnen herbei, um die Verklärte zu betrachten und den Lehren des Engels zu lauschen. Die Seherin wohnt einer prächtigen Prozession bei, die zu ihren Ehren im Himmel abgehalten wird. Im Vorbeigehen grüsst sie die Heiligen, die sie erkennt: «Sei gegrüsst, Vater Elias! Sei gegrüsst, Vater Josef! Sei gegrüsst, Vater Johannes! Sei gegrüsst, Maria von den Engeln! Sei gegrüsst, Simon Stock! Seid gegrüsst, Märtyrer Jesu des Vielgeliebten! Seid gegrüsst, Magdalena, Margarita, Germana, Martha, Henriette, heiliger Dominikus und heiliger Franziskus, Veronika, Appollonia, Nikolaus, Amata...»

Sie bittet, in den Garten hinuntergehen zu dürfen, um «die Werke Satans zu reinigen.» Es handelt sich dabei um eine der symbolischen Handlungen, an die sie als echte Palästinenserin gewöhnt ist. Ein wunderbares Lächeln auf den Lippen, geht sie mit leichtem raschem Schritt, mit erhobenen Händen und zum Himmel gerichteten Augen voran. Sie lädt die Priorin ein, den Weihwasserwedel zu nehmen, um jede Stelle zu reinigen. Sie vergisst nicht einen einzigen, von Satan berührten Baum, nicht eine einzige, von ihm angefressene Traube. Sie ruft: «Kleiner Weinberg, kleine Bäume, tragt immer gute Früchte für die Schwestern Jesu... Seht, seht, Satan ärgert sich! Er rennt davon, er rennt davon!» Sie klatscht in die Hände. Die Prozession hatte zwei Stunden lang gedauert.

Am Nachmittag nach der Vesper geht der Unterricht des Engels weiter. Er betrifft die Regeltreue, den Gehorsam, das Stillschweigen, die gute Ausnützung der Zeit an Wochentagen und die Ruhe am Sonntag, der ganz Jesus geweiht sein soll: «Man darf am Sonntag nur beten und Bücher lesen, in denen von Jesus die Rede ist.»

Sie kündigt Versuchungen und Prüfungen im Ordensleben an: «Satan wird euch versuchen: Seid stärker als Satan! Die Versuchung ist gut für euch: Sie ist das Wasser, das uns wäscht und uns reinigt für Jesus. Überlegt euch das gut: Heute *auf* der Erde, morgen *unter* der Erde!»

Der gute Engel spricht eindringlich über die Liebe in der Ordensgemeinschaft, über die Erholungspausen, die erbaulich sein sollen, und über die Demut. Er fügt hinzu: «Schwestern, die Muttergottes wiederholt, dass ihr Schwester Maria, dem *kleinen Nichts,* niemals von diesem Geschehen Kenntnis geben dürft. Stellt ihr keine Fragen. Ihr sollt ihr keine Aufmerksamkeit schenken, sie nicht ansehen, nicht von ihr sprechen; nichts, nichts als Verachtung... Das *kleine Nichts* wird nur kurze Zeit hier bleiben; danach wird sie das Werk Gottes vollbringen. Wundert euch über nichts, verliert niemals den Mut, weil ihr keine Engel, sondern schwache Menschen seid. Wer sich ganz klein macht, der gefällt Jesus und findet ihn.»

Durch den Mund der Ekstatikerin spricht der gute Engel auch lange mit Abbé Saint-Guily: «Mein Vater, um zu beurteilen, wes Geistes ein Priester ist, prüfen Sie seine Demut, seinen Gehorsam. Wenn er sich nicht unterwirft, dann wird er von Satan geführt. Gehen Sie gleichermassen hinsichtlich einer Ordensfrau vor, über deren Weg Sie Zweifel hegen. Wenn Sie ihr sagen, sie sei in einer Täuschung befangen, und sie sich nicht sogleich Ihrem Urteil unterwirft, dann ist es Stolz, und somit Satans Geist.»

Am 7. September, dem Jahrestag ihres Martertodes, stellt Abbé Saint-Guily folgende Frage an Schwester Maria: «Ist Ihnen an diesem Datum irgend etwas zugestossen?» Die geheimnisvolle Stimme antwortet: «Mir nicht, aber dem *kleinen Nichts:* Man hatte ihm die

Kehle durchgeschnitten.» Diese Antwort bestärkte die Anwesenden in ihrer Überzeugung, dass ein himmlisches Wesen von der kleinen Galiläerin Besitz ergriffen hatte und sich durch sie ausdrückte. Mehrmals fragten die Schwestern dieses rätselhafte Wesen nach seinem Namen. Es antwortete: «Ich gehöre zu jenen, die hinauf- und hinuntersteigen. Ich bin der Geist Schwester Marias.»[1] Die anwesenden Karmelitinnen gewöhnten sich daran, mit dem Geist zu sprechen: «Kleiner Engel, lieber Engel, Du hilfst uns, Jesus zu lieben. Bleibe doch noch einen Tag länger!» Da erklärte er: «Die Zeit ist festgelegt: Ein Tag für zehn Tage.» Die Nonnen begriffen, dass für vierzig Tage teuflischer Besessenheit vier Tage Besessenheit durch den Engel vorgesehen waren.

Der Engel verkündet, dass die Prüfung der *Kleinen* nach seinem Weggang aufs neue beginnen wird. Satan wird zurückkehren. Drei Jahre lang wird er ihre Einbildungskraft mit Zwangsvorstellungen quälen und versuchen, sie zum Verlassen des Klosters zu bewegen. Sie wird bis an den Rand der Verzweiflung getrieben, und man wird ihr helfen müssen, in ihr Nichts hinabzusteigen. «Schwester Maria wird Fehler begehen; Gott wird es zulassen, weil die Zeit der Prüfung gekommen ist und auch damit Satan später aufgrund ihrer Demut keine Macht über sie hat. Denn später wird sie tatsächlich grosse Dinge vollbringen; sie wird fast ständig entrückt sein und sich sogar in die Luft erheben. Das *kleine Nichts* ist ein Opfer, und als solches muss es viel leiden.»

Bevor der Engel weggeht, wird er nochmals nach seinem Namen gefragt. Er antwortet: «Ich bin der Geist Marias (von Jesus dem Gekreuzigten), ich bin der Engel Marias.» Der Leib der Besessenen erschauert. «Ich habe die Freude in den Knochen», sagt sie unaufhörlich. Nachdem der Engel sich entfernt hat, fällt wieder ein Schleier der Trauer über sie. Die angekündigten Prüfungen und Leiden brechen über sie herein. Sie ist vom Tabor herabgestiegen, um tief in den Garten von Gethsemane einzudringen.

---

[1]Angesichts der Wichtigkeit dieser Aussage geben wir die Antwort des Engels aus dem französischen Originaltext wieder: «Je suis de ceux qui montent et qui descendent. Je suis l'esprit de Marie.» Auf die nochmalige Frage lautete die Antwort: «Je suis l'esprit de Marie, je suis l'ange de Marie.»

Der Herausgeber

Auch hier handelt es sich um ein echtes Charisma. Man darf nicht vergessen, dass Schwester Maria eine unwissende Analphabetin ist: Sie hat niemals eine Schule besucht, und ihre Sprache ist das Arabische, das von dem Volk, den Fellachen von Abellin, gesprochen wird. In Marseille gelingt es ihr schliesslich, sich französische Ausdrücke zu merken, aber trotz eines Versuches bei den Josefsschwestern wird sie nie recht lesen lernen. Da die kleine Araberin am Brevier Gefallen findet, insbesondere an den Psalmen, in denen sie die Inspiration und die Rhythmen der Dichter ihrer Heimat wiederfindet, wird sie als Chornovizin aufgenommen, und sie erhält Französisch- und Lateinunterricht. Sie macht einige Fortschritte, zumindest im Französischen. Aber sie wird diese Sprache stets radebrechen und mit Arabismen vermischen und nie richtig lesen und schreiben lernen.

Schwester Maria hat sehr wenig gelesen. Zu ihrer gewöhnlichen Lektüre gehörten das Brevier, die Nachfolge Christi, die Karmelregel, und in ihren letzten Jahren ein in Grossbuchstaben gedrucktes Buch: *L'Ange conducteur* (Der Schutzengel). Und dennoch dichtete Schwester Maria von Jesus dem Gekreuzigten während ihrer Ekstasen aus dem Stegreif Parabeln, Gedichte und geistliche Lieder, die von zahlreichen Gebildeten bewundert werden. Sie ist eine echte Palästinenserin aus den galiläischen Hügeln, die sich jedes Frühjahr in ein prächtiges Gewand aus Anemonen und Zyklamen, aus Asfodills und unglaublich vielfältigen «Lilien des Feldes» hüllen. Mirjam von Abellin erfüllt die Klöster, in denen sie lebt, mit den Düften und Farben des biblischen Landes. Bis zu ihrem letzten Morgen in Bethlehem hört sie nicht auf, Psalmen, Hymnen und Allegorien zu erfinden und zu singen, die an die reinsten Texte der inspirierten Literatur und durch ihren mystischen Schwung insbesondere an das glühende *Hohelied* gemahnen.

Bildlegenden:

Seite 65: Schwester Maria von Jesus dem Gekreuzigten.
Seite 66: Handschrift von Mirjam.
Seite 67: Oben: Bäume in Pau, über deren Zweigen Mirjam oft geschwebt ist. Unten: Der Karmel von Pau, Südseite.
Seite 68: Berthe Dartigaux, Mirjams tapfere Mitstreiterin, die den Karmel von Bethlehem finanziert hat.

Jésus est mon Amour et
Ma Joie, et sa croix est
mon Plaisir et Ma Paix.
Mon cœur brûle nuit et
Jour de posséder le
Dieu d'a Mour.
a Machère sr agnès
sr marie de Jesus
crucifié.

Die gedankliche Tiefe, die Erhabenheit der Gefühle, der Glanz der Ausrufe und Farben haben ganz die Anmut, wie sie der orientalischen Poesie zu eigen ist. In ein köstliches, mit lustigen grammatikalischen Freiheiten durchsetztes Französisch gekleidet, haben diese Gedichte einen unbeschreiblichen Reiz. Schwester Maria dachte sie auf Arabisch und brachte sie in französischer Sprache zum Ausdruck. Man hätte sie von der kleinen Galiläerin singen hören sollen! Eine Dame, die sie bei einem klösterlichen Fest gehört hatte, schreibt: «Man spürte in ihren Bewegungen, ihren Blicken und im Klang ihrer Stimme etwas unbeschreiblich Zartes, Kindliches, Himmlisches. Es sind nur tote Worte, mit denen wir das Lebendige und Ausdrucksvolle, das sie uns vorführte, beschreiben.» Wenn Schwester Maria sang, war ihre Stimme nicht mehr gebrochen, sondern klar und warm.

Wir geben hier einige Kostproben dieser Dichtung im schönen palästinensischen, das heisst: biblischen Gewand.

Ein Gedicht, das sehr nahe an die Gleichnisse Jesu herankommt:

Wem soll ich mich vergleichen?
Den kleinen Vögeln in ihrem Nest.
Wenn Vater und Mutter ihnen keine Nahrung bringen, verhungern sie.
So ist meine Seele ohne dich, o Herr; sie hat keine Nahrung und kann nicht leben.

Wem soll ich mich vergleichen?
Dem kleinen, in die Erde geworfenen Weizenkorn. Wenn der Tau nicht fällt, wenn die Sonne es nicht erwärmt, verschimmelt es.
Aber wenn du deinen Tau und deine Sonne schenkst, wird das Weizenkorn befeuchtet und erwärmt; es fasst Wurzeln und wird zu einer schönen Ähre mit vielen Körnern.

Wem soll ich mich vergleichen, Herr?
Einer Rose, die man abschneidet und in der Hand vertrocknen lässt. Sie verliert ihren Wohlgeruch. Aber wenn sie auf dem Rosenstrauch bleibt, dann bleibt sie stets frisch und schön und behält all ihren Duft.
Bewahre mich in dir, Herr, um mir das Leben zu schenken.

Wem soll ich dich vergleichen, Herr?
Der Taube, die ihre Jungen füttert, einer zärtlichen Mutter, die ihr kleines Kind nährt.

Ein Lobespsalm, mit dem für die semitische Dichtung so charakteristischen Parallelismus:

Die ganze Erde lud ich ein, dich zu loben, dir zu dienen.
Auf immer und ohn' Ende. Mit deiner Liebe ist mein Herz vereint.
Das ganze Meer lud ich ein, dich zu loben, dir zu dienen. Auf immer
und ohn' Ende.
Die kleinen Vögel in der Luft rief ich, lud ich ein, dich zu loben, dir zu
dienen. Auf immer und ohn' Ende.
Den Morgenstern rief ich und lud ihn ein, dich zu loben, dir zu dienen.
Auf immer und ohn' Ende.
Meinen Liebsten, ja, ich höre ihn, er ist ganz nah bei mir! Auf immer
und ohn' Ende.
Ihr Schleier, die ihr ihn verberget, öffnet euch, ich will ihn sehen, mei-
nen Vielgeliebten, um ihn anzubeten, ihn zu lieben. Auf immer und
ohn' Ende. Mit seiner Liebe ist mein Herz vereint.
Ich habe ihn gerufen, eingeladen, den undankbaren Menschen, dich
zu preisen, dir zu dienen, dich zu loben, dich zu lieben. Auf immer
und ohn' Ende.

Ein Klagelied, das an die erschütterndsten Elegien und die schmerz-
lichsten Aufschreie eines Job oder eines Jeremias gemahnen:
Herr, meine Erde ist trocken und verbrannt:
sende ihr deinen Tau.
Mein Fleisch verwest,
meine Füsse können mich nicht mehr tragen, meine Hände sich nicht
mehr bewegen.
Meine Nerven sind ganz verkrampft,
meine Gebeine sind vertrocknet,
Das Mark meiner Knochen ist wie modriger Rauch.
Die Haare meines Hauptes sind hart wie Borsten,
sie stehen zu Berge
und stechen mich wie Nadeln.
Meine Ohren sind verschlossen
und so taub, dass ich nicht höre.
Feuer lodert aus meinen Augen
die kein Licht mehr sehen können.
Meine Nase ist verklemmt.
Meine Zunge klebt mir am Gaumen
und bringt kein Wort hervor,
um zu dir zu schreien.
Meine Zähne sind zusammengepresst
und lassen keine Luft hindurch,
sodass ich sterben muss.
Meine Lippen sind so trocken,

dass ich sie nicht bewegen kann,
um meinen Hilferuf an dich zu richten.
Herr, sende dieser unfruchtbaren Erde deinen Tau,
und sie wird zu neuem Leben erwachen.

Eines Tages sitzt Schwester Maria auf einem Bänkchen vor dem Fenster, das sich zum Obstgarten hin öffnet. Sie singt leise vor sich hin:

Mein entzückter Geist betrachtet alle deine Werke.
O grosser Gott, wer kann dich sagen!
O Allmächtiger, meine entzückte Seele!
Ein Nichts, ein wenig Staub sagt dir: Komm zu mir!
Wer kann sagen, dass ein Allmächtiger hinblickt!
Ein Blick! Du, der du mich anblickst, komm zu mir.
Du allein, mein Gott, mein Alles!
Ich sehe dich, allerhöchste Güte: Dein Blick ist mütterlich.
Komm rasch, o Sonne der Gerechtigkeit, erwache!
Meine Seele verzehrt sich, verkümmert, da sie wartet.
Komm rasch!
Meine Seele, fliege mit den Flügeln der Taube zu meinem Gott!
Er ist mein Alles.
Dein Blick tröstet mich, meine Seele erschauert.
Das Nichts, der Staub erschauert
in der Gegenwart eines so grossen Gottes.
Er hat sein Feld besucht: Fliege empor, o meine Seele!
Meine Seele sieht dich in der Wolke,
sie kann nicht mehr hienieden bleiben.
Dein Blick genügt, um das Nichts dieser Erde zu entreissen.
Gott ist herrlich in seiner Macht.
Alles lobt ihn, alles lobt ihn!
Meine Seele ist närrisch, sie kann nicht mehr, ziehe sie fort!
Wer Gott hat, hat alles.

Ein eucharistisches Lied an den Lebensbaum.

Sei gegrüsst, sei gegrüsst, o Lebensbaum,
der du uns die Frucht des Lebens schenkst!
Aus der Mitte dieser Erde
klagt mein Herz, seufzt mein Herz.
O! wer wird mir Flügel geben,
dass ich zu meinem Liebsten fliege!
Sei gegrüsst, sei gegrüsst, o Lebensbaum,
der du uns die Frucht des Lebens schenkst!

Auf deinen Blättern seh ich diese Worte stehen:
Fürchtet nichts!
Dein Laub sagt: Habet Hoffnung!
Dein Geäst ruft mir zu: Liebe!
Und dein Schatten: Demut!
Sei gegrüsst, sei gegrüsst, o Lebensbaum,
in dir finde ich die Frucht des Lebens.
Aus der Mitte dieser Erde
klagt mein Herz, seufzt mein Herz.
O! wer wird mir Flügel geben,
dass ich zu meinem Liebsten fliege!
Sei gegrüsst, sei gegrüsst, Baum voller Segen!
Denn du trägst die Frucht des Lebens.
In deinem Schatten will ich klagen,
zu deinen Füssen will ich sterben.

Aus den zahlreichen Psalmen und Dichtungen zu Ehren der Muttergottes wählen wir das folgende Lied aus:

Zu den Füssen Marias, meiner liebsten Mutter,
habe ich das Leben wiedergefunden.
O! ihr alle, die ihr leidet, kommt zu Maria.
Zu den Füssen Marias habe ich das Leben wiedergefunden.
O! ihr alle, die ihr in diesem Kloster arbeitet,
Maria zählt eure Schritte und eure Schweisstropfen.
Sagt vor euch hin:
Zu den Füssen Marias habe ich das Leben wiedergefunden.
Ihr, die ihr in diesem Kloster wohnt,
löst euch von allem Irdischen!
Dein Heil und dein Leben sind zu den Füssen Marias.
Ich wohne im Schoss meiner Mutter,
da finde ich meinen Vielgeliebten.
Bin ich denn eine Waise? Im Schoss Marias
habe ich mein Leben gefunden.
Sagt nicht, ich sei eine Waise:
Maria ist meine Mutter und Gott ist mein Vater.
Die Schlange, der Drache wollte mich beissen
und mir das Leben nehmen;
aber zu den Füssen Marias habe ich das Leben wiedergefunden.
Maria ruft mich, und in diesem Kloster werde ich immer bleiben.
Zu den Füssen Marias
habe ich das Leben wiedergefunden.

Wie könnte man einer solchen Herzenseinfalt und Reinheit, solch einem sprudelnden Leben widerstehen! Die Psalmverse mit ihren ablösenden Vergleichen und ihrem Bilderreichtum reihen sich aneinander. Mehr als der Logik der Gedanken überlässt sich die Palästinenserin der Logik des Herzens, der leidenschaftlichen Liebe. Die Vorstellungskraft der jungen Psalmistin des Karmel ist echt orientalisch in der Fülle, der Mannigfaltigkeit, der Natürlichkeit ihrer Bilder, Vergleiche, Allegorien und Symbole. Die arabische Mirjam erinnert an die israelitische Mirjam, die Schwester des Moses, die zum Schlag der Tamburine einen Gesang erfand, um den wunderbaren Durchgang durch das Schilfmeer zu feiern (Ex 15, 20). Sie erinnert uns besonders an das junge Mädchen von Nazareth, auch eine Mirjam, die ihr *Magnifikat* auf den blühenden Hügeln von Ain Karim gesungen hat (Lk 2,46−55).

Die Galiläerin Mirjam von Abellin hatte einen sehr lebendigen Sinn für die Natur, die ihr ständig Stoff zum Lob des Schöpfersf und zur Weitergabe seiner Lehre bot. Sie ist ein ausgesprochen visueller und schöpferischer Mensch. Das ganze Galiäa in seiner Frühlingsschönheit lebt in ihren Metaphern wieder auf: Blumen, Vögel, Fische, Düfte, Quellen, Gärten, Blumenbeete, Bäume, Grotten, Licht und Tag, Finsternis und Nacht, Himmel und Erde, Meere und Flüsse… In ihrem einfachen Hirtenleben sind die Fellachen und Beduinen Palästinas die unbewussten Hüter der Legenden, Rhythmen und Traditionen des biblischen Orients. Mirjam war ein Naturkind, eine kleine Fellachin. Mit ihr haben die palästinensischen Tänze und Kadenzen in die Strenge des Karmels von Pau Eingang gefunden.

Ist es daher verwunderlich, dass berühmte französische Intellektuelle sich von der überströmenden und glühenden Inspiration der kleinen Araberin faszinieren liessen? Man hat sie «einen blendenden Bildergoldschmied» genannt (B. Bordachar).

Maurice Barrès hat ihr in seinem Werk *Une enquête au Pays du Levant* bewundernde Seiten gewidmet: «Sie hat wie ein Opferlamm gelebt und an allen Schmerzen der Völker, der einzelnen Menschen, der Tiere, der Bäume, der Pflanzen und selbst der allzu trockenen oder überschwemmten Erde Anteil genommen. Dennoch genügte ihr ein Gang durch den Garten mit seinen Früchten, Blumen und Schmetterlingen, um sie mit Freude zu erfüllen, so dass sie aus ihrem Herzen emporsteigende Loblieder singen musste. Beim Anblick des Gebirges oder des Meeres fiel sie in Verzückung. Eine Seele und ein Leib reif für die Auferstehung, die keine Täuschung kannten.»

Der konvertierte Jude René Schwob, der Verfasser einer berühmten religiösen Trilogie und einer kurzen Biographie der kleinen Araberin in *La Légende dorée au-delà des mers,* hegte grosse Bewunderung «für diese so wunderbar hauchzarten Gedichte». Und er fügte hinzu: «Man gestatte mir den Wunsch, dass diese kleine Analphabetin, wenn ihr Heiligsprechungsprozess einmal durchgeführt sein wird, zur Patronin der Intellektuellen erklärt werde. Sie ist wie geschaffen, diese vom Stolz zu befreien.»

Francis Jammes, selbst ein Meister in seiner Kunst, schrieb einen Brief an den Heiligen Vater und bat ihn, die Dienerin Gottes zur Ehre der Altäre zu erheben. Er schrieb: «Sie war ein Kind des Orients. Gern verwandte sie zum Lob des Schöpfers schöne, naive, duftende Bilder. Steht sie damit nicht − wenn auch mit weniger Genialität, so doch mit grosser Inbrunst − in der Nachfolge der inspirierten Dichtung des Lehrmeisters des Karmel, Johannes vom Kreuz?»

Julien Green schreibt in seinem Tagebuch (1928−1958, Seiten 1074−1075): «In einem Werk, das ich geliehen bekam, habe ich die Geschichte eines jungen Mädchens aus Palästina gelesen, das mit grosser Trauer tote Vögelchen betrachtete, die es gebadet und so ungewollt getötet hatte. Da sagte eine Stimme zu ihr: ‹So vergeht alles. Willst du, dass ich bei dir bleibe? Willst du mir dein Herz schenken?› Das hat sie in den Karmel geführt. Viele von uns haben diese Stimme vernommen, dieselbe Stimme, und haben nicht auf sie gehört. Das genügt, um ein ganzes Leben mit Traurigkeit zu erfüllen. Ich lese begierig die Geschichte dieser Auserwählten.»

Léon Bloy, Louis Massignon, Jacques Maritain waren von der palästinensischen Charismatikerin hingerissen. P. Buzy hat den *Gedanken von Schwester Maria von Jesus dem Gekreuzigten* ein Werk gewidmet.

Wie könnte man diesen Ausrufen heiliger Ungeduld, diesen Liebesrufen, widerstehen? In einem der ihr eigenen entzückenden Bilder erklärt Mirjam, wie die göttliche Liebe das Gegengewicht zu den schrecklichen Schmerzen schuf, die sie zermalmten: «Ich hatte ein Vögelchen, das in meinem Herzen sang».

2. ZWEI AUFENTHALTE IN DER HÖLLE

Wir kommen nun zu den dunkelsten Abschnitten dieses zugleich begnadeten und schmachvollen Lebens. Mehrmals hatten ihre Stimmen der kleinen Araberin angekündigt, dass sie «in das Meer mit den wilden Tieren eingehen werde» und ihre Schmerzen für die Kirche und das Heil der Seelen aufopfern solle. Mit aussergewöhnlicher Eindringlichkeit wird sie auch die Versuchungen Jesu nacherleben.

Wie ihr Bräutigam wurde auch sie vom Hl. Geist in die Wüste geführt und blieb vierzig Tage dort und wurde vom Teufel versucht» (Lk 4,1). Bei Schwester Maria wird es sich sogar um wahre teuflische Besessenheit handeln, das erste Mal im Karmel von Pau und später im Karmel von Mangalore. Versuchen wir, in dieses dunkle Labyrinth einzudringen, wobei wir uns aufmerksamer denn je an die Augenzeugen halten, deren Aussagen von den Richtern im Seligsprechungsprozess anerkannt wurden. Zweimal musste sie zur Hölle hinabsteigen, sich zweimal ins Reich der Finsternis begeben.

1. Die Besessenheit von Pau (1868)

Diese Besessenheit dauerte genau vierzig Tage lang, nämlich vom Mittag des 26. Juli bis zum Mittag des 4. September 1868. Die *Kleine* hatte geweissagt: «Jesus wird dem Teufel Macht geben, mich vierzig Tage lang zu quälen; ich werde viel leiden müssen. Der Teufel wird nur über meinen Körper Gewalt haben; meine Seele wird geborgen sein. Jesus hat mir versprochen, sie in einer Kapsel zu verschliessen, wo Satan sie nicht erreichen kann. Der Teufel wird mich zu vielen äusseren Fehlern verleiten, ohne dass ich sündige; ich werde nicht mit meinem Willen dabei sein. Ich werde den kleinen Kindern gleichen, deren Verstand noch schläft und die daher zu keiner Sünde fähig sind.»

An diesem 26. Juli, genau am Mittag, fällt über das Antlitz der Novizin ein Schleier der Traurigkeit. Ihr Körper erzittert leicht. Satan ergreift Besitz von ihr. Gotteslästerungen, Sakrilege, Aufrufe zum Ungehorsam, Wut gegen ihren eigenen Körper, so dass sie sogar ein Messer verlangt, um die «schlechten Zeichen» (die Wundmale) zu entfernen: das sind die ersten Anzeichen der Besessenheit. Während der ganzen Dauer dieses Angriffs des Fürsten der Finsternis wird man die Schwester keinen Augenblick allein lassen.

Teuflische Legionen wechseln von Woche zu Woche ab, um sie zu martern. Während der ersten Woche erklärt die *Besatzung:* «Wir sind nicht böse, wir sind nur kleine Kleckser. Die nach uns kommen, werden schlimmer sein.»

Man geleitet die Besessene zu den Vorträgen von Abbé Manaudas; aber sie unterbricht den Redner und schreit: «Nein, nein, dies alles ist nicht wahr; er lügt, dieser Alte, ich werde ihn zermalmen!» Der *Alte* lässt sich jedoch nicht einschüchtern. Nach der Ansprache ruft er die Besessene im Namen des Gehorsams ans Gitter und befiehlt dem Teufel, sie zu verlassen. Für einen Augenblick befreit, bricht die

Schwester in Tränen aus: «Mein Vater, wo bin ich? Mein Vater, der liebe Gott hat mich verlassen!» Der Priester beruhigt sie, und sie fährt fort: «Mein Vater, ich will immer leiden, aber niemals Gott beleidigen. Wenn ich ihn ein wenig lieben könnte, wäre ich glücklich...» Da fährt der Teufel wieder in sie.

Eines Tages wird sie aus einer Höhe von mehreren Metern in einen grossen Wasserbehälter geworfen. Sie steht jedoch ohne eine Schramme wieder auf, und Satan muss bekennen, dass Maria sie beschützt hat. Am Sonntag wird sie befreit, um kommunizieren zu können. Sie erklärt: «Ich befand mich in einem schwarzen Meer; jetzt kann ich das Haupt erheben; aber ich sehe noch immer dasselbe Meer vor mir. Es nähert sich, es nähert sich immer mehr.» Am Abend nach der Komplet bemächtigt sich ihrer eine zweite, noch grausamere Legion. Während der seltenen Atempausen hört man sie flüstern: «Mein Gott, ich will immer leiden, wenn du nur zufrieden bist. Ich spüre, dass ihr für mich betet, dass alle für mich beten.»

Nur die Reinheit der Novizin muss Satan, wenn auch widerwillig, schonen. Wenn ihre Beine während einem heftigen Angriff zum Vorschein kommen, schreit der Teufel: «Bedeckt die kleine Araberin! Der Herr hat uns verboten, etwas gegen ihre Schamhaftigkeit zu unternehmen, weil sie in dieser Hinsicht niemals gesündigt hat. Wir dürfen nur versuchen, sie zu töten.» Und weiter: «Diese schlechte Araberin, ich werde sie zerbrechen. Am liebsten hätte ich sie schon im Mutterleib erwürgt.» Er zerkratzt ihren Leib wie mit eisernen Fingernägeln, schüttelt sie wie ein Schilfrohr im Wind, so dass sie schreckliche Schmerzensschreie ausstösst. Die Exorzismen, die Abbé Manaudas über sie spricht, können daran nichts ändern. Wenn man ihr eine Reliquie, eine Stola, oder die *Lunula,* in der man die grosse Hostie aufbewahrt, auflegt, beruhigt sie sich einen Moment. Aber sogleich beginnt der Angriff aufs neue: «Wo ist die Araberin? Wenn ich nur an sie heran könnte, welch eine Freude wäre das! Dann würde ich die ganze Gemeinschaft in Ruhe lassen.» Man versucht, Satan zu zwingen, Lateinisch zu sprechen. Aber er weigert sich: «Unter dieser verdammten Sprache habe ich viel zu viel zu leiden; sie ist gegen mich gerichtet.»

Der Teufel beschimpft auch die anwesenden Nonnen, insbesondere die Priorin und Mutter Elias. Er sucht, sein Opfer zu ersticken, indem er es zwingt, grosse Stecknadeln und Glasscherben zu verschlucken. Die Galiläerin macht sich auch die geringste Ruhepause zunutze, um zu sagen: «Ich bin bereit, mein Gott, bis ans Ende der Welt zu leiden, wenn es dein Wille ist! Ich möchte nur dir gefallen! Jesus, lass mich deinen Willen erfüllen!»

Am Sonntag der dritten Woche dringt eine neue Teufelslegion in sie
ein. Um jeden Preis wollen die Dämonen sie dazu zwingen, die Worte auszusprechen: «Herr, jetzt sind es der Leiden genug!» Um ihr diesen Satz zu entreissen, foltern sie die Karmelitin. Vierzigmal greifen
sie sie an. Und jedesmal sagt sie: «Immer mehr für dich leiden, Jesus!» Noch siebenmal sucht der Teufel ihr das Wort: «Ich leide!» zu
entreissen. Vergebens! Trotz aller Qual seufzt die *Kleine:* «Ich weine, o Jesus, weil ich nicht genug für dich leide!»

All dies wird für Satan unerträglich, und er beschwört Gott schliesslich, ihn gehen zu lassen. Aber Gott antwortet ihm, er müsse zu seiner grössten Schande bis ans Ende der vierzig Tage bleiben, wie er es
verlangt habe. Es wird ihm trotz vierzehnmaligem Drängen nicht gelingen, die arme Schwester auch nur einmal zu der Bitte zu bewegen:
«Jesus, befreie mich von Satan!» Jedesmal sagt sie: «Nur für Jesus leiden!»
Abbé Saint-Guily vertritt Abbé Manaudas, der sich nach Bayonne
begeben hat, um Bischof Lacroix über die Situation Rechenschaft
abzulegen. Dieser schreibt an die *Kleine* einen wunderbaren Brief,
den wir später zitieren werden. Eines Tages foltern hundert Dämonen erbittert den Leib der Unglücklichen. Sie vervielfachen ihre Angriffe. Danach sagt sie nur: «Ich schenke meinen Leib dem, der ihn
mir geschenkt hat.» Dann fügt sie mit erhobener Stimme hinzu:
«Mein Gott, sei gelobt!» Als die Krankenschwester ihr ein Getränk
anbietet, lehnt sie ab mit den Worten: «Keine Erleichterung!»
Wir möchten noch einige der bewundernswerten Worte festhalten,
die aus den Tiefen des Abgrunds ihrer Leiden aufgestiegen sind:
«Ich vereinige mich mit Jesus, der in den Strassen Jerusalems sein
Kreuz getragen hat. Sei gelobt, mein Gott!»
«Ich vereinige meine Stimme mit der Stimme Jesu im Ölgarten. Sei
gelobt, mein Gott!»
«Ich vereinige meine Schmerzen mit den Schmerzen Jesu beim Ver-
rat des Judas. Sei gelobt, mein Gott!»
«Ich vereinige mich mit Jesus, der unter der Last des Kreuzes zusam-
menbrach. Sei gelobt, mein Gott!»
Auf alle dreissig Angriffe antwortet Mirjam mit einem Gebet, das sie
mit einer Phase des Leidens Jesu vereinigt. Einmal spricht der Teufel
wieder mit Gott: «Wer wird gegen uns kämpfen?»fragt der Böse
Feind. Der Herr antwortet: «Weder Könige noch Gewalthaber: Ich
werde euch durch ein *kleines Nichts* besiegen.» − «Aber wer wird
dieses *kleine Nichts* sein? Wäre die kleine Araberin dieses *kleine
Nichts*?»

Am 3. September beginnt der letzte Kampf. Hundert Angriffe wird der Böse gegen Schwester Maria von Jesus dem Gekreuzigten unternehmen. Schon beim ersten spuckt das Opfer Blut. Aber die Araberin sagt: «Ich opfere Jesus meine Leiden auf und bin bereit, alles, was er will, mit Freuden und aus Liebe zu ertragen. Mein Gott, sei gelobt!» – «Wir sind hundert, wir sind hundert!» brüllt die Horde. Die Schwester antwortet: «Ich wünsche zu leiden, hingemordet, zermalmt, geröstet zu werden – bis ans Ende der Welt, damit die Kirche den Sieg davon trägt. Mein Gott, sei gelobt!»

Die Ausfälle des Teufels vervielfachen sich. Er spuckt auf das Kruzifix, das der Priester ihm hinhält, und erklärt, dass er die Araberin am folgenden Tag begraben werde. Aber der Priester antwortet ihm: «Ich werde meine Pflicht erfüllen; wenn sie stirbt, werde ich sie begraben. Aber nein, sie wird nicht sterben; du bist es, der durch sie zuschanden gemacht wird.» Die Schreie des Opfers werden immer lauter. Sie windet sich in schrecklichen Verrenkungen, wird dann steif wie eine Eisenstange und bricht in furchterregendes Geheul aus. Dann seufzt sie: «Wenn mein Leib vernichtet und wie zu Mehl zermalmt wird, werde ich nicht mehr sagen können, dass ich Jesus liebe. Gott hat uns diesen Leib geschenkt. So soll er auch für ihn vernichtet werden.» Nach jedem Angriff des Bösen vereinigt sie sich mit Christus in einem neuen Geheimnis seines Leidens. Angesichts derartiger Schmerzen brechen die Anwesenden in Tränen aus.

«Ich bin der Versucher! Ich bin der Meister! Schert euch alle beide fort!» brüllt Satan die Geistlichen Saint-Guily und Manaudas an. Dann fügt er mit satanischer Ironie noch hinzu: «Setzt den weissen Rock (den Papst) über alles in Kenntnis, damit die kleine Araberin einst heiliggesprochen wird!» Er schneidet Grimassen und bricht in teuflisches Gelächter aus.

Die Versuchungen häufen sich: «Du versuchst mich gegen den Glauben», sagt die Karmelitin, «aber Gott ist mit mir; ich habe keine Furcht. Du sagst mir, es gebe keinen Gott? Ich gehe in den Garten und betrachte die Schöpfung; ich sehe, wie die kleinen Bäume wachsen, und dieser Anblick stärkt meinen Glauben. Du versuchst mich gegen die Kirche? Ich gehe wieder in den Garten; ich finde eine Frucht und breche sie auf. Ich betrachte die offene Frucht und sehe den Samen in ihr. Ich betrete eine Kirche, öffne den Tabernakel und finde darin die Eucharistie. Du versuchst mich gegen die Liebe? Ich steige in den Garten hinunter; ich betrachte die Tiere und sehe, wie die Lämmer, die Küken alle einträchtig beieinander sind. Du versuchst mich gegen das Sakrament der Busse? Wenn ich beichte, sehe ich nicht auf den Menschen; ich bekenne Jesus meine Sünden.»

Als die kleine Galiläerin nach der achtundfünfzigsten Krise wieder zu sich kommt, sagt sie: «Ehre und Lob sei euch, Jesus, Maria und Josef! Ehre sei allen Heiligen!» Dann fährt Luzifer selbst in sie. Ein Teufel erklärt: «Unser Anführer verlässt die Hölle fast nie. Wenn er in den Körper der Araberin eindringt, wird er sie dermassen brennen, dass ihr nicht einmal ihre Fingerspitzen berühren könnt, bis dass der Meister Besitz von diesem Körper ergreift, um ihn zu heilen.» Es ist 11.45 Uhr. Eine Rauchwolke breitet sich über den Kleidern der Besessenen aus. Mit einer Vorsicht, die Zeugnis für ihre Wahrhaftigkeit ist, fügt die Chronistin hinzu: «Einige Zeugen behaupten, in diesem Moment einen Schwefelgeruch wahrgenommen zu haben. Aber da dies nicht bei allen Anwesenden der Fall war, können wir es nicht bestätigen.» Abbé Manaudas bittet alle, zurückzutreten. Es beginnt eine fürchterliche Szene. Alle teuflischen Mächte scheinen sich zu entfesseln. Man hört durchdringende Schreie, «wie Lokomotivpfeifen: Wir haben mindestens neunzehn gezählt.»

Mittag. Die kleine Araberin scheint wieder zu sich zu kommen; sie lächelt den Anwesenden zu, verklärt sich und leuchtet wie Christus auf dem Tabor. «Es hatte den Anschein, als hätte der Geist des Herrn von ihrem Leib Besitz ergriffen, aber nur kurz, wie ein Blitz, und sogleich fiel sie auf ihr Bett zurück.» Dann begann die Besessenheit durch einen Engel, von der schon die Rede war, und die vier Tage lang dauerte.

2. Die Besessenheit von Mangalore (1872)

«Da nun der Teufel mit seiner ganzen Versuchung zu Ende war, liess er — bis zu gelegener Zeit — von ihm ab» (Lk 4, 13). So ging der Teufel auch bei der Braut Jesu vor. Bevor er sie übrigens in der Krankenabteilung von Pau verliess, hatte er vorausgesagt, dass er sich für seine Niederlage rächen werde: «Das *kleine Nichts* wird während drei Jahren so arg und schrecklich versucht werden, dass es nicht mehr zu gehorchen vermag.»

Wir werden bald sehen, unter welchen Umständen Schwester Maria von Jesus dem Gekreuzigten mit einer Gruppe von Karmelitinnen Pau verliess, um den Karmel von Mangalore in Indien zu gründen. Bis dahin hatte der Teufel nicht nachgelassen, sie mit quälenden Gedanken zu verfolgen: Mutlosigkeit, Widerwillen gegen ihre Berufung, Versuchungen zur Flucht, ja zum Selbstmord. Er wartete jedoch bis zur Ankunft der Schwestern in ihrem neuen indischen Karmel, um seine geschickte Kriegslist anzuwenden. Die Szenen von

Pau wiederholten sich mit unglaublich raffinierter Bosheit. In Pau hatte sich die kleine Araberin unbedingt auf die Unterstützung ihres Bischofs, der Geistlichen Manaudas und Saint-Guily und aller Nonnen verlassen können. In Mangalore wird es Satan dagegen gelingen, dem Bischof, einigen Priestern und mehreren Karmelitinnen, insbesondere der Priorin und der Novizenmeisterin, Misstrauen, ja sogar Feindseligkeit gegen Schwester Maria von Jesus dem Gekreuzigten einzuflössen. Auf dieses dramatische Geschehen werden wir ausführlicher eingehen, wenn wir auf die Gründung von Mangalore zu sprechen kommen. Hier wollen wir uns nur an das Wesentliche halten. Einem Missverständnis zufolge kehrten sich der Bischof, die Priorin und die Novizenmeisterin gegen die kleine Araberin. Ihr Seelenführer, ein Karmelit, P. Lazarus, wurde sogar versetzt. Ganz verlassen inmitten einer ihr feindlich gesinnten Umgebung wird sie wieder von Anfechtungen bedrängt. Bisweilen gibt sie einem geheimnisvollen inneren Drang nach und begeht tadelnswerte Fehler: Zornausbrüche, Fluchtversuche, Ungehorsam kommen wieder vor. Offensichtlich hat Satan die Karmelitin wieder ihrer Freiheit beraubt. Sie, die zuvor über ihre winzigsten Unvollkommenheiten Tränen vergossen hatte, empfindet nicht die geringste Reue über schwere Verfehlungen. Später sagte sie über diese Zeit: «Ich fühlte ständig, wie etwas mich drängte, fortzugehen. Ich kämpfte so viel ich konnte durch entgegengesetzte Anstrengungen und wollte bleiben, aber es war unmöglich!»

Das offenkundige Ziel des Teufels war ihre Ausweisung aus dem Karmel von Mangalore, oder besser noch ihr Austritt aus dem Orden und ihre Rückkehr in die Welt. Alles ist ihm recht zu diesem Zweck. Im neuen Karmel von Mangalore fehlte es zum Beispiel nicht an Möglichkeiten, die Klausur zu verlassen. Man stand am Anfang der Gründung, und die Bauarbeiten waren noch nicht abgeschlossen, was zu häufigem Kommen und Gehen zwischen der Aussenwelt und dem Kloster führte. Die Arbeiter gingen frei ein und aus, Inderinnen kamen ins Kloster, um ihre Waren zu verkaufen, die Sakristaninnen verliessen die Klausur, um sich in die Kapelle zu begeben...

Der Teufel wusste ihren schwachen Punkt ausfindig zu machen. Eines Tages drängt er Schwester Maria von Jesus dem Gekreuzigten dazu, die Klausurpforte zu überschreiten und in die Kapelle zu gehen. Ein andermal, am 3. August 1872, zwingt er sie auszugehen und führt sie bis zum Kloster der Karmelitinnen des Dritten Ordens, das sich neben dem Karmel befand. Hatte man der kleinen Araberin nicht immer wieder versichert, ihre Profess sei ungültig? Schliesslich hatte sie sich davon überzeugen lassen. Als sie nach Pau zurückgekehrt war, vertraute sie der Priorin an: «Wenn ich denke, dass ich in Mangalore die Klausur verlassen habe, um zu fliehen, kann ich überhaupt keine Reue empfinden; ich danke dem Herrn im Gegenteil tausendmal dafür und kann nicht anders. Ich wurde gedrängt, diesen Fehler gegen meinen Willen zu begehen. Vor Gott kann ich nicht anders denken.»

Sobald die Anfechtungen oder die Besessenheit nachliessen, die beide die Freiheit lähmen, fand sie wieder zu ihrem wunderbaren Aufschwung der Liebe zurück:

«Herr, leiden oder verachtet werden aus Liebe zu dir.»

«Herr, ich verdiene, noch tiefer erniedrigt zu werden. Verzeihung! Verzeihung!»

«Herr, nicht mein, sondern dein Wille geschehe!»

«Bittet Jesus, mich von den inneren Freuden, die ich empfinde, zu befreien. Sie sind so stark, dass ich die Leiden nicht mehr spüre.»

«Herr, ich bete dein Wort an. Die Erde wird vergehen, aber dein Wort wird nicht vergehen.»

«Maria, meine Mutter, komm mir zu Hilfe! Ruft alle mit mir: Jesus, wach auf!»

«Herr, ich nehme alles an, was du willst!»

«Liebe, o Liebe, man kennt dich nicht!»

Im August 1872 fanden die Oberen von Mangalore, es sei besser für Schwester Maria von Jesus dem Gekreuzigten, wenn sie sich in ein anderes Kloster begebe. Schliesslich wurde sie in den Karmel von Pau zurückgeschickt.

3. AUF DER SUCHE NACH EINER ERKLÄRUNG

Die Zahl, die Mannigfaltigkeit und der Glanz der Charismen, mit denen die kleine Araberin überschüttet wurde, sind wirklich beeindruckend. Wie P. Paillas, der Generalobere der Patres von Bétharram, schrieb: «Wenn all diese wunderbaren Geschehnisse sich nicht auf so glaubwürdige Zeugnisse und so schlagende Beweise stützten, könnte man bisweilen versucht sein zu glauben, alles sei nur Blendwerk.»

Wie lassen sich diese ausserordentlichen Phänomene erklären? Diese Frage ist nicht neu. Sie hat das Interesse der Historiker, Theologen, Exorzisten, Psychologen und selbstverständlich auch der Psychiater geweckt. Wir geben im Folgenden drei Versuche, dieses Problem zu lösen.

1. Hysterie

Wer sich ausschliesslich an eine natürliche Erklärung halten will, muss zu mechanischen, physiologischen, psychischen oder parapsychologischen Ursachen Zuflucht nehmen.

Im Fall von Schwester Maria von Jesus dem Gekreuzigten ist jegliche mechanische Ursache von vornherein auszuschliessen; sie hat niemals einen Trick angewandt. Wie hätte sie überdies so zahlreiche, durch ihre Mentalität, ihre soziale Stellung, ihren intellektuellen Grad so verschiedene Personen so viele Jahre lang in die Irre führen können, und zwar in Europa, in Indien und im Nahen Osten? Gegen eine derartige Erklärung sprechen auch die völlige Unwissenheit der kleinen Araberin, ihr Mangel an Erfahrung, ihre Einfachheit, ihre Ehrlichkeit, ihr religiöses Bewusstsein, ihre moralischen Tugenden, ihre Leistungen. Ein Zeuge hat im Informativprozess erklärt: «Sie hatte die Einfalt eines Kindes und war völlig unwissend, denn sie konnte weder recht lesen noch schreiben.»

Wäre es möglich, dass der physiologische Zustand der Araberin der Schlüssel zu dem Problem wäre? Wie schon bemerkt, lassen sich in ihrem Leben mehrmals physische Krankheiten feststellen; im allgemeinen wurde sie jedoch fast sogleich wieder geheilt! Wurde überdies je ein wissenschaftlicher Kausalzusammenhang zwischen physischen Krankheiten und charismatischen Erscheinungen festgestellt? Nach unserer Meinung ist das nicht der Fall. Und selbst wenn unter der Einwirkung des Heiligen Geistes auf eine Seele psychosomatische Veränderungen auftreten, die sich mit diesem oder jenem Symptom psychischer Krankheit vergleichen lassen: welchen Schluss könnte man daraus ziehen? Ist nicht alles, was den Leib und die Materie berührt, schicksalshaft ambivalent; kann man nicht manchmal ganz widersprüchliche Erklärungen dafür finden?

Ausserdem war Schwester Maria trotz ihrer Krankheiten eher kräftig. Die Halswunde deutet auf einen widerstandsfähigen Organismus. Während der in Alexandria, Beirut und Marseille als Hausmädchen verbrachten Jahre wussten ihre Arbeitgeber ihren Fleiss zu schätzen. Aus dem Kloster von *La Capelette* wurde sie nicht aus gesundheitlichen Gründen entlassen. Übrigens wäre eine kränkliche Anwärterin auch für ein klausuriertes Kloster ungeeignet gewesen. Im Karmel von Pau wurde sie jedoch ohne Zögern aufgenommen und später für die indische Gründung bezeichnet. Während der Seereise starben drei ihrer Gefährtinnen an einer Epidemie, nachdem Schwester Maria sie aufopfernd gepflegt hatte. Ihr Leben lang erledigte sie mit Eifer die schwere Arbeit in Küche, Garten und Waschhaus. Nachdem die Karmelitin wie die meisten palästinensischen Frauen als junges Mädchen schlank, ja mager war, nahm sie rasch an Körpergewicht zu und wurde korpulent, ohne dass ihre Gesundheit dadurch gelitten hätte.

Während ihrer letzten Jahre in Bethlehem stellte sie, ohne sich je zu schonen, all ihre Kräfte in den Dienst des Klosterbaus, den sie zu überwachen hatte. Sie starb nicht an einer Krankheit, sondern an den Folgen eines schweren Unfalls, den sie sich dabei zugezogen hatte. Das Wort eines Zeugen ist charakteristisch: «Die Dienerin Gottes war seelisch und körperlich gesund, erfreute sich einer robusten Konstitution und hatte keine eigentliche Krankheit.»

Schliesslich müssen wir noch eine Krankheit erwähnen, an die zwar niemand während des Lebens der kleinen Araberin gedacht hatte, auf die man sich jedoch bisweilen nach ihrem Tod berufen hat: War diese Orientalin mit ihrer so lebendigen Einbildungskraft nicht eine Hysterikerin? Das Wort ist ausgesprochen. Vor allem muss jedoch der Begriff Hysterie klargestellt werden. Die Ärzte versichern, dass «deren Hauptmerkmal in einem masslosen Geltungsbedürfnis besteht: Die hysterische Person sucht stets Aufsehen zu erregen».

Aufsehen erregen? Hat das *kleine Nichts* sein Leben lang nicht mit einer Art Wonne versucht, bescheiden zurückzutreten und sich in den Schatten zu stellen? Mirjam, die als Chorfrau in den Karmel aufgenommen wurde, gab sich erst zufrieden, als ihr erlaubt wurde, wieder in den Stand der Laienschwester zurückzukehren. Für sich beanspruchte sie stets die unscheinbarsten und schwersten Arbeiten. Wie Bernadette in Nevers begab sie sich nur im Gehorsam ins Sprechzimmer. Niemals sprach sie von ihren Charismen. Ihre Wundmale betrachtete sie vielmehr als schändliche Zeichen. Sie war äusserst beschämt, wenn sie während einer Entrückung überrascht wurde. Ihr einziger Ehrgeiz bestand darin, das *kleine Nichts* zu sein und zu bleiben. Bei ihr sucht man umsonst nach einem Anzeichen, das auf Hysterie deuten könnte.

Wenn die Augenzeugen befragt werden, schliessen sie Hysterie einstimmig aus. Hier das massgebliche Zeugnis einer Karmelitin von Bethlehem, Schwester Maria vom Heiligen Josef: «Ich habe in meinem Leben aufgrund meiner Ämter Gelegenheit gehabt, mich mit visionären, nervösen und hysterischen Personen zu befassen, und kann mit voller Überzeugung behaupten, dass die Dienerin Gottes nichts mit diesen Leuten gemein hatte. Das war auch die Überzeugung all unserer Oberinnen und Mitschwestern sowie der Ärzte, die sie behandelt haben und sagten, dass sie ihrer Veranlagung nach gesund sei. Selbst die Personen, die (in Mangalore) Einwand gegen ihre Visionen erhoben und glaubten, sie sei in einem Irrtum befangen, haben sie niemals der Hysterie bezichtigt.»

Bei ihr lassen sich insbesondere drei Phänomene absolut nicht auf Hysterie zurückführen, und zwar ihre Ekstasen, ihre Levitationen und ihre Wundmale. Hinsichtlich ihrer Verzückungen erklärt P. Garrigou-Lagrange: «Sie weisen keineswegs den Charakter krankhafter Erregung, befremdlicher Aufregung und rein physischer Lust auf, wie das bei der hysterischen Ekstase der Fall ist, nach der depressive Zustände auftreten.» Die Zeugen der Verzückungen der kleinen Araberin sind einmütig: «Alles verlief würdig, schicklich und hinterliess einen göttlichen Eindruck.» – «Während der Ekstase war ihr Ausdruck bezaubernd und himmlisch; sie war schöner als gewöhnlich.» Und welch feurige Worte voller Andacht und Weisheit entströmten dann ihren Lippen!

Das Phänomen des Schwebens erschien so plötzlich, mühelos und häufig, und Mirjam verhielt sich dabei so sittsam, dass man niemals hätte behaupten können, es werde durch Suggestion oder Hysterie ausgelöst. Wie hätte übrigens eine hysterische Veranlagung genügt, um eine so korpulente Frau bis zum Gipfel einer fünfzehn Meter hohen Linde zu erheben und auf dem höchsten Zweig aufrechtzuerhalten? Obschon Professor Janet mit seiner Versuchsperson Madeleine alles Mögliche anstellte, gelang es ihm niemals, «auch nur ein Blatt Zigarettenpapier zwischen den Boden und die Zehen der Hysterikerin zu schieben».

Auch die Tatsache der Stigmatisation der kleinen Araberin ist auf den Eingriff der übernatürlichen Gnade zurückzuführen. In unserem Fall steht die Wissenschaft aufgrund der Regelmässigkeit des Auftretens der Wundmale vor einem Rätsel. Diese erscheinen jedesmal zu Zeiten, die mit dem Leiden Christi in Beziehung stehen, nämlich vom

---

85

87

La Servante de Dieu
Soeur Marie de Jésus Crucifié
la dernière année de sa vie

Donnerstag zum Freitag, sowie an den einzigen, an sich eher widerstandsfähigen und ebenfalls mit der Passion in Verbindung stehenden Stellen des Körpers, und zwar dort wo sich die fünf Wunden des Gekreuzigten befinden.

Auch das fast plötzliche Erscheinen der Stigmata, deren Dauer und besonders deren Vernarbung und Heilung durch die rasche und vollständige Wiederherstellung der Gewebe, ohne jegliches Heilmittel, lassen sich unmöglich auf Hysterie zurückführen. Ein Zeuge versichert: «Einzig die Allmacht Gottes vermochte, in einigen Augenblicken Wunden zu schlagen und diese wieder zu heilen und spurlos verschwinden zu lassen.» Allen Ernstes müssen wir auf eine Erklärung durch Hysterie verzichten.

2. Der Teufel

Während mehrerer Jahre wurde Schwester Maria von Jesus dem Gekreuzigten den Angriffen des Teufels ausgesetzt. Es ist leicht, über den Teufel zu lächeln und die oben beschriebenen Phänomene, nämlich Anfechtungen und Besessenheit, lediglich als neurotische oder hysterische Krisen zu betrachten. Das war übrigens die Erklärung, die Satan selbst in Pau dem Exorzisten einzuflüstern suchte: «Herr Pfarrer, Sie verlieren Ihre Zeit. Dies alles ist nur Lüge und lässt sich auf natürliche Weise erklären. Morgen wird nichts mehr davon übrig bleiben, denn dies alles ist nur physiologisch begründet. Gott ist nicht der Urheber dieser Vorgänge.»

Aber die Besessenheit, deren Opfer die kleine Araberin in Pau und Mangalore war, weist die von der Kirche im Rituale der Exorzismen angeführten Zeichen auf. Vor allem stellen wir die Hauptzeichen fest: Zungenreden, ausserordentliche Kraftentfaltung, Schau von in weiter Ferne gelegenen Dingen oder vor sich gehenden Ereignissen. Auch die sekundären Zeichen sind vorhanden: Flüche gegen geweihte Gegenstände und Personen, Krisen und Heulen, sowie Hass gegen den Exorzisten. Es handelte sich bei ihr wirklich um teuflische Besessenheit, denn diese Tatsache wurde von den befugten Persönlichkeiten — den Bischöfen und bevollmächtigten Exorzisten — formell bestätigt.

Msgr. Lacroix, der Bischof von Bayonne, hat die teuflische Besessenheit niemals in Frage gestellt. Nachdem Abbé Manaudas ihn eingehend informiert hatte, schrieb er zwei lange und bewunderswerte Briefe an die Karmelitin. Aus dem ersten, vom 16. August 1868 datierten Schreiben geben wir folgende Auszüge:

«Meine Tochter,

...Jesus, der Sie nur für sich allein geschaffen hat, will Ihnen auch
Teilhabe an seinem Leben voller Schmerzen, Versuchungen und
Kämpfe gegen den Teufel und die Sünde schenken; aber er will Ihnen
auch durch seine göttliche Kraft zum Sieg verhelfen, wie er selber
den Sieg davongetragen hat. Nachdem er dem Teufel erlaubt hatte,
ihn selbst in Versuchung zu führen, hat er auch erlaubt, dass er Sie
versuche. Aber wie er selber die Versuchung überwunden hat, so
wird er auch Ihnen helfen, diese zu überwinden...
O! meine Tochter, seien Sie immer Maria von Jesus dem Gekreuzigten! Ich will Ihnen keinen anderen Namen geben, und es soll Ihnen
auch kein anderer gegeben werden...

Da ich unabkömmlich bin, kann ich mich nicht sogleich zu Ihnen begeben. Aber ich sende Ihnen mein anderes Ich, den ehrwürdigen Superior meines Priesterseminars (Abbé Manaudas), dem ich all meine
Befugnisse übertrage, nämlich alle Vollmachten, die der göttliche Erlöser seinen Aposteln und ihren Nachfolgern gegeben hat, als er ihnen sagte: «Treibt den Teufel aus!» So werden die Dämonen dem höchsten Herrn gehorchen müssen. Haben Sie also Vertrauen, meine
Tochter, volles Vertrauen! Der Sieg steht fest...»
In seinem zweiten Brief schreibt der Bischof einige Tage später:
«Meine Tochter,
...Gott erwählt das Schwächste und Verachtetste nach dem Urteil
der Welt, um das scheinbar Stärkste, Grösste und Erhabenste in den
Augen der Welt zu beschämen. Aus demselben Grund hat der göttliche Erlöser Sie erwählt, ein unbekanntes, gewöhnliches, niedriges,
verächtliches, armes, verlassenes Geschöpf, um Sie dem Teufel und
seinen höllischen Legionen gegenüberzustellen, die von Wut gegen
die Kirche entbrannt sind. Sie sind nichts, und dieses Nichts genügt,
um alle Dämonen zu überwinden und ihnen alle Kraft zu nehmen.
Sie werden den Sieg davontragen, Sie, ein schwaches Geschöpf,
ein armseliges Nichts, Sie werden siegen durch die allmächtige Kraft
des Kreuzes unseres Herrn Jesus Christus, das in Ihre Brust einge-
ritzt ist. Sie, die Dienerin des Kreuzes, werden durch Jesus Christus
den Sieg erringen; und der Gott der Herrlichkeit wird durch Ihre
Schwäche und Unwissenheit, die Werkzeuge seines Triumphes,
aufs neue gepriesen werden.
Fassen Sie also Mut, meine Tochter, die Sie Jesus dem Gekreuzigten
in Treue dienen; bleiben Sie fest und vertrauensvoll bis zum Ende...
O Jesus, triumphiere in deiner armseligen Dienerin; und wir werden
dich loben in Ewigkeit...»

Während Abbé Manaudas diesen Brief vorlas, nahm die Wut des Teufels ständig zu: «Was sagt dieser Elende? Er sagt, die kleine Araberin sei das *kleine Nichts?* Ha, wenn ich dessen gewiss wäre, würde ich sie zermalmen!»

Der Bischof von Mangalore war gleichermassen vom teuflischen Ursprung der Bedrängnisse der Karmelitin überzeugt. Die Zeugen von Mangalore, welche die Besessene schon in Pau gekannt hatten, versicherten, dass die Besessenheit an beiden Orten auf ein und dieselbe Weise aufgetreten sei. In Pau wie in Mangalore handelte Schwester Maria von Jesus dem Gekreuzigten unter Satans Antrieb.

Daraus lässt sich eine wichtige Schlussfolgerung ziehen: Die von der Besessenen in diesem Zustand begangenen tadelnswerten Handlungen sind ihr nicht anzurechnen. Sie erlag dabei nicht einer Versuchung, so heftig diese auch sein mochte, sondern war das passive und unfreiwillige Opfer einer furchtbaren Macht.

Im übrigen hatte sie, wie schon gesagt, ein äusserst zartes Gewissen und klagte sich auch ihrer winzigsten Unvollkommenheiten an; sie hat jedoch niemals die geringste Reue oder Unruhe hinsichtlich der in diesen beiden Zeitabschnitten begangenen Fehler an den Tag gelegt. Sie handelte nicht aus eigener Initiative, sondern unter dem Antrieb des Teufels. Der Schuldige war Satan.

Man könnte sich jedoch fragen, warum Gott eine solche teuflische Einwirkung auf ein so unschuldiges junges Mädchen zugelassen hat? Wenn man das von Tugenden und Charismen strahlende Leben Mirjams kennt, kann man diese Tatsache unmöglich als eine Strafe betrachten. Ihr Beichtvater von Mangalore, P. Lazarus, erklärt: «Sie hat niemals eine schwere Sünde oder einen auch nur ähnlichen Fehler begangen. Ich glaube sogar, dass sie sich nur sehr wenige lässliche Sünden absichtlich zuschulden kommen liess. Fast alles an ihr ist heroisch.»

Es muss sich folglich um eine Prüfung handeln. Gott hat Abraham, Job und seinen eigenen Sohn, Jesus, «versucht». Aber welches konnte im Falle der kleinen Araberin das Ziel einer derartigen Prüfung sein? Die von der Kongregation für die Heiligsprechungen ernannten Experten, P. Garrigou-Lagrange OP und P. Mager OSB, sind am Schluss ihrer eingehenden Untersuchungen über die Zustände von Schwester Maria von Jesus dem Gekreuzigten einmütig zu folgendem Ergebnis gekommen: Es handelt sich dabei um die passive Läuterung, wie die Theologen der Mystik sagen. Die beiden Ordensmänner hatten das Leben der Galiläerin im Licht der Lehre des Kirchenlehrers der Mystik, Johannes vom Kreuz, studiert. P. Garrigou-Lagrange schreibt: «Die Besessenheit oder die starken Anfechtungen erscheinen als eine dieser Seele von Gott zu ihrer völligen Läuterung auferlegte Prüfung, damit sie durch die Mitwirkung am Heil der Sünder hohe Verdienste erwerben und sich auf eine innige Vereinigung mit dem Herrn vorbereiten konnte.»

Es handelt sich hier gewiss um eine der schwersten Prüfungen, die während der passiven Läuterung vorkommen können. Johannes vom Kreuz sagt in der «Dunklen Nacht»: «Es findet hier ein offener Kampf zwischen zwei Geistern statt. Je nach dem Mass oder der Art und Weise, wie Gott eine Seele an sich ziehen will, gibt er dem Teufel Erlaubnis, solchermassen gegen sie vorzugehen.» P. Mager schliesst seinen Bericht mit folgenden Worten ab: «Die Dienerin Gottes zeichnete sich durch heroische Tugendhaftigkeit aus, weil sie der passiven Läuterung unterzogen wurde. Deren gewissermassen organischer Teil besteht in der Wirksamkeit des Teufels, der sie anfällt und durch Anfechtungen und Besessenheit quält.»

3. Der Heilige Geist

Besessenheit und Anfechtungen lassen sich durch die Einwirkung des Teufels erklären. Die von uns beschriebenen zehn ausserordentlichen Charismen können dagegen nicht auf natürliche Ursachen zurückgeführt werden. Sie sind weder durch das Temperament noch die Einbildungskraft einer Orientalin erklärbar und lassen sich weder als parapsychische noch als hysterische Phänomene deuten. Es müssen offensichtlich andere Begründungen herangezogen werden. Wie kommt es nun, dass ein so heftiger Widerstand an den Tag gelegt wird, wenn man einen anderen Schlüssel, nämlich den Heiligen Geist, zur Erklärung anwenden will?

Schwester Maria von Jesus dem Gekreuzigten erschien im 19. Jahrhundert, wo mehr vom Teufel als vom Heiligen Geist, dem «unbekannten Gott», die Rede war, als ein Meisterwerk des Heiligen Geistes. Hätte nicht er selber, der unvergleichliche Künstler und Bildner der Heiligen, das *kleine Nichts,* die Galiläerin aus Abellin, mit Liebe bearbeitet und «zurechtgemeisselt?» War sie nicht zutiefst von der in der Ostkirche so lebendigen Andacht zum Heiligen Geist geprägt? Die byzantinische Liturgie ist von vielen Anrufungen des Heiligen Geistes durchzogen. Wenn wir Schwester Maria von Jesus dem Gekreuzigten betrachten, erinnern wir uns unwillkürlich an gewisse Worte des orientalischen Theologen Basilius: «Wie reine, durchsichtige, von einem Lichtstrahl getroffene Gegenstände selbst aufstrahlen und aus sich selber neues Licht schöpfen, so werden die Seelen, die den Heiligen Geist in sich tragen und von ihm erleuchtet werden, selbst spirituell und lassen die Gnade anderen zukommen.» Die kleine Araberin erscheint gewissermassen als eine Wirkung und ein Widerschein des Heiligen Geistes.

Von Kindheit an zeichnet sich Mirjam durch eine brennende Andacht zum Heiligen Geist aus. Ihre Novizenmeisterin hebt 1874 diese Tatsache hervor: «Die liebe Schwester kann ihre ausserordentliche Andacht zum Heiligen Geist nicht verbergen. Sie spricht von ihm in flammenden Worten, und ihr ganzes Äusseres strahlt dabei.» Nur der Heilige Geist selber konnte ihr eine derartige Andacht eingeben.

Während einer Verzückung vernahm sie dieses, heute in der ganzen Welt bekannte Gebet:

«O Heiliger Geist, erleuchte mich,
O Gottes Lieb' verzehre mich,
Den Weg der Wahrheit führe mich,
Maria, Mutter, schau auf mich,
Mit deinem Jesus segne mich;
Vor aller Täuschung und Gefahr,
Vor allem Übel mich bewahr!»

Mirjams Leben, ihre Ekstasen, ihre Gebete, ihre Gespräche werden, von Aufschreien zum Heiligen Geist wie von Blitzen erleuchtet. Anlässlich des Jubiläums von 1875 finden wir diesen Ausspruch: «Wer den Jubiläumsablass gewinnt, besitzt die Gaben des Heiligen Geistes.»

Vom Heiligen Geist begnadet, wird sie zu seiner Prophetin und «Evangelistin». Im November 1871 richtet sich die Karmelitin so an ihn: «Du bist es, der uns Jesus erkennen lässt. Komm, meine Tröstung; komm meine Freude; komm, mein Friede, meine Kraft, mein Licht. Komm, erleuchte mich, damit ich den Quell finde, der meinen Durst zu stillen vermag. Ein Tropfen von dir genügt, um mir Jesus zu zeigen, so wie er ist. Jesus hat gesagt, dass du zu den Unwissenden kommst: Ich bin die grösste Unwissende. Ich bitte dich um kein anderes Wissen, um keine andere Weisheit, als Jesus zu finden und zu bewahren.» Und sie fügt hinzu: «Da fühlte ich, wie das Feuer sich ein wenig in meinem Herzen entzündete. Der Heilige Geist verweigert mir nichts.»

Am 1. März 1874 legt sie Rechenschaft ab über ihre Gebete zu Beginn der Betrachtung:

«Heiliger Geist erleuchte mich. Was muss ich tun, um Jesus zu finden? Die Jünger waren sehr unwissend; sie begleiteten Jesus und verstanden ihn nicht. Auch ich bin im Hause Jesu und begreife ihn nicht. O Heiliger Geist, als du den Jüngern den Strahl deines Lichtes geschenkt hast, da waren sie nicht mehr wie zuvor. Ihre Kraft war erneuert, und das Opfer fiel ihnen leicht. Quell des Friedens, o Licht, komm, erleuchte mich! Ich habe Hunger, komm, ernähre mich! Ich habe Durst, komm, erquicke mich! Ich bin blind, komm, erleuchte mich! Ich bin arm, komm, mach mich reich!»

Wie könnte der Geist derartigen Rufen widerstehen? «Keine Betrachtung vergeht», fügt die Karmelitin hinzu, «ohne dass er auf diese oder jene Weise kommt.»

Am Feuer dieses *brennenden Dornbusches* hätte sie die eiskalte Welt erwärmen wollen. Am 18. Mai schaute Schwester Maria von Jesus dem Gekreuzigten einen Kelch, aus dem sich Licht über eine Taube ergoss, um sie zu waschen. Sie vernimmt eine aus diesem Licht kommende Stimme: «Wenn du mich suchen, mich erkennen und mir folgen willst, flehe zum Licht, zum Heiligen Geist, der die Jünger erleuchtet hat und allen Völkern, die ihn anrufen, sein Licht schenkt. Wahrlich, ich sage euch: Wer den Heiligen Geist anruft, wird mich suchen und finden. Sein Gewissen wird zart werden wie die Blume des Feldes. Es ist mein brennender Wunsch, dass die Priester einmal im Monat eine Messe zu Ehren des Heiligen Geistes feiern. Wer diese feiert oder mitfeiert, wird vom Heiligen Geist selber geehrt werden und Licht und Frieden finden, ja die Kranken heilen und die Schlafenden aufwecken.»

Im Karmel von Bethlehem schreibt sie auf Geheiss des Himmels dem Patriarchen von Jerusalem, Msgr. Bracco, um ihm die Andacht zum Heiligen Geist anzuempfehlen. Auf ihre Bitte errichtet er dem Heiligen Geist einen Altar im Dom seiner Titulardiözese. Als die Galiläerin im Januar 1876 den künftigen Balkankrieg voraussah, beschwor sie den Patriarchen, täglich das *Veni Creator Spiritus* beten zu lassen. Im August drängt sie ihn nochmals dazu, und im Dezember bittet sie um eine Novene zum Heiligen Geist, und Patriarch Bracco schenkt ihr Gehör.

Kühn wie sie war, wagte sie sogar, dem Papst zu schreiben. Sie fühle sich gedrängt, so sagt sie, ihm die Geheimnisse preiszugeben, die ihr Herz verbrennen. Im Juni 1877 lässt sie Pius IX. durch Vermittlung des Patriarchen eine Botschaft zukommen, von der ihre Novizenmeisterin uns eine Zusammenfassung überliefert hat:

«Die Welt und die Ordensgemeinschaften suchen nach neuen Andachten und vernachlässigen die wahre Andacht zum Parakleten. Daher herrschen Irrtum und Zwietracht, daher haben wir weder Frieden noch Licht. Man ruft nicht nach dem Licht, wie man sollte, denn das Licht allein lässt die Wahrheit erkennen. Selbst in den Seminaren wird das Licht vernachlässigt.

«Jeder Mensch in der Welt oder in den klösterlichen Gemeinschaften, der den Heiligen Geist anruft, wird nicht im Irrtum sterben. Ein jeder Priester, der diese Andacht in seinen Predigten empfiehlt, wird das Licht empfangen, noch während er davon zu den Gläubigen spricht.

Es wurde mir gesagt, es müsse in der ganzen Welt vorgeschrieben werden, dass jeder Priester monatlich eine Messe zu Ehren des Heiligen Geistes feiern solle. Alle Mitfeiernden werden eine ganz besondere Gnade und ein ganz besonderes Licht empfangen.»

Die Bittschrift wurde dem Heiligen Vater übergeben. Aber in Rom ist man im Besitz der Ewigkeit. Erst etwa zwanzig Jahre später entsprach Leo XIII. in seinem Schreiben *Provida Mater* (5. Mai 1895) und besonders in seiner Enzyklika *Divinum illud munus* (9. Mai 1897) dem Wunsch der Laienschwester aus Bethlehem, und schrieb zur Vorbereitung auf das Pfingstfest eine Novene zum Heiligen Geist vor. «Gott allein weiss», schreibt P. Buzy, «in welchem Masse das private Gesuch der demütigen Karmelitin diesen universalen Akt des Stellvertreters Christi vorbereitet hat.»

Während einer Ekstase sagte die kleine Araberin: «So vieles habe ich über diese Andacht geschaut, dass man darüber Bände schreiben könnte. Aber ich weiss es nicht wiederzugeben. Ich bin unwissend und kann weder lesen noch schreiben. Der Herr wird das Licht schenken, wem er will.»

III. Die Stifterin

1. DAS INDISCHE ABENTEUER

Der Heilige Geist ist der Quell der Charismen der kleinen Araberin.
Um dafür über ein unmissverständliches Zeichen zu verfügen, zitieren wir Professor Jean Lhermitte, den Verfasser von *Mystiques et faux mystiques:* «Wie die grössten Mystiker es gelehrt haben, ist das Zeichen für den göttlichen Ursprung dieser Phänomene in ihren Früchten zu suchen. Ein guter Baum kann nur gute Früchte und ein schlechter Baum nur schlechte Früchte hervorbringen, lesen wir im Evangelium. Die Erzeugnisse der falschen Mystiker sind armselig, aber die echten Mystiker bieten uns Blumen der Gottes- und der Nächstenliebe an.» Die Blüten und Früchte, die das Kind von Abellin hervorbringt, offenbaren den spirituellen Wert und die Lebenskraft des Baumes, der sie trägt.

Überdies hat sich die schwache palästinensische Waise ihr Leben lang unauffälligen Diensten gewidmet und ist mit dreiunddreissig Jahren in einem Karmel gestorben. Umso erstaunlicher ist das Überleben ihrer Werke bis in die heutige Zeit. Welch ein Kontrast zwischen diesem Erfolg und der bescheidenen Person der Karmelitin! Selbstverständlich liegt es uns fern, die Unternehmungen der kleinen Araberin mit denen der grossen Teresa von Avila zu vergleichen. Dennoch würden wir das folgende Kapitel ihrer Biographie gerne dem *Buch der Klostergründungen* beifügen. Folgen wir der Laienschwester bei der Verwirklichung einiger ihrer Werke. Wir beginnen mit dem indischen Abenteuer. Welch ein Abenteuer in der Tat!

Ein Missionskarmel

Es war einmal ein Missionar, der von einem beschaulichen Frauenkloster für seine Mission in Indien träumte. Sein bürgerlicher Name war Lucien Garrelon, und im Orden − er wurde nämlich Karmelit − hiess er Marie-Ephrem vom Herzen Jesu.

Er war ein hochbegabter Mann: Professor der Dogmatik in seinem Orden, ein glänzender Prediger, ein vorbildlicher Ordensmann, der sich schon von Jugend auf zu den fernen Missionen hingezogen fühlte. Er war 1827 in Casteljaloux, in der Gegend von Agen, geboren. 1859 schiffte er sich nach Mahé in Indien ein. Da er 1868 zum Bischof geweiht worden war, nahm er am Ersten Vatikanischen Konzil teil. Er lehnte es ab, Koadjutor des Bischofs von Rennes zu werden, um sich völlig und bis an sein Lebensende seinen lieben Hindus zu widmen. In seinen letzten Jahren wurde er zum Apostolischen Vikar von Mangalore an der Malabarküste ernannt.

Während eines Aufenthaltes in Frankreich besuchte P. Marie-Ephrem 1866 den Karmel von Pau. Er erzählt von seinem Traum, einen Karmel in Magalore zu gründen. Welch ein Zeugnis, welch ein Schock würde die Anwesenheit eines kontemplativen Klosters für diese armen Massen, die aber «Hungernde im Geiste» waren, bedeuten. Welche Gelegenheit wäre dadurch geboten, Jesus Buddha und die hinduistische der christlichen Mystik gegenüberzustellen. Mutter Elias, die Priorin, gibt ihre grundsätzliche Zustimmung und bietet sich freiwillig als erste Nonne für die Gründung an. Fast alle Karmelitinnen wünschen, ihr zu folgen. Der Missionar dringt darauf, dass man ihm Schwester Maria von Jesus dem Gekreuzigten überlasse, von der man ihm schon oft gesprochen hatte und die darauf brannte, ein derartiges apostolisches Abenteuer mitzuerleben. Bischof Lacroix erklärt sich mit dieser Gründung einverstanden und selbst mit dem Opfer die kleine Araberin abzugeben. Auch Rom genehmigt das Vorhaben.

Es gilt nun, einen Stifter zu finden. Hier schreitet die Galiläerin ein. Im Mai 1870 erscheint ihr während einer Verzückung ein schönes junges Mädchen und sagt zu ihr: «Schreiben Sie unverzüglich meinem Vater Georg. Er wird zum Stifter des indischen Karmels werden.» Aber wer ist denn dieser Georg? fragt sich die Seherin. Nochmals lässt sich die Stimme des Mädchens vernehmen: «Der, von dem Sie morgen einen Brief empfangen werden, der ist es!» Am folgenden Tag erhielt die Priorin tatsächlich einen Brief des Grafen Georg von Nédonchel.

Graf Nédonchel gehörte einer der besten Familien Belgiens an. Er war ein ausgezeichneter Katholik und ein kühner Mann, insbesondere wenn es um die Ehre Gottes ging. Kurz zuvor hatte er seine vierundzwanzigjährige Tochter Mathilde verloren, von der man sagte, sie sei «fromm wie ein Engel». Als sie erfahren hatte, dass Pius IX. schwer erkrankt sei, hatte sich Mathilde an seiner Stelle Gott angeboten. Der Herr nahm sie beim Wort: Rasch war sie von einem geheimnisvollen Übel dahingerafft worden. Allem Anschein nach hatte man den Heiligen Vater von diesem Akt der Hingabe in Kenntnis gesetzt, denn während einer Audienz, die er Graf Nédonchel ge-

währte, sagte er zu ihm: «Beinahe wäre ich versucht, Ihrer Tochter
böse zu sein, denn sie hat mich um die ewige Ruhe und die Krone gebracht.» Mathilde erschien der Karmelitin mehrmals. Um sich der
Echtheit dieser Vision zu vergewissern, zeigte Mutter Elias der Novizin Fotos der belgischen Familie. Ohne zu zögern, deutete Mirjam in
der Gruppe auf Mathilde. Durch dieses Zeichen überzeugt, schrieb
Mutter Elias dem edlen Belgier, der tatsächlich die Stiftung des indischen Karmels übernahm. So ging man in Pau an die Vorbereitungen
zur Abreise.

Die tragische Überfahrt

Im August 1870 schiffte sich die Gruppe der Gründerinnen in Marseille ein. Sie bestand aus sechs Karmelitinnen, unter denen sich
Mutter Elias und Schwester Maria von Jesus dem Gekreuzigten befanden. Auch Schwestern aus dem Dritten Orden gehörten dazu. Bischof Marie-Ephrem, der Franreich noch nicht verlassen konnte, begleitete sie bis zum Schiff *La Guyenne* und vertraute sie P. Lazarus,
seinem Generalvikar, und P. Gratian an. Bevor die kleine Karawane
Frankreich verliess, pilgerte sie zum Heiligtum von *Notre-Dame de la
Garde*. Der Besuch der kleinen Araberin wurde auf der im Innern
der Kirche angebrachten Marmortafel verewigt, wo die Namen der
berühmtesten Pilger eingemeisselt sind. Schwester Maria von Jesus
dem Gekreuzigten steht darauf zwischen Louis Veuillot und dem
Herzog von Montpensier.
Zum Glück besitzen wir den von ihr diktierten Reisebericht. Es handelt sich um einen langen, an Abbé Manaudas gerichteten Brief, dem
wir die bilderreichsten Szenen einer dramatischen Überfahrt entnehmen:
«Ihre unwürdige Tochter, lieber Vater, wirft sich Ihnen heute zu Füssen, um Ihnen alles zu erzählen wie ein Kind seinem Vater.
Hier vor allem, mein Vater, was während der Reise geschehen ist.
Am ersten Tag besuchten wir das Heiligtum von *Notre-Dame de la
Garde,* wo ich viele Gnaden empfangen habe. Zahlreiche Menschen
befanden sich an diesem Tag in der Kirche. Ich habe viel für Frankreich gebetet.
Die Überfahrt auf dem Mittelmeer verlief sehr gut, obschon wir alle
seekrank waren; aber das ist nichts; Mutter Elias fühlte sich wohl und
pflegte uns alle. Während dieser ganzen Zeit konnte ich betrachten,
und viele Gnaden wurden mir zuteil. Auf dem Roten Meer war ich
krank. Eines Tages hatte mich Mutter Elias in unsere Kabine ge-

schickt. Da kam Schwester Euphrasia einen Moment später und sagte zu mir: ‹Ich habe Ihnen etwas mitzuteilen. Heute morgen nach der Kommunion hat Jesus mir die Nöte Frankreichs und Indiens gezeigt; er verlangt fünf Opfer. Ich habe mich schon mit Schwester Stephanie angeboten und habe den Eindruck, dass auch Mutter Elias, Mutter Subpriorin und Sie es tun sollen...›

In diesem Augenblick empfand ich etwas Ausserordentliches und sah, dass Jesus meine Mitschwestern angenommen hatte und dass sie sterben würden. Am nächsten Tag zu derselben Stunde erkrankten alle drei. P. Lazarus bot sich an Stelle aller an. Ich selbst war so traurig, dass ich während der Nacht krank wurde, wie auch Schwester Maria vom Erlöser. Der Kommandant erwies sich uns gegenüber als sehr liebenswürdig und kümmerte sich um uns alle. Schwester Stephanie starb gegen Mitternacht. Ich kann Ihnen den Schmerz von P. Lazarus unmöglich beschreiben. Wie viel Mühe haben wir ihm gekostet! Der arme Pater sagte uns, wir müssten das Schiff verlassen, um uns nach Aden zu begeben, wo Schwester Euphrasia [1] um sechs Uhr begraben wurde. Nach ihrem Tod waren ihre Schmerzen in den Beinen und Füssen über mich gekommen; sie waren sehr geschwollen. Ich begab mich zum Grab von Schwester Euphrasia und sagte ihr: ‹Hören Sie, Schwester Euphrasia, ich habe Sie nicht um Ihr Übel gebeten; nehmen Sie es zurück!› Sogleich verschwanden meine Schmerzen, und ich habe während der ganzen Zeit, die wir in Aden verbracht haben, die Küche besorgen können. Die Kapuziner von Aden waren sehr gut zu uns...

Die Überfahrt von Aden nach Madras verlief gut. Wir sind einen Tag in Madras geblieben. Danach sind wir nach Vellore abgereist. Fünf Tage haben wir bei den Schwestern vom Guten Hirten verbracht: Sie waren sehr gut zu uns. Nachher haben wir uns noch an vielen anderen Orten aufgehalten, bevor wir im Vikariat von Bischof Marie-Ephrem ankamen. Während dieser Zeit hat sich nichts besonderes ereignet. Als wir Kozhikode erreichten, wurde Bischof Marie-Ephrem von einer grossen Prozession abgeholt. In dieser Stadt wurde Mutter Elias bettlägerig... Als ich (aus einer Verzückung) erwachte, nahm ich grossmütig, aber in tiefem Schmerz das Opfer, das der Tod unserer lieben Mutter für mich bedeutete, an. Sie wissen, mein Vater, wie schwer es für ein Kind ist, seine Mutter zu verlieren, besonders eine

---

[1] Als zweite starb Schwester Euphrasia in Aden. Sobald Bischof Marie-Ephrem von diesen Ereignissen Kunde erhielt, nahm er das erste Schiff und erreichte die Gruppe der Karmelitinnen in Madras.

Mutter wie Mutter Elias. Kurz vor ihrem letzten Atemzug bat ich sie: ‹Meine liebste Mutter, sagen sie mir ein letztes Wort!› – ‹Tun Sie alles, was man Ihnen sagt›, war ihre Antwort. – ‹Danke, liebste Mutter! Nie werde ich diese Worte vergessen.› Danach begann der Todeskampf. Sie ist wie eine Heilige gestorben. Mein Vater, jetzt bin ich von allem losgelöst.»

Andere, von den Reisegefährtinnen abgesandte Briefe bestätigen den der kleinen Araberin hinsichtlich der grossen Ereignisse der Überfahrt. Einem Brief der neuen Priorin, Mutter Maria vom Erlöser, entnehmen wir folgende Zeilen: «Unmöglich», sagte dann P. Gratian (über die Verzückungen der Seherin), «dass das nicht von Gott kommt. Diese Schwester denkt so wenig an all diese ausserordentlichen Dinge! Sie ist ganz mit der Küchenarbeit beschäftigt. Welche Opferbereitschaft und welche Liebe allen gegenüber!» Und die Priorin fügt noch diese für die Zukunft kostbaren Worte hinzu: «Jetzt ist mein Vertrauen grösser denn je, dass alles, was in diesem Kind vorgeht, vom lieben Gott kommt und dass ich trotz meiner Unwürdigkeit Zeugin der Erbarmungen Gottes dieser Seele gegenüber sein werde. Bischof Marie-Ephrem, P. Lazarus und P. Gratian stimmen mir bei.»

P. Lazarus hatte zuerst heftigen Widerwillen gegen die Charismatikerin an den Tag gelegt, denn er schätzte diese ausserordentlichen Geschichten, wie er sagte, gar nicht. Während dieser Überfahrt hatte er jedoch seine Ansicht vollkommen geändert. Im Moment des Todes der Mutter Elias sagte er: «Ich habe gesehen, dass Gott gegenwärtig war.» Im Gedanken an die drei Opfer und an diesen durch solche Meilensteine bezeichneten Weg nach Indien, schrieb Bischof Marie-Ephrem:» «Jetzt glaube ich, dass unsere Gründung gesichert ist, denn sie wird auf den Felsen des Kreuzes gebaut.»

Die schönen Stunden in Mangalore

Von den sechs Karmelitinnen, die Pau verlassen hatten, kamen nur drei am 19. November 1870 in Magalore an. Auf die Bitte von Bischof Marie-Ephrem sorgten die Karmelitinnenklöster von Pau und Bayonne für Nachschub. Am Ende des Jahres wurde die Gemeinschaft der Leitung der aus Pau stammenden Mutter Maria vom Erlöser und der Novizenmeisterin Mutter Maria vom Kinde Jesus aus Bayonne anvertraut.

Der geistliche Vater der Novizin, die sich auf ihre Profess vorbereitete, war P. Lazarus. Er war damals zweiundvierzig Jahre alt und be-

sass eine bedeutende Kenntnis des Ordenslebens und grosse Lebens-
erfahrung. Hinter einer dicken und rauhen Schale verbarg er eine
sehr zartfühlende Seele und einen eisernen Willen, den er auch unter
dramatischen Umständen zu bezeugen wusste. Er war ein echter Jünger des Propheten Elias und ein energischer Karmelit.

Die ersten Monate in Mangalore verliefen für die kleine Araberin
idyllisch. Es wurde ihr erlaubt, endlich wieder als Laienschwester ihre Zeit ganz mit der Arbeit in Küche, Garten und Waschhaus zu verbringen. Die Briefe aus dieser Zeit bezeugen, dass sie «arbeitete für
drei», «den ganzen Tag, wie ein Pferd». Dieser Arbeitsrhythmus än-
derte nichts an ihrer Askese, an ihrer körperlichen Busse und ihrem
sechsmonatigen Fasten bei einer einzigen Mahlzeit im Tag, die un-
veränderlich aus einem Schüsselchen Reis oder Fisch bestand.

Der Teufel lässt sie nicht los, sondern plagt sie weiterhin mit Versuchungen, Unlust, Anfechtungen mit zeitweiligem Verlust der Freiheit. Aber am 30. Juni 1871 geht die Prüfung zu Ende; die Novizin
strahlt wieder wie ein blauer Himmel nach dem Gewitter. Ihr Aufstieg zur Liebe, nur einen Moment behindert, wird eifriger denn je
wieder aufgenommen. Bischof Lacroix, der ihr stets völliges Vertrauen entgegenbrachte, hatte sie dem Bischof von Magalore anemp-
fohlen. Im September 1871 schrieb sie ihrem lieben Bischof von
Bayonne, um ihm ihre ganze Hochachtung zu bezeugen, «weil Sie die
Kirche und unseren so geliebten Heiligen Vater sehr lieben! Wie
glücklich sind Sie, die Wahrheit erkannt zu haben! Ja, die Unfehlbarkeit hat die ganze Hölle in Raserei gebracht. Der Teufel platzt vor
Wut.» Sie beschreibt ihr Glück, seitdem sie aus dem Abgrund zurückgekehrt ist: «Jetzt erfreue ich mich des Friedens der Engel. Ich
spüre, dass der Herr die für mich verrichteten Gebete erhört hat;
trotz meiner Unwürdigkeit will Jesus mich zur Braut.» Sie kündigt
ihm an, dass sie am Fest *Maria vom Loskauf der Gefangenen* (24.
September) zur Profess zugelassen wurde, die sie nun bald ablegen
darf, nämlich «am Tag, an dem die kleine Maria in den Tempel gebracht wurde.» Zum Schluss schreibt sie: «Der Karmel von Mangalore ist von Gott gesegnet. Mutter Elias sieht uns vom Himmel aus und
beschützt uns. Diese zärtliche Mutter wacht über uns.»

Die Novizin war vom Kapitel einstimmig zur Profess zugelassen, und
die Feier auf den 21. November (Fest Mariä Opferung) festgelegt
worden, wie Mutter Elias ihr in einer Erscheinung versichert hatte.
Bischof Marie-Ephrem hegte einige Zweifel über den Weg der jungen Karmelitin, denn die Geschichte der ihr auferlegten Prüfungen
hatte ihn stutzig gemacht. Daher verlangte er, dass Schwester Maria
unter seiner Leitung einundzwanzigtägige Exerzitien machen solle,

während derer er sie aufmerksam prüfen wollte. Schliesslich sagte er zu der Novizin: «Vorher war ich unsicher, aber jetzt kann ich Ihnen beteuern, dass meine Zweifel völlig verschwunden sind. Alles was gesagt worden war, hat sich verwirklicht. Niemand kann mehr zweifeln. Fragen Sie die Mutter Priorin, ob das nicht stimmt. Alles kommt von Gott.»

Die Exerzitien wurden zu einem Festspiel von Ekstasen, Erscheinungen, Visionen, Betrachtungen. Über alles legte Mirjam dem Bischof, der sie fast jeden Tag besuchte, Rechenschaft ab.

Der 21. November wurde für den Karmel von Mangalore ein Tag himmlischer Freude. Die Profess-Schwester erlebte ihn grossenteils in Verzückung. Der Bischof hielt die Festpredigt − man sollte eher sagen: Die Lobrede der kleinen Araberin! Hier einige Auszüge:

«. . . . Sie haben Jesus mit der ganzen Kraft Ihres Herzens gerufen. Sie haben ihn vom Tag und von der Nacht verlangt. Sie haben ihn vom Meer und vom Gebirge verlangt. Sie haben ihn vom Himmel und von den Sternen, von Menschen und Engeln, von allen Geschöpfen Gottes verlangt. Aber keines hat ihn Ihnen gegeben. Sie haben Ihnen wahrscheinlich wie dem grossen heiligen Augustinus gesagt: «Suche ihn höher als wir es sind!» Und er rief Sie von den Höhen des Heiligen Berges, wo er wohnt, mit seiner zärtlichen Stimme und sagte Ihnen wie der Braut im Hohenlied: «Komm vom Libanon, meine Braut, komm vom Libanon, denn du sollst gekrönt werden!» Und Sie, meine liebe Tochter, haben die Stimme des Vielgeliebten seit Ihrer zartesten Kindheit vernommen und sind von den Bergen des Libanon gekommen. O, wie hat dieser göttliche Erlöser Sie mit seiner Barmherzigkeit überschüttet! Wie hat er Sie bewahrt und mit der Zärtlichkeit seines Herzens umgeben!

. . . . Vor vier Jahren hat er Sie, die arme Fremde, die von den Menschen verlassene Waise, in eine Familie heiliger Seelen eingeführt, die Ihnen Hingabe und Liebe bezeugen . . . Um Ihre Treue zu erproben, hat er auch erlaubt, dass Sie schweren Angriffen des Feindes der Menschheit ausgesetzt wurden. Was waren diese schrecklichen Kämpfe? Gott weiss es, meine liebe Tochter, dass Jesus, Ihr Vielgeliebter, Sie in diesen schmerzlichen Momenten nicht verlassen und Sie stets durch seine Gnade unterstützt hat.

. . . . Und jetzt will er Ihnen die allerhöchste Barmherzigkeit erweisen, indem er Ihnen auf immer den Titel und die Rechte einer Braut seines göttlichen Herzens schenkt. Meine Tochter, Sie, ein armseliges Geschöpf, Sie, ein *kleines Nichts,* ein Abgrund der Schwäche, der Sünde und des Elends, Sie werden nun plötzlich durch die Kraft der drei Gelübde zur höchsten Würde einer Braut des Königs der Himmel erhoben werden! Freuen Sie sich und zittern Sie zugleich; denn Sie müssen wissen, dass Sie nicht nur die Braut Jesu, sondern auch die Braut Jesu des Gekreuzigten werden, wie Ihr Name es andeutet. Die drei feierlichen Worte, die Sie aussprechen, die drei Gelübde, die Sie ablegen werden, bringen in ihrer erhabenen und erschreckenden Knappheit die völlige Kreuzigung Ihrer selbst zum Ausdruck. ... Jesus wird Sie jedoch auf dem Kreuz nicht allein lassen – ohne ihn wäre es zu schmerzlich. Er wird mit Ihnen daran geheftet sein.»

Als der Moment der Ablegung der Gelübde gekommen was, musste man Mirjam aus ihrem ekstatischen Schlummer «aufwecken». Nachdem ihre Weihe vollzogen war, entschwebte sie wieder in die himmlischen Sphären und schloss sich der Schar der Heiligen des Karmel an. Vor dem Empfang der Hostie ruft sie ganz verklärt: «Die Liebe ist da! Die Liebe ist da!» Ein Freudenschauer durchfährt die Anwesenden. Mirjam verbringt einen grossen Teil des Tages im Sprechzimmer, um Besucher und Glückwünsche zu empfangen. Der Bischof lässt auch die Seminaristen eintreten, um sie an der Freude der jungen Profess-Schwester teilnehmen zu lassen. Die Stunde des *grossen Stillschweigens* setzt zum Bedauern der Anwesenden diesen herzlichen Gesprächen ein Ende. Für so viel Freude wird man bezahlen müssen.

Der Teufel taucht wieder auf

Im Karmel von Pau hatte Schwester Maria von Jesus dem Gekreuzigten ihren Aufenthalt in Indien vorhergesagt: Hier habe ich das heilige Gewand empfangen, meine Profess aber werde ich nicht in diesem Haus ablegen, sondern in Indien.» Vergessen wir nicht, dass der gute Engel, von dem sie vier Tage besessen war, ihr am 4. September 1868, einem himmlischen Tag, die Wiederkehr des Teufels angekündigt hatte: «Drei Jahre lang wird der Böse ihre Einbildungskraft mit Zwangsvorstellungen belästigen. Ihr Leiden wird jeglichen Begriff übersteigen. Satan wird alles daransetzen, sie zur Verzweiflung zu bringen; sie wird in sich selber nur Sünden sehen und sich aller Verbrechen der Welt schuldig glauben. Der Teufel wird versuchen, sie zum Verlassen der Klausur zu zwingen. In diesen Momenten der Prüfung sollt ihr sie ermutigen, ohne jedoch ihrer Demut zu schaden.» Und der Engel fügte diesen Satz hinzu, der den tiefen Sinn dieser Prüfung offenbart: «Man muss ihr helfen, immer tiefer in ihr Nichts hinabzusteigen.» Gott verlangt erschreckend viel von den Seelen, die sich ihm für die Sünder aufopfern.

Nach der Professfeier tritt eine grosse Veränderung ein. Alles verdüstert sich. Der Donner grollt. Was geht denn vor? Wer könnte die Geheimnisse der Vorsehung erforschen? Alles Schwere wird mit einem Wort beginnen, das der Herr an seine Braut richtet: «Sag deinem Beichtvater und dem Bischof alles, wenn es sich als nötig erweist. Aber sag niemand anderem etwas!» P. Lazarus gibt seinem Beichtkind recht. Nach einiger Überlegung sagt Bischof Marie-Ephrem zu ihr: «Wenn unser Herr es nicht will, verbiete ich Ihnen, mir irgend etwas zu sagen.» Warum diese strenge Wahrung des Geheimnisses? In Pau war die kleine Araberin es gewöhnt, nicht nur ihrem Bischof und ihrem Beichtvater, sondern auch der Priorin und der Novizenmeisterin alles anzuvertrauen.

Und nun sollen im Kloster von Mangalore weder die Priorin noch die Novizenmeisterin von der jungen Schwester ins Vertrauen gezogen werden. Sie dürfen nur noch über alles, was die Einhaltung der Regel betrifft, unterrichtet werden, und jeglicher Versuch, das Gewissengeheimnis der Schwester gewaltsam zu ergründen, bleibt ihnen versagt. Das entspricht übrigens genau den Vorschriften der heiligen Teresa in ihren *Satzungen*. Über die Frage, ob die Novizinnen ihr Gewissen der Novizenmeisterin eröffnen sollen oder nicht, erklären die *Satzungen:* «Wir verbieten den Priorinnen und Novizenmeisterinnen, die Schwestern in dieser Hinsicht zu bedrängen.»

Es hat tatsächlich den Anschein, als hätten die Priorin und die Novizenmeisterin von Mangalore eher aus Selbstsucht, ja sogar aus weiblicher Neugierde Rechenschaft über Gewissensfragen gefordert. «Zur Seelenführung sind vor allem höchstes Zartgefühl und völlige Selbstlosigkeit erforderlich» (D. Buzy). Die *Kleine* schwieg nicht aus Eigenwillen oder Trotz, sondern um den Willen Gottes zu erfüllen, was selbst der Bischof anerkannte. «Ich glaubte, es sei der Teufel, der nicht wollte, dass Sie sich der Mutter Priorin und der Novizenmeisterin anvertrauen; aber heute sehe ich ein, dass es der liebe Gott ist.» Das ist deutlich.

Das Missverständnis begann schon am Tag nach der Profess, am 22. November. Eine der Oberinnen fleht Mirjam während einer Verzükkung an, ihr ihr Herz zu eröffnen. Die Antwort ist eindeutig: «Unser Herr befiehlt mir, diese Dinge nur meinem Beichtvater zu sagen; befehlen Sie mir, sie Ihnen im Namen des Gehorsams mitzuteilen, dann werde ich es tun. Nur so kann ich mit Bestimmtheit wissen, dass es von Gott gewollt ist. Andernfalls ist es meine Pflicht, auf die Worte unseres Herrn zu hören und ihnen zu gehorchen.» Die beiden Oberinnen des Klosters berufen sich jedoch auf die Satzungen: Die Auseinandersetzung geht weiter. Schliesslich wird die Priorin nervös und ärgerlich und erklärt: «O, das ist der Geist des Teufels. Dies alles kommt vom Bösen. Ich werde den Bischof fragen, wie ich mich zu verhalten habe.»

Hat die Priorin diesen Schritt beim Bischof wirklich unternommen? Eines ist gewiss: Es gelang ihr, Bischof Marie-Ephrem völlig gegen die Ekstatikerin zu kehren. In kürzester Zeit, ohne die junge Karmelitin auch nur befragt zu haben, kam der Bischof zu der Überzeugung, dass deren Entschluss oder deren Hartnäckigkeit vom Teufel komme. Am 5. Dezember sprach er mit ihr: «Alle Heiligen», sagt er, «haben das Beispiel völliger Offenheit gegenüber der Priorin und der Novizenmeisterin gegeben. Wenn es wirklich der Geist Gottes war, hätten Sie zu ihnen sprechen können. Das war aber nicht der Fall. Dies ist der Hauptgrund für meine Vermutung, dass bei Ihnen der Teufel am Werk ist.»

Welch geheimnisvolle Sinnesänderung! Kaum zwei Wochen vorher hatte der Bischof sie mit Lob überhäuft, nachdem er während ihrer langen Exerzitien fast jeden Tag mit ihr gesprochen hatte. Und plötzlich, ohne eine Unterredung, ohne eine Erklärung, schrieb der Bischof nun dem Teufel zu, was er bisher Gott zugeschrieben hatte! Welch ein Unterschied gegenüber Pau, wo die kleine Araberin sich des Vertrauens ihres Bischofs, ihrer Oberinnen und all ihrer Mitschwestern erfreute! In Mangalore schliesst sich ein Geflecht von Misstrauen und Feindschaft immer enger um die junge Karmelitin. Die meisten Schwestern lassen sich von der Meinung der Priorin beeinflussen. Mutig betritt sie den Ölgarten. Die Stunde von Gethsemane hat geschlagen; die Agonie beginnt. In dieser langen Nacht war P. Lazarus der Engel des Trostes für die kleine Araberin. Aber wegen der Treue zu seiner geistlichen Tochter wird er vom Bischof seines Amtes als Generalvikar enthoben und auf einen anderen Posten versetzt. Am 21. Januar 1872 verlässt er Mangalore endgültig. Beim Abschied sagt die *Kleine* zu ihm: «Mein Vater, Sie sollen sich jetzt nicht mehr um mich sorgen. Wir wollen unserem Herrn bezeugen, dass wir ihn über alles lieben.» Sie wurde in eine tiefe Nacht geführt. Am 15. Dezember 1871 hatte Gott zu der Karmelitin gesagt: «Glaubst du, dass du allein zu leiden hast? Ich leide mehr als du, denn ich trage die ganze Last eurer Sünden. Ich will, dass du keinen Augenblick ohne Schmerzen verbringst. Wenn niemand dir Leid zufügen sollte, würde ich Steine und Erde in Menschen umwandeln, die dich quälen. Ich will, dass du immer leidest.» In der Weihnachtsnacht steigt Mathilde von Nédonchel vom Himmel herab, um sie zu trösten und zu ermutigen. Später sagte die kleine Araberin: «Von dieser

Nacht an bin ich tatsächlich von Kreuz zu Kreuz, von Prüfung zu Prüfung gegangen.»

Man versuchte sie zu überzeugen, dass sie in einer Täuschung befangen sei; es wurde ihr gesagt, der Engel ihrer Profess sei der Geist der Finsternis und ihre Visionen seien nur leere Wahnvorstellungen der zügellosen Einbildungskraft einer Orientalin; ihre Wundmale habe sie sich mit einem Messer beigebracht; man drohte ihr mit der Strafe Gottes. Ihre Mitschwestern mussten jedoch zugeben, dass sie trotz allem «sehr regeltreu, sehr hochherzig und aufopferungsvoll» geblieben war.

Diese Prüfungen waren nur die ersten Stationen eines langen Kreuzweges. Gott lässt seine Auserwählten den Kelch in kleinen Schlucken bis zur Neige trinken. Im Februar 1872 teilt der Bischof den Karmelitinnen offiziell mit, dass Schwester Maria von Jesus dem Gekreuzigten in einem Irrtum befangen und nichts Übernatürliches in ihr zu finden sei. Alles Aussergewöhnliche sei nur das Ergebnis ihrer Einbildung oder einer teuflischen Einwirkung. Am 22. April sendet er an Bischof Lacroix eine unerbittliche Diagnose. Der Bischof von Pau lässt sich jedoch durch diesen Bericht keineswegs beeindrucken und schenkt der kleinen Araberin auch weiterhin volles Vertrauen.

Der Teufel schleicht sich nun ins Kloster und in die Sinne der jungen Schwester ein. Ihr zweiter Aufenthalt in der Hölle fängt an. Die Nonnen täuschten sich nicht. Die Novizenmeisterin schrieb: «Wir bemerkten damals, dass sie sich unter dem Einfluss des Versuchers befand.» Als P. Lazarus in Mahé von diesen Ereignissen unterrichtet wurde, konnte er die teuflische Besessenheit nur bestätigen. Die kleine Araberin war sich bewusst, dass sie nicht dafür verantwortlich war, und bekannte demütig, dass sie «einem bösen Einfluss, der sie gegen ihren Willen Verfehlungen begehen liess, nicht zu widerstehen vermochte», wie Mutter Maria vom Kinde Jesus in einem Brief vom 5. Juni 1872 erklärt. Und in einem anderen Schreiben vom 26. Juli desselben Jahres bekennt sie: «Sie wird von einer fremden Macht getrieben.» «Denen, die Gott lieben, gereicht alles zum Guten.» Selbst die Sünde. Selbst der Teufel. Wie wir gesehen haben, gelang es Satan zweimal, die kleine Araberin zum Verlassen der Klausur zu bewegen. Welch ein Skandal in den Augen ihrer Feinde! Sie wollte also die Flucht ergreifen! Später bekannte Mirjam: «Ich fühle mich ständig gedrängt, wegzugehen. So viel ich konnte, kämpfte ich dagegen und bemühte mich, dazubleiben. Aber es war unmöglich.» Von Pau aus schreibt sie später an die Priorin von Mangalore: «Ich empfinde Reue und tiefe Scham angesichts meiner früheren Sünden. Diese sind zahlreicher als der Sand am Meer und die Wassertropfen im Ozean. Dennoch hoffe ich auf die unendlichen Erbarmungen Gottes. Wenn ich mich jedoch daran erinnere, dass ich in Mangalore die Klausur verlassen habe, um zu fliehen, vermag ich keine Reue zu empfinden; ich danke dem Herrn im Gegenteil tausendmal dafür und kann nicht anders. Ich wurde gegen meinen Willen dazu gezwungen. Vor Gott kann ich nicht anders denken.»

Man kann sich auf die Aufrichtigkeit und Ehrlichkeit der kleinen Araberin verlassen. Aber unter diesen Umständen konnte sie nicht lange in Mangalore bleiben. Nachdem Gott sie zur Gründerin dieses indischen Karmels erwählt hatte, behielt er sich vor, ihr eine weitere Missionsgründung anzuvertrauen. Sie sollte nach Pau, der Wiege ihres karmelitischen Lebens, zurückkehren, um sich auf ein anderes Abenteuer vorzubereiten. Die Umwege Gottes sind eigenartig und oft tragisch! Aber er weiss, von wem er derartige Opfer verlangen kann. Wie ein Sprichwort sagt: «Der das Kreuz schafft, schafft auch die Schultern, die es tragen können.»

Die Oberinnen von Mangalore schickten Schwester Maria von Jesus dem Gekreuzigten in den Karmel von Pau zurück. Während einer Erscheinung am Ostersonntag hatte Mathilde von Nédonchel zu ihr gesagt: «Meine Schwester, gehen Sie! Es ist Gottes Wille, dass Sie weggehen. Ich kündige Ihnen an, dass Sie die nächste Weihnacht in Ihrem Heimatkarmel verbringen werden.»

Zweiter Aufenthalt in Pau

Schwester Maria von Jesus dem Gekreuzigten verliess den Karmel von Mangalore am 23. September 1872 in Begleitung zweier Karmelitinnen. Am 5. November war sie wieder in ihrem lieben Karmel von Pau. Es war am zweiten Jahrestag des Todes der Mutter Elias. Hören wir, wie die kleine Araberin ihr Glück besingt:

«Herr, ich bin wie das kleine Küken, das der Milan erwischt hat; er hat seinen Kopf angepickt und es fast erdrückt. Aber das arme Kleine ist unter den Flügel seiner Mutter geflohen, um sich in Sicherheit zu bringen. Auch ich war voller Trauer, Angst und Schmerz. Meine Gebeine sind auseinandergefallen; das Mark meiner Knochen ist in mir versauert, mein Fleisch ist zerquetscht. Da habe ich meine Augen zum Vater gewandt; er hat mich angeschaut, und dieser Blick hat mich geheilt. Das saure Mark meiner Knochen ist zuckersüss geworden; meine Knochen sind wieder stark, als wäre ich erst fünfzehn Jahre alt: mein Fleisch und mein ganzes Wesen sind vor Freude erschauert. Ich bin zu meinem Vater und König geeilt, und mein König ist mir entgegengekommen. Ich war wie das kleine Küken unter dem Flügel seiner Mutter. Furchtlos betrachtete ich meine Feinde durch die Federn des Flügels meines Vaters und Königs; ich befand mich in Sicherheit.»

Auf diese Weise sangen früher die Psalmisten Israels. Immer wieder finden wir bei Mirjam diese biblische Inspiration, diese biblischen Bilder und Rhythmen.

Der Weggang der kleinen Araberin genügte jedoch nicht, um den Frieden im Karmel von Mangalore wiederherzustellen. Bischof Marie-Ephrem wurde von Gewissensbissen befallen. Hätte er sich getäuscht? Eine Schwester berichtet, er habe versucht, sich selbst über die Beweggründe zu beruhigen, die ihn zu seiner Entscheidung geführt hatten. «Man kann sagen, dass er keine Ruhe mehr hatte.» Er starb am 10. April 1873 kaum sechsundvierzig Jahre alt. Schwester Maria von Jesus dem Gekreuzigten versicherte, sie habe ihn mehrmals in den Flammen des Fegfeuers gesehen. Sie hörte ihn sagen: «Ich habe gegen die Ehre Gottes gesündigt!» Die Galiläerin verkündete, dass seine Seele erst am Tag der ersten, im zukünftigen Karmel von Bethlehem gefeierten Messe befreit werde. P. Lazarus kehrte nach Montpellier zurück.

Eine Welle der Reue überflutete den Karmel von Mangalore. Unter der neuen Priorin konnte man wieder frei sprechen und schreiben, so dass die Karmelitinnen alles ins reine bringen konnten. Wir entnehmen der damaligen Korrespondenz einige Geständnisse: «Nachdem die unbehagliche Situation sechs Jahre lang gedauert hatte, ist es mir endlich erlaubt, Ihnen wieder freimütig zu schreiben... Wie viele Briefe, in denen ich versucht hatte, mich mit Ihnen auszusprechen, wurden zurückgehalten! In wie vielen anderen wurde ich gezwungen zu schreiben, was ich tausendmal besser verschwiegen hätte!» Diese vertrauliche Mitteilung stammt aus einem vom 21. November 1876 datierten Brief der Schwester Agnes. Schwester Theresia von Jesus bezeugt: «Ich habe zwei Briefe geschrieben, in denen ich über Schwester Maria sprach, weil ich wusste, dass es der Wunsch der Oberen war.» Den besten Widerruf finden wir jedoch in einem Brief der Novizenmeisterin, Mutter Maria vom Kinde Jesus, die Priorin geworden war. Sie schrieb an Abbé Inchauspé, den Oberen des Karmels von Bayonne: «Ich kann Ihnen versichern, mein Vater, dass ich über die Rehabilitierung dieser lieben Schwester überglücklich bin, und ich wünsche aus ganzem Herzen, dass jedermann wisse, wie sehr man sich im Karmel von Mangalore getäuscht hat – wenn dadurch das Reich Gottes in den Seelen ausgebreitet und sein heiliger Name verherrlicht werden soll. Meinerseits liebe ich dieses Kind unaussprechlich, und die Versuchung, die ich hinsichtlich ihres Weges hatte, sind verschwunden; ich fühle mich gedrängt, sie in meinen Nöten anzurufen, und der Tag, an dem man mir mitteilen wird, dass ihr Weg von der kirchlichen Autorität anerkannt wird, wird einer der schönsten Tage meines Lebens sein.»

Dieselbe Ordensfrau schrieb an Schwester Maria: «Ich muss Ihnen mein Herz ausschütten, meine liebe Tochter; ich habe viel darunter gelitten, nicht schon früher meine Gefühle Ihnen gegenüber zum Ausdruck bringen zu können. O, wie oft habe ich mich angeklagt, für Sie nicht das gewesen zu sein, was ich hätte sein sollen! Ich bitte Sie tausendmal um Verzeihung für alles Leid, das ich Ihnen zugefügt habe!»

Bis zu ihrem Tod vermisste man Schwester Maria von Jesus dem Gekreuzigten in Mangalore. Nach ihrem Heimgang bat der dortige Karmel um Reliquien und empfahl sich ihrer Fürbitte an. Die noch immer untröstliche Priorin schrieb, dass die kleine Araberin sie und die ganze Gemeinschaft ihre Anwesenheit spürbar erfahren lasse. Da Schwester Maria von Jesus dem Gekreuzigten durch ihre physischen und mystischen Schmerzen den Wohltäter erlangt hatte, der die zum Bau des indischen Karmels notwendigen finanziellen Mittel zur Verfügung stellte, war sie wirklich zu dessen Gründerin geworden.

Nach ihrer Rückkehr in den Karmel von Pau fand die *Kleine* wieder ihre Seelenruhe. Sie hatte sich vor der Ankunft gefürchtet und sich gefragt, wie man sie wohl nach all den ungünstigen Berichten empfangen werde, denn der an den Bischof von Pau gesandte Bericht war im ganzen Bistum verbreitet worden! Über die einmütig warme Aufnahme, die ihr zuteil wurde, war sie freudig überrascht, je erschüttert. Auch Bischof Lacroix hatte ihr seine Achtung voll und ganz bewahrt. Mirjam schreibt: «Seitdem ich Mangalore verlassen habe, empfinde ich, trotz den Mühen der Reise, einen unaussprechlichen Frieden und eine tiefe Ruhe. Ich wünsche nichts, ich verlange nichts, nicht einmal das Kreuz, denn als es mir gegeben war, habe ich es nicht auszunützen gewusst. Jetzt will ich nur Jesus, seinen Willen und das Stillschweigen.»

Es beginnt nun eine erhebende Zeit mit Verzückungen und Levitationen. Während ihrer Jahresexerzitien, vor Weihnachten 1872, wurden ihr viele lehrreiche Visionen zuteil. Eine davon hat die Seherin wie folgt erzählt:

«Ich empfand eine grosse Sehnsucht nach Gott und suchte ihn mit der ganzen Kraft meiner Seele; ich vereinigte mich mit der ganzen Schöpfung, damit sie ihn mit mir lobe; ich war wie ein kleines Kind, das seinem Vater entgegeneilt. Schliesslich hat Jesus sich mir gezeigt, und ich habe die Herrlichkeit seiner Majestät geschaut. Unmöglich vermag ich die Freude meiner Seele auszudrücken: Es war das Paradies auf Erden. Vieles kam mir in den Sinn, um das ich ihn bitten wollte; aber vorher liebkoste ich ihn und sagte ihm Verschiedenes, was ich im Herzen trug, um ihn zu rühren. Ich habe mich verhalten wie ein Kind, das etwas von seinem Vater erlangen will und mit tausend Liebkosungen beginnt. Ich habe zu ihm gefleht für die Seelen des Fegfeuers; da ist Jesus noch strahlender geworden, und ich habe aus seinen Händen Lichtstrahlen fliessen sehen, nämlich die Gnaden, mit denen er diese Armen Seelen überschüttete. Es hatte den Anschein, als habe Jesus tiefe Sehnsucht, seine Gnaden auszugiessen, und als schenke er sie mit grosser Bereitwilligkeit und in reichem Überfluss. Danach habe ich für die Sünder gebetet, und Jesus hat für sie dasselbe getan wie für die Seelen des Fegfeuers. Mit welcher Freude habe ich diese Liebe, diese Barmherzigkeit des Herrn betrachtet! Aber als ich für die Priester, die Ordensmänner und Ordensfrauen beten wollte, da fluteten die Strahlen, die seinen Händen entströmten, zurück, und alles verschwand. Mein Herz verfiel in Trauer und schreckliche Angst, denn auch ich bin eine Ordensfrau. Ich seufzte und brach in Schluchzen aus. Jedesmal wenn ich an das Geschaute denke, vermag ich meine Tränen nicht zurückzuhalten. Wie schuldig sind wir, die wir Jesus trösten sollten!»

Die Vision vom 25. März ist wieder charakteristisch für die Palästinenserin, wie sie leibt und lebt, mit ihrer Vorliebe für Gleichnisse und ihrem Staunen über die Herrlichkeit der Natur:
«Gott ist in der Frucht verborgen, wie der Kern im Apfel. Brich einen Apfel auf, und du wirst fünf Kerne in seiner Mitte finden. Auf dieselbe Weise ist Gott im Herzen des Menschen verborgen. Er ist darin verborgen mit den Geheimnissen seines Leidens, die durch die fünf Kerne dargestellt sind. Gott hat gelitten, und auch der Mensch muss leiden, ob er will oder nicht. Wenn er aus Liebe und in Vereinigung mit Gott leidet, hat er weniger auszustehen und wird viele Verdienste erwerben. Die fünf Kerne, die in den Tiefen seines Herzens wohnen, werden keimen und viel Frucht bringen. Wenn er jedoch die Prüfung zurückweist, wird er mehr zu leiden haben und weniger Verdienste erwerben. Ich habe einen Apfel aufgemacht und in seiner Mitte fünf Einteilungen gefunden, die einen Stern bildeten, und darin befanden sich die Kerne.»
Der 18. Mai war ein Gnadentag. Die Ekstatikerin überströmte von innerer Freude; ihr Antlitz strahlte. Im Gehorsam legte sie Rechenschaft ab über diese wunderbaren Stunden:

«Während der Kommunion fühlte ich mich von der Liebe Gottes getragen. Die Liebe drängte mich zu etwas, aber ich wusste nicht wozu. Da wandte ich mich an den Heiligen Geist und rief ihm zu: ‹Erleuchte mich, der du den Aposteln und den Unwissenden dein Licht geschenkt hast; ich bin ein Nichts, erleuchte mich; ich will nur, was Jesus will.› Plötzlich befinde ich mich in tiefer Nacht, mitten unter Löchern und Tieren, die mich beissen; die Finsternis erlaubt mir jedoch nicht, die Löcher und die Tiere zu sehen. Ich rufe nach Gott und dem Licht des Heiligen Geistes. Ein Strahl scheint mich zu führen, und in diesem Lichtstrahl sehe ich in einem Augenblick mein ganzes sündiges Leben, und hätte den Mut gehabt, all meine Sünden vor der ganzen Welt zu bekennen. Gleichzeitig fühlte ich mich von Liebe entbrannt, und mein Herz schmolz wie eine Kerze vor einer Feuersbrunst. Da habe ich zu Gott geschrien: ‹Genug, Herr ich kann nicht mehr!›»

Die Vision vom 26. Mai 1873 betrifft Frankreich. Sie erinnert an das Gleichnis vom Unkraut aus dem Evangelium:

«Ich habe Frankreich gesehen, wie ein vom Regen benetztes und von der Sonne beschienenes und erwärmtes Feld. Aber die Erde war mit Unkraut bedeckt, unter dem sich auch einige gute Pflanzen befanden. Da habe ich zu Jesus gesagt: ‹Herr, warum lässt Du all dieses Unkraut stehen?› − ‹Ich lasse es stehen›, antwortete der göttliche Meister, ‹weil die guten Pflanzen noch zu schwach sind. Ihre Wurzeln sind in die des Unkrauts verstrickt. Wenn ich das Unkraut ausreisse, beschädige ich die guten Pflanzen, so dass sie welken. Sobald die guten Pflanzen stärker sind, werde ich alles Unkraut ausreissen. Jetzt ist der Friede auf Sand gebaut. Später werde ich den Frieden auf einen starken Felsen bauen, und nichts wird ihn erschüttern können. Frankreich ist die Mitte meines Herzens.›»

Während dieses zweiten Aufenthaltes in Pau improvisiert die Ekstatikerin viele geistliche Lieder, die sie hingerissen und mit ausserordentlicher Stimme singt. Sie überströmt von Bewunderung und Dankbarkeit angesichts der Schöpfung. In Pau hatte sie vom Karmel aus eine wirklich unvergleichliche Aussicht auf die blaue, gezackte Linie der Pyrenäen. «O mein Gott, wie undankbar verhält sich der Mensch vor seinem Schöpfer! Du bist so gut, o Gott! O Undank der Geschöpfe! O mein Gott, mein Herz ist zu klein; ich wünsche mir ein Herz grösser als die Welt, um dich zu lieben, o meine Liebe!» Mehrmals schwingt sie sich bis zum Gipfel der Linde auf: «Wer wird die Zweige, die mir den Blick auf die ewige Heimat, den Aufstieg zu meinem Vielgeliebten verwehren, abschneiden und entfernen? Was tun, um die Äste wegzuschaffen? Wer wird mir die Flügel der Taube schenken? Ich kann es in dieser Verbannung nicht mehr aushalten! Ich kann nicht mehr leben!» Welch ein Unterschied zwischen Pau und Mangalore! Mirjam nennt diesen zweiten Aufenthalt in Pau ihre *Ferien*. Aber es war ihr vorhergesagt worden, dass diese Rückkehr in ihr erstes Kloster nur dazu dienen sollte, ihren letzten Lebensabschnitt und ein anderes geistliches Abenteuer vorzubereiten, nämlich die Gründung eines Karmels in ihrer Heimat, in ihrem geliebten Palästina.

2. IN DER STADT DAVIDS

Die Zeichen

Seit ihrer Rückkehr von Mangalore träumte Schwester Maria von Jesus dem Gekreuzigten von einem Karmel in Bethlehem. Schliesslich eröffnete sie Abbé Saint-Guily und der Priorin, Mutter Maria von der Unbefleckten Empfängnis, ihren Wunsch. Die erste Reaktion war eher negativ. Durfte man sich nach dem Misserfolg in Mangalore schon jetzt an ein solches Unternehmen wagen? Die Seherin beharrt auf ihrem Wunsch: «Gott will dieses Werk, es soll Wirklichkeit werden. Sie werden sehen, dass zu der von Gott gewollten Stunde alle Schwierigkeiten verschwinden werden.» Wie viele Hindernisse sollten sich in der Tat diesem Plan entgegenstellen!
Auch diesmal wird die kleine Araberin in ihren Visionen von Mathilde von Nédonchel beraten. Vom Dezember 1872 an lädt diese sie mehrmals ein, an die Königin von Belgien zu schreiben, um ihr vorzuschlagen, diese Stiftung zu übernehmen. Der Brief wurde geschrieben, aber aufgrund einer Reihe von Zufällen erreichte er niemals die Empfängerin.
Als der Herr seiner Vertrauten eines Tages aufs neue versicherte, dass die Gründung ganz gewiss stattfinden werde, verlangte die Seherin kühn ein Zeichen: «Zum Beweis, dass die Gründung in Bethlehem sich verwirklichen wird und ich dort sterben werde, lass dieses fast vertrocknete Geranienblatt Wurzel fassen!» Und sie steckte das Blatt in einen Blumentopf. Das Zeichen wurde ihr gewährt: «Bald danach war dieses Blatt zu einer prächtigen Geranie herangewachsen, die sie *Jeremias* nannte.»
Danach wurde das Gesuch für die Übernahme der Stiftung an Fräulein Adoue, eine hochherzige, freigebige Christin von Pau, gerichtet.

Diese nahm zuerst an, sah sich jedoch bald danach zu ihrem Bedauern gezwungen, ihr Wort zurückzunehmen. Anfangs 1874 erhielt Schwester Maria von Jesus dem Gekreuzigten zu einer anderen, durch ihre Geburt, ihre Tugenden und ihr Vermögen reichen Dame von Pau Verbindung. Sie hiess Bertha Dartigaux und war das einzige Kind eines Präsidenten des Gerichtshofes von Pau und, durch ihre Mutter, die Enkelin des Grafen von Saint-Cricq, eines Ministers Karls X. und Pairs von Frankreich. Als der Beichtvater von Fräulein Dartigaux, der auch Schwester Marias Beichtvater war, P. Estrate, den wir schon vorgestellt haben, erfuhr, dass Bertha Dartigaux gewillt sei, für die Stiftung von Bethlehem aufzukommen, gab er ihr seine bedingungslose Zustimmung. Schwester Maria von Jesus dem Gekreuzigten, Fräulein Dartigaux und P. Estrate werden sich von nun an in engster Verbundenheit diesem vom Himmel gewollten palästinensischen Abenteuer widmen.

Welch ein Sprung ins Unbekannte! Wie viele Schwierigkeiten sind zu überwinden! Aber die beruhigenden Zeichen vervielfachen sich. Zuerst galt es, die Erlaubnis des Heiligen Stuhles zu erlangen. Bischof Lacroix versprach fortwährend, ein diesbezügliches Gesuch nach Rom zu senden. Aber da er die Klugheit selbst war und an den Wert des Aufschubs glaubte, stellte er sein Vorhaben immer wieder zurück. Die ganze übernatürliche Hartnäckigkeit der Seherin wird notwendig sein, um die Entscheidung endlich zu erringen. Am 20. Juli 1874, dem Fest des Propheten Elias, begibt sich Bischof Lacroix nach der Messfeier im Karmel von Pau in die Klausur mit Abbé Saint-Guily, P. Estrate und Fräulein Dartigaux. Die kleine Araberin verbringt diesen Tag in Verzückung. Sie versichert der Priorin, dass Gott Ströme des Lichtes über den Bischof ausgiessen werde und erklärt ihrer Freundin Bertha: «Fürchte nichts! Der Herr wird heute alles in Ordnung bringen!»

Alle begeben sich in die Einsiedelei unserer Lieben Frau vom Berge Karmel, in der die Ekstatikerin das Wundmal des Herzens empfangen hatte. Sie wirft sich vor dem Bischof nieder, legt ihren Arm um Fräulein Dartigaux, die neben ihr kniet, und stellt sie dem Bischof vor: «Der Herr hat sie für sein Werk auserwählt.» Bertha fährt fort: «Ja, Herr Bischof, ich habe gefühlt, dass Gott dieses Werk von mir verlangt, und biete mich nach bestem Vermögen an, den Willen Gottes zu vollbringen.» Die Araberin fügt hinzu: «Ich werde nicht hier sterben, sondern in Bethlehem.» Es hat den Anschein, als schaue sie schon den zukünftigen Karmel: «Das Kloster wird nicht in der Stadt, sondern auf einer kleinen Anhöhe gegenüber Bethlehem gebaut werden. Der Herr sagt: *Über der Wiege meines Vaters David. Ich* werde das Kloster nicht vollendet sehen, denn ich werde schon vorher in die Höhe steigen.»

Jetzt heisst es, die konkreten Fragen in Angriff nehmen! Sie wendet sich an den Bischof: «Der Herr lässt Ihnen sagen, dass Sie eine Entscheidung hinsichtlich des Werkes treffen sollen.» − «Was soll ich tun?» fragt der Bischof. − «Es muss nach Rom geschrieben werden!» − «Einverstanden! Einverstanden!» Aber der Bischof zögert noch immer. Da wendet sich die Seherin an Abbé Saint-Guily und sagt ihm: «Schreibe den Brief, und der Bischof wird ihn unterzeichnen.» Dreimal wiederholt sie diese Worte. Da sagt der Bischof: «Herr Pfarrer, ich befehle Ihnen zu schreiben!» Unverzüglich schreibt Abbé Saint-Guily den Brief in der Klause, so dass er noch am selben Abend nach Rom abgesandt wurde.

Die Kongregation *De propaganda fide* bat den Patriarchen von Jerusalem um seine Zustimmung. Da die Antwort negativ ausfiel, zog sich die Sache in die Länge. Am 7. September 1874 sagt die Seherin nach einer Entrückung, dass jemand mit dem Gesuch nach Rom gesandt werden solle. Für diese Aufgabe bezeichnet sie Abbé Bordachar, den Oberen des Kollegiums von Mauléon und der Dominikanerinnen derselben Stadt. Der Bischof erlaubt ihm, sich nach Rom zu begeben, wo er am 25. September ankommt. Schon hatte die Kongregation für die Glaubensverbreitung das ablehnende Reskript vorbereitet, das unverzüglich abgesandt werden sollte. Abbé Bordacher eilt zu Kardinal Antonelli, der Mirjam aufgrund ihrer übernatürlichen Mitteilungen gut kannte. Dieser begibt sich zu Kardinal Franchi, dem Präfekten der Kongregation für die Glaubensverbreitung, um von ihm eine günstige Antwort zu erbitten. Am 1. Oktober war die Lage völlig verändert. Kardinal Franchi erklärt Abbé Bordachar: «Trotz der etwas schwankenden Meinung des Patriarchen hat die Kongregation für die Glaubensverbreitung die Stiftung von Bethlehem grundsätzlich angenommen, und ich werde dem Patriarchen diesen Beschluss mitteilen.» Im Karmel von Pau hatte man den Eindruck, dass die Seherin den Ablauf dieser Angelegenheit verfolgte.

Die Reise wird vorbereitet; die Plätze sind reserviert − aber das Reskript der Kongregation trifft nicht ein. Die römische Kurie, die sich lange Wartezeiten erlauben kann und deren Weisheit hoch über unserer Nervosität schwebt, scheint es nicht eilig zu haben, das letzte Wort zu sprechen. Kühn wird ein Telegramm an Kardinal Franchi gesandt, um die Absendung des Reskriptes zu beschleunigen. Der Kardinal zeigt das Telegramm Pius IX., der erklärt: «Diese Schwestern sollen sich mit meinem Segen auf den Weg machen!» Kardinal Franchi bemerkt, dass die Generalkongregation der Kardinäle noch nicht stattgefunden hat. Da antwortet der Papst: «Bin ich nicht mehr als alle Kardinäle? Geben Sie mir das Reskript!» Und er unterzeichnet. «Schicken Sie die Genehmigung zur Abreise nach Pau.» Am 26. Mai wird das Reskript Abbé Bordachar übergeben, bei dem sich gerade P. Estrate befand. Am 16. Juni unterschreibt Bischof Lacroix die Obedienzen der für die Mission bestimmten Schwestern. Die Abfahrt ist nahe.

Von Pau nach Bethlehem

Die Karawane umfasst sieben Chorschwestern, eine Novizin, zwei Laienschwestern, zu denen auch die kleine Araberin gehört, Abbé Bordacher, P. Estrate und die Stifterin, Fräulein Dartigaux. Alle verlassen am 20. August 1875 den Karmel von Pau. Dank dem von P. Estrate geführten Reisetagebuch können wir jeden Halt und die Zwischenlandungen dieser glücklichen Pilger des Heiligen Landes verfolgen.
Der erste Halt war Lourdes. Nach ihrer Rückkehr von Mangalore hatte Schwester Maria von Jesus dem Gekreuzigten der Muttergottes diesen Besuch versprochen. Nach der Messe in der Grotte sah man sich genötigt, die Karmelitin der Verehrung der Menschenmenge, die sich um sie drängte, zu entziehen, denn der Ruf der stigmatisierten Ekstatikerin hatte sich weithin verbreitet! Man verglich sie mit Bernadette. So wandte sich zum Beispiel eine Pilgerin an Mirjam und sagte zu ihr: «Schwester, können Sie mir sagen, wo sich die Heilige befindet?» Mit einem reizenden Lächeln deutet die Araberin auf eine ihrer Gefährtinnen, Schwester Joséphine, die ständig den Rosenkranz betet: «Die dort ist sie!» Und die Dame eilt zu der bezeichneten Schwester, um sich ihrem Gebet zu empfehlen.
Dem berühmten Verfasser des Buches *Notre-Dame de Lourdes*, Henri Lasserre, gelang es, Schwester Maria von Jesus dem Gekreuzigten fünf Minuten lang zu interviewen, und er kam gutunterrichtet und getröstet von dieser kurzen Unterredung zurück.
Der zweite Aufenthalt fand in Toulouse statt, wo die Dienerinnen Mariens, die Töchter von Abbé Letac, glücklich waren, die Mystikerin bei sich zu empfangen und so viel wie möglich über sie zu erfahren.
Ein drittesmal stieg die Gruppe in Montpellier aus, wo eine unermessliche Freude die kleine Araberin erwartete: Sie durfte P. Lazarus wiedersehen. In Marseille gab es ein erneutes Beisammensein mit den Josefsschwestern von *La Capelette* sowie ein Wiedersehen mit

Abbé Abdu, dem libanesischen Priester, der während ihres Aufenthaltes in dieser Stadt ihr Seelenführer gewesen war. Welche Erinnerungen! Mutter Emilie, die Generaloberin, erklärt: «O, meine Kleine Schwester Maria, Sie sind ausgetreten, als ich nicht in Paris war. Wäre ich hier gewesen, ich hatte Sie nicht fortgehen lassen!»

Nach einem Besuch bei *Notre-Dame de la Garde* steigen die Pilger an Bord des *Ilissos*. Die Überfahrt auf dem Mittelmeer verlief wunderbar bei Sonnenschein und sanfter Brise. Angesichts der Herrlichkeit des Meeres gerät die Schwester in Verzückung. Sie bewundert vor allem die Meerenge von Bonifacio und die Bucht von Neapel: «Wie schön! Wie wunderschön!» Immer wieder fliesst dieser Ausruf von den Lippen dieser Liebenden der Schöpfung. «Und Gott, der all diese Pracht erschaffen hat, wie unendlich viel schöner muss er noch sein! Herr, Gott der Heerscharen, wie mächtig bist du!»

Der Einfluss der jungen Karmelitin auf die Besatzung, vom Kommandanten bis zu den Matrosen, ist unwiderstehlich. Alle spüren das Göttliche in ihr. Auf Deck grüsst man sie ehrfurchtsvoll. Sobald man sie nicht erblickt, ist man besorgt um sie. Für einen jeden findet sie ein liebenswürdiges Wort. Sie lädt die Seeleute zum Gebet ein und versucht, ihnen das Nichts alles Vergänglichen begreiflich zu machen. Ständig sucht sie, anderen Dienste zu leisten. Man muss sie daran erinnern, dass auch sie einen Leib hat! Sie denkt an alles und jeden und vergisst nur sich selbst. Es gelingt ihr sogar, zwei arme Dirnen zu bekehren. Schwester Maria betet: «Herr, ich danke Dir, dass Du mich vor dem Bösen bewahrt und mich wie Deinen Augapfel behütet hast. Ach, ohne Deine machtvolle Hand wäre ich vielleicht noch tiefer als diese Unglücklichen gefallen! Bewahre mich, Herr; ich fürchte mich vor mir selbst; bewahre uns alle!»

Anfang September fährt das Schiff in den Hafen von Alexandria ein. Die Zwischenlandung dauert drei Tage. Die kleine Märtyrerin von Alexandria wünscht die Grotte wiederzusehen, in der die geheimnisvolle Ordensfrau im himmelblauen Gewand sie gepflegt hatte. Sie führt die Gruppe hin zu einem Besuch und einem Gebet.

Am 6. September geht der *Ilissos* in Jaffa vor Anker. Zwei Boote legen beim Schiff an. Das eine, auf dem sich der französische Vize-Konsul befindet, hat die blau-weiss-rote Fahne gehisst. An Bord des anderen haben P. Guido und der Vertreter des Kustoden des Heiligen Landes Platz genommen. Noch an demselben Abend gelangte die Gruppe nach Ramleh, wo die Franziskaner die Pilgerinnen mit dem Ruf: «Es leben die Töchter der heiligen Teresa!» empfingen. Am folgenden Tag unternahm die Karawane den schweren Aufstieg nach Jerusalem.

Der Aufstieg nach Jerusalem! Entnehmen wir den Notizen der Mutter Veronika, die Mirjam in den Karmel von Pau eingeführt hatte, einige Eindrücke:

«Wie abscheulich ist die Strasse zwischen Ramleh und Jerusalem! In den Wagen, oder besser den Karren ohne Federung, in denen wir die Reise machten, wurden wir so heftig geschüttelt, dass mir schien, all meine Eingeweide gerieten durcheinander. Wir fuhren über Berg und Tal, über Felsen und rollende Steine, ohne dass der Kutscher überhaupt darauf achtete. Wenn wir den Gipfel einer dieser steilen Anhöhen erreicht hatten, ging die Fahrt abwärts im Galopp weiter. Ständig drohten wir abzustürzen, und um nicht aus dem Wagen geworfen zu werden, mussten wir uns krampfhaft aneinander oder an den eisernen Lehnen der Sitze festhalten.

Aber mit jedem Augenblick kamen wir Jerusalem näher. Jerusalem! Das Herz schlägt rascher, die Augen werden nass, wenn wir denken, dass wir nun bald die Kuppel der Grabeskirche, der schönsten und heiligsten Kirche der Welt, erblicken werden. Wie die Kreuzfahrer fragten wir uns vor jedem Berg, den wir zu erklimmen hatten, ob Jerusalem uns nun endlich zu Gesicht kommen werde. Schliesslich hielt P. Guido, der uns zu Pferd begleitete, an. Er deutete auf eine Kuppel und Türme, die sich vom blauen Himmel abhoben, und sagte: «Das ist Jerusalem!»

«Alle beeilten sich auszusteigen, sich im Staub niederzuwerfen und diesen dreimal heiligen Boden zu küssen, wie die Kreuzfahrer es an derselben Stelle getan hatten. Danach erhoben wir uns, um den Psalm *Laetatus sum in his quae dicta sunt mihi* zu singen, den P. Guido mit seiner schönen Stimme angestimmt hatte. Niemals werde ich den Moment vergessen, an dem ich Jerusalem zum erstenmal sah!»

Die Pilgerinnen betraten Jerusalem durch das Jaffa-Tor. Die Prozession bildete sich, von *Kawas* oder Janitscharen angeführt, die ihre grossen Hämmer mit silbernem Griff im Takt auf das Pflaster schlugen, um die Ankunft wichtiger Persönlichkeiten anzukündigen und einen Weg durch die von Menschen wimmelnden Basare zu bahnen. Die Gruppe wurde in der *Casa Nova* empfangen.

Am folgenden Tag, dem 8. September, am Feste Mariä Geburt, wurde die Gemeinschaftsmesse in der St. Anna-Kirche gefeiert, die nach den byzantinischen Überlieferungen von den Kreuzfahrern über dem Geburtshaus der Jungfrau Maria erbaut worden sein soll. Danach wurden die Karmelitinnen vom Patriarchen mit grosser Güte empfangen. Am Abend fand der ergreifende Besuch beim Heiligen Grab statt. Unter dem Gesang von Hymnen und Litaneien zog die

Prozession zu den verschiedenen Stationen. Am nächsten Tag wurde in demselben Heiligtum die Eucharistie gefeiert.

In tiefer Rührung folgte ein Besuch auf den anderen: der Abendmahlssaal, Gethsemane, die den Karmelitinnen gehörende «Vaterunser»-Kirche[1] die Stelle der Himmelfahrt auf dem Ölberg, von der aus die Pilger lange die unvergleichliche Aussicht genossen. Im Osten erblickt man die Wüste und das Tote Meer, im Westen den freien Platz mit der Omar-Moschee und die Heilige Stadt in ihrem goldenen und kupfernen Schimmer. Die Verfasserin des Tagebuches fügt noch hinzu: «Ich könnte an kein Ende kommen, wollte ich meine in Jerusalem empfundenen Gefühle schildern. Leider haben wir kaum vier Tage in der Heiligen Stadt verbracht.» Was Schwester Maria von Jesus dem Gekreuzigten betrifft, so errät man ihr Glück, als sie Jerusalem wiedersehen durfte. Schon am ersten Morgen, am Jahrestag ihres Martyriums, war sie auf dem Weg zur St. Anna-Kirche in Verzückung gefallen, so dass man sie zur *Casa Nova* zurückbringen musste.

Am Samstag, dem 11. September, machte sich die Karawane zu Fuss auf den neun Kilometer langen Weg nach Bethlehem. Der erste Besuch galt der Geburtsgrotte, über der die heilige Helena eine prächtige Basilika erbauen liess. Die Araberin aus Abellin war unfähig, beim Anblick des heiligen Ortes, wo ihre Eltern sie vor dreissig Jahren von der Muttergottes erbetet hatten, ihre Erschütterung zu meistern. Die Franziskaner beherbergten die Gruppe der Karmelitinnen vierzehn Tage lang in ihrer *Casa Nova*. Aber schon am Tag nach der Ankunft machte sich Schwester Maria mit Abbé Bordachar auf die Suche nach einem Gelände für den künftigen Karmel und einem Haus für ein provisorisches Kloster. Am 24. September wurde dieses Haus gefunden und den Karmelitinnen von der Familie Morcos vermietet. Der Patriarch liess es sich nicht nehmen, bei der Inbesitznahme den Vorsitz zu führen und die Klausur zu errichten. «Alle Besucher zogen sich zurück, und wir verblieben in unserer Einsamkeit.» Einige Tage später kehrten P. Estrate, Abbé Bordachar und Fräulein Dartigaux an Bord der *Erimanthe* wieder nach Frankreich zurück.

---

[1]Die Vaterunser-Kirche steht an jener Stelle, die in der Kreuzfahrerzeit als der Ort verehrt wurde, wo Christus seine Apostel das Gebet des Herrn gelehrt hat. Die von der Prinzessin Aurelie de la Tour d'Auvergne gestiftete Kirche wurde 1875 eingeweiht und den Karmelitinnen übergeben. An den Wänden dieser Kirche befinden sich Majolikaplatten, auf denen in 60 verschiedenen Sprachen das Vaterunser zu lesen ist. Der vom Heiland gesprochene aramäische Urtext − der auch Mirjam geläufig war − befindet sich in der Vaterunser-Grotte, während der deutsche Text im südlichen Kreuzgang zu finden ist.

Der Herausgeber

Die Kleine Araberin als Architekt und Werkmeister

Ein Schwester Maria von Jesus dem Gekreuzigten angekündigtes Zeichen des Himmels sollte ihr den Platz des künftigen Karmels von Bethlehem zeigen. Am 11. September, am Tag der Fussreise der Karmelitinnen nach Bethlehem, hatte die kleine Araberin ihre Gefährtinnen auf eine Schar daherfliegender Tauben aufmerksam gemacht, die sich auf einem unbewohnten Hügel im Westen der Stadt niedergelassen hatten. Noch an demselben Abend zeigte sie von der Terasse der *Casa Nova* aus die Stelle, wo der Herr das Kloster haben wollte. Dieser Hügel ist durch eine Schlucht von der Anhöhe getrennt, auf der sich die Geburtskirche befindet. Er ist auf der Wasserscheide zwischen dem Toten Meer und dem Mittelmeer gelegen. Ständig weht dort eine sanfte Brise. Die Aussicht auf die Stadt Davids, den *Ras* (Vorgebirge) Beit Schala, die von der Burg des Herodes überragte Wüste Juda und die Berge Moabs, ist von berückender Schönheit.

Der Kauf des Geländes war äusserst schwierig. Es gehörte mehreren Besitzern, und einige von ihnen machten grosse Schwierigkeiten in der Hoffnung, eine hohe Summe herauszuschlagen. Schliesslich wurden jedoch alle Hindernisse wie durch ein Wunder behoben. Am 23. September konnte der Gipfel des Hügels und kurz danach auch der Rest des Geländes erstanden werden. Nach dem Kauf des Grundstücks wurde die kleine Araberin zum Architekten des künftigen Karmels. Oder besser gesagt: Gott gab seine Pläne nochmals durch seine Dienerin kund. Fünfmal offenbart ihr der Herr sein Vorhaben, aber die kleine Araberin wagt nicht, es den anderen mitzuteilen.

Endlich entschliesst sie sich dennoch dazu. Vorerst bezeichnet sie den Ort, wo eine Zisterne ausgehoben werden soll. Diese soll zum Mittelpunkt eines Klosterhofes oder Kreuzgangs werden. Um diesen Punkt soll sich das turmförmige Kloster erheben. Warum dieser turmförmige Bau? Zu Ehren der *turris davidica,* des Turmes Davids? Um anzuzeigen, dass Palästina im Süden verteidigt werden soll? Um daran zu erinnern, dass das Kloster ein Ort des Schweigens und der Einsamkeit ist? Zeitweilig spricht sie auch von einem sternförmigen Gebäude, vom Stern von Bethlehem.

Mit Mutter Veronikas Hilfe bringt Schwester Maria von Jesus dem Gekreuzigten ihre Absichten genauer auf dem Papier zum Ausdruck. Im Erdgeschoss sollen die verschiedenen Ämter und im oberen Stock die Zellen untergebracht werden. Der Chor, die Kapelle, das Sprechzimmer und die Räumlichkeiten der Pfortenschwestern sollen sich ausserhalb des Turmes befinden. Völlige Armut soll herrschen, um an die nackte Grotte zu erinnern: Keine Zierleisten; keine Zierbäume im Garten, sondern nur Obstbäume.

In ihren Visionen schaut die Seherin, wie Jesus die Arbeiten überwacht, sich um alle Einzelheiten kümmert, das ausserhalb der Klausur gelegene Gelände ausmisst. Sie übermittelt der Priorin die Bemerkungen des göttlichen Architekten. Mehrere Heilige besuchen die Baustelle, so Teresa von Avila und Katharina von Alexandrien. Während der ersten Monate beaufsichtigt P. Matthäus Lescik, ein polnischer Franziskaner, der Pfarrer von Bethlehem ist und ausgezeichnet arabisch spricht, die Bauarbeiten. Da die kleine Galiläerin als einzige Karmelitin die arabische Sprache beherrscht, wird sie von der Priorin zur Aufseherin der Arbeiter ernannt. Mit welcher Hingabe und welchem Eifer wird sie dieses Amt ausüben.

Weder körperliche Müdigkeit noch geistige Prüfungen vermögen sie zurückzuhalten. Sie besucht die Baustelle, empfängt die Lieferanten, feuert — oft etwas lebhaft! — die Maurer und Steinmetzen an, stiftet Frieden bei Meinungsverschiedenheiten und Streitigkeiten und bekämpf auch die auf dem Bauplatz herrschenden Missstände. In ihrer bilderreichen Ausdrucksweise behauptet sie, nicht davor zurückzuschrecken, aus Liebe zu Gott «in Kalk und Sand» zu versinken. Die Arbeiter verehren sie. Bei ihrem Begräbnis beweinen diese rauhen katholischen, orthodoxen und muslimischen Araber ihre Landsmännin, die sie ihre *Meisterin* und *Mutter* nannten. «Ich habe zwei Heilige gekannt», sagt einer von ihnen: «Patriarch Bracco und Schwester Maria. Aber Schwester Maria war die heiligere.» Und ein anderer: «Wenn überhaupt jemand im Himmel ist, dann ist es diese Schwester, die dort bei den Engeln ist.»

Dennoch gab es unzählige Schwierigkeiten auf dem Bauplatz! Betrügerei, Lüge, Diebstahl! Bei Nacht wurden die schönen, auf Kamelen herbeigeführten Quadersteine entwendet. Und wie hätte es bei den täglichen Begegnungen nicht zu Missverständnissen zwischen dem Pfarrer und der Schwester kommen können? Die Chronistin des Karmels schreibt darüber:

«Der Herr Pfarrer war bewundernswert und hingebungsvoll. Er kargte niemals mit seiner Zeit, seinem Schweiss, und ich würde sogar sagen: Mit seiner Geduld, denn oftmals waren er und Schwester Maria von Jesus dem Gekreuzigten nicht derselben Meinung. Häufig hatte sie auf übernatürlichem Weg Kenntnis von Dingen, auf die der Herr Pfarrer nicht achtete. Er war nicht überzeugt, dass eine unwissende kleine Ordensfrau besser unterrichtet sein könnte als er selber. Das war ganz natürlich, denn er kannte die Schwester nicht. So kam es zu Konflikten: Man stritt sich ein wenig, und schliesslich schloss man wieder Frieden, denn der Eifer des armen Pfarrers für dieses Werk war grenzenlos. Es kam sogar vor, dass er ohne Nachtessen schlafen ging. Schwester Maria von Jesus dem Gekreuzigten sah ihn jedoch von den Fenstern des provisorischen Klosters aus bei der Überwachung der Arbeiter. Dann kochte sie ihm selbst sein Leibgericht und liess es ihm durch die Pfortenschwester bringen; und wenn sie festellte, dass es ihm geschmeckt hatte, war sie überglücklich.» Leider musste man P. Matthäus später von der Beaufsichtigung der Bauarbeiten entlasten, da man Unregelmässigkeiten in der Buchführung entdeckt hatte.

Die Arbeiten für den Unterbau waren auf diesem Hügel mit seinen zahlreichen Unebenheiten besonders schwierig. Der Grundstein wurde an einem Freitag, dem 24. März 1876, gelegt. Acht Monate genügten für die Errichtung des Rohbaus mit seinen imposanten Mauern. Am 21. November fand die Übersiedlung von dem provisorischen in den endgültigen, auf dem sogenannten *Hügel Davids* gelegenen Karmel statt. Wiederum feierte Patriarch Bracco persönlich die erste Messe und errichtete die Klausur. Unter den Geladenen bemerkte man den Pater Kustos des Heiligen Landes mit zahlreichen Franziskanern, den französischen Konsul mit seinem Kanzler, mehrere Gruppen von Ordensfrauen, unter denen sich auch zahlreiche Josefsschwestern befanden. Während dieser ersten Messe wurde die Seele von Bischof Marie-Ephrem aus dem Fegfeuer befreit, wie es die kleine Araberin vorhergesagt hatte und an diesem Tag bestätigte. Nach der Mahlzeit errichtete der Patriarch die Klausur, indem er die beiden Tore schloss und deren Schlüssel der Mutter Priorin übergab. Der neue Hausgeistliche war P. Chirou von Bétharram. Don Belloni, der Leiter des Waisenhauses der Franziskaner von Bethlehem, wurde zum Beichtvater und P. Guido zum Extraordinarius ernannt.

Auf dem Hügel Davids

Für Schwester Maria von Jesus dem Gekreuzigten war kein Zweifel möglich: Auf diesem vom Himmel bezeichneten Hügel hatte der kleine David gelebt, die Schafe gehütet und von Samuel die Königsweihe empfangen (1 Sam 16). Seither war diese Anhöhe als der *Hügel Davids* bezeichnet worden. Hier wird Schwester Maria von Jesus dem Gekreuzigten die letzten Monate ihres Lebens verbringen. In Bethlehem öffneten sich ihre Wundmale aufs neue und verursachten ihr schreckliche Schmerzen. Auch der Teufel wird sich wieder zeigen, diesmal jedoch nur als Versucher. Von Ekstasen war dieses wunderbare Leben fast ununterbrochen begleitet. Weiter unten werden wir die unvergleichliche Gnade erwähnen, die der göttliche Bräutigam seiner Braut in Bethlehem gewährte, nämlich den Ehering, das Zeichen der reinsten mystischen Vereinigung.

Lassen wir uns nochmals von dem Bericht über eine ihrer Visionen bezaubern:

«Eine Prozession zog vor mir vorbei. Der eine gab mir im Vorbeigehen eine Rose, und der nächste nahm sie mir wieder. Ich habe sie alle mit Palmen in den Händen herauskommen sehen, und dann schritt der Herr vorbei und sagte mir: ‹Tochter, weisst du, wer ich bin? Ich bin derjenige, der die Toten auferweckt, ich bin der Meister, der der Seele Leben gibt. Ich werde vor dir hergehen wie ein Hirte vor seinem Lamm.› Er trägt ein blaues, leuchtend blaues Gewand. Was hat das zu bedeuten? Warum sind die einen leuchtend weiss, die anderen leuchtend blau, die anderen leuchtend gelb, die anderen leuchtend grün? Mein Herz kann es hienieden nicht mehr aushalten. Wie sollte ich denn leben können? Dieser Moment, dieser Blick, alles ist in meinem Herzen eingraviert. Der Herr sagt: ‹Stört nicht das Stillschweigen im oberen und im unteren Kreuzgang.› Unsere Mutter, die heilige Teresa, hat mich gescholten, weil ich an einem regulären Ort gesprochen habe.»

Am 28. Dezember ruft sie nach einer langen Verzückung: «Der Herr hat mir alles gezeigt. Ich habe die Feuertaube gesehen! Wendet euch an die Feuertaube, den Heiligen Geist, der alles beseelt. Es wurde mir gesagt: ‹Folge mir nach!›, und ich habe alle Bäume und Berge erzittern sehen. Der Friede ist mein Teil, der Friede und das Kreuz sind mein Teil; das Kreuz und die Entmutigung sind dagegen das Teil des Feindes und derer die auf den Feind hören.»

Sie hatte alle Liebe, alles Vertrauen, das sie Bischof Lacroix entgegenbrachte, auf den Patriarchen von Jerusalem, Msgr. Bracco, übertragen. Nach der Abreise der Gründerin mit ihrer Gruppe schrieb der Bischof von Pau an den Patriarchen: «Sie besitzen jetzt kostbare Perlen, und unter diesen Perlen eine noch glänzendere als die andern, nämlich Maria von Jesus dem Gekreuzigten. Ja, ich bekenne es und werde es nicht leugnen, ich werde vor Gott und den Engeln bekennen, dass diese Schwester ein bewundernswerter Hort aller Tugenden, insbesondere des Glaubens, der Demut, des Gehorsams und der Liebe ist. Kurz, sie ist ein Wunder der Gnade Gottes.»

Schwester Maria von Jesus dem Gekreuzigten unterhielt einen lebhaften Briefwechsel mit P. Etchécopar, dem Generaloberen der Patres von Bétharram, mit P. Estrata und Fräulein Dartigaux, die sie ihr *Schwesterchen* nannte. Am 28. Dezember 1876 hatte die kleine Araberin während einer Entrückung über letztere gesagt: «O, diese Liebste! Wie sehr wird sie von Gott geliebt! Wie schön wird ihr Tod sein! Der Heilige Geist wird ihr beistehen!» Tatsächlich kam die Stifterin später nach Bethlehem zurück, wo sie noch acht Jahre lang lebte und ihre Zelle im Kloster hatte. Am 5. März 1887 wohnte sie der von P. Estrate gefeierten Messe bei, und setzte sich während der Epistel. Bei den Worten: «Schreibe: Glücklich die Toten, die im Herrn sterben...», tat sie ihren letzten Atemzug und kehrte zu Gott zurück. Sie wurde am Eingang des Chores bestattet. Als P. Etchécopar, der damals in Rom weilte, von diesem Tod Kunde erhielt, sandte er ein Rundschreiben an sein Institut: «Ihr Andenken», sagte er abschliessend, «wird in unserem Institut stets gesegnet sein. Solange es bestehen bleibt, wird es Gott danken, uns diesen Engel der Frömmigkeit, der Kraft, des Eifers geschenkt zu haben, um uns auf immer mit dem Stuhl Petri, diesem Quell des Lebens und der Unsterblichkeit, zu verbinden.» Wir werden noch auf die von Bertha Dartigaux zugunsten der Kongregation der Patres von Bétharram in Rom unternommenen Schritte zu sprechen kommen.

Für diesen Lebensabschnitt hat Mutter Veronika folgendes Charakterbild von Schwester Maria von Jesus dem Gekreuzigten gezeichnet.

«Jetzt, wo ich auf die letzten Jahre ihres Lebens zurückblicke, wird mir bewusst, dass Gott selbst die Aufgabe übernommen hat, diese Seele in der Demut und in ihrem Nichts zu bewahren. Es stimmt zwar, dass sie von den Geschöpfen fast übermässig verehrt wurde; dafür hatte sie gleichzeitig unter so furchtbarer Trostlosigkeit und Verzweiflung und so schweren inneren Prüfungen zu leiden, dass sie mit ihren Kräften fast am Ende war. Die arme Schwester war ganz entstellt, und ihr Antlitz von einem derartigen Ausdruck des Schmerzes und der Angst geprägt, dass sie Mitleid erweckte. Es hatte den Anschein, als weise Jesus sie zurück, oft sogar nachdem sie kommuniziert hatte; ich glaube, dass sie aufgrund dieser inneren Schmerzen nicht mehr wagte, so oft wie zuvor zu kommunizieren. Sie übernahm die schwersten Arbeiten oder kümmerte sich um die Handwerker und beaufsichtigte die Frauen, die in ihren *Kerbis* Wasser für die Bauarbeiten herbeitrugen. Sie wollte sich dadurch «aufrütteln», wie sie sagte. All diese armen Leute liebten sie ausserordentlich. Sie suchte ihnen Gutes zu tun, ihnen Dienste zu erweisen, und schenkte ihnen wenigstens ein gutes Wort, wenn sie nichts anderes zur Verfügung hatte. Dennoch sagte sie ihnen auch die Wahrheit, wenn sie Diebstähle oder Betrügereien begingen, was nicht selten vorkam.

Trotz all ihrer Leiden war die liebe Schwester die Freude unserer Erholungsstunden.»

Ihr Werk als Gründerin war jedoch noch nicht vollendet.

3. REISE NACH NAZARETH ÜBER EMMAUS

Im Leben von Mirjam Bauardy ist oft von Verzückungen die Rede. Handelt es sich dabei nur um leere Träume? Die Erfahrung der kleinen Araberin bezeugt, dass die Ekstase eine Bereicherung des seelischen Lebens bedeutet. Welches Mannigfaltigkeit und Tiefe findet man in den Gedichten und Gebeten, in den Ratschlägen und Lehren, die während der Entrückungen von ihren Lippen flossen. Die Ekstase schenkt Aufklärung und Ermutigung in den Schwierigkeiten des äusseren wie des innerlichen Lebens der Begnadeten selbst oder anderer Menschen und oftmals auch Einsicht in zukünftiges Geschehen. Der Verzückte kehrt mit einem erleichterten Geist, einem entschiedeneren Willen zurück; seine Seelenkräfte sind gestärkt und so ist er für grosse Werke und Taten bereit und gewappnet. Diese Beobachtungen werden im Leben unserer Ekstatikerin durch die Entdeckung des Heiligtums von Emmaus und die Gründung des Karmels von Nazareth gut illustriert.

Der Ort des Brotbrechens

Kurz nach ihrer Ankunft in Bethlehem hatte Schwester Maria von Jesus dem Gekreuzigten angekündigt, dass der Herr auch in Nazareth einen Karmel haben wolle. Unverzüglich begann sie, die zur Erfüllung dieses göttlichen Wunsches notwendigen Schritte zu unternehmen. Sie unterrichtete den Patriarchen von Jerusalem, Msgr. Bracco, über ihr Vorhaben, und er schenkte ihr dasselbe Vertrauen wie Bischof Lacroix. In ihrer mit etwas Schalkhaftigkeit gemischten Einfalt sagte sie, dass diese Stiftung in Nazareth ihm Gelegenheit biete, das durch seinen anfänglichen Widerstand gegen die Niederlassung der Nonnen in Bethlehem begangene Unrecht wiedergutzumachen. Zur Sühne sei es nun seine Pflicht, die zur Gründung dieses zweiten Karmels unerlässlichen Massnahmen selbst zu treffen. Der Patriarch lächelte über diese Offenherzigkeit, aber er fügte sich. Im April 1878 erlangte er von Rom die Genehmigung des Projektes und erlaubte der Priorin von Bethlehem und einigen Schwestern, sich nach Nazareth zu begeben, um das Gelände, auf dem das Kloster errichtet werden sollte, zu besichtigen.

Heute legt man im Wagen die Strecke von Bethlehem nach Nazareth über Samaria in drei Stunden zurück. Im letzten Jahrhundert war es jedoch eine richtige Expedition. Da die Fahrt durch Samaria gefährlich war, musste die Reise von Jaffa nach Haifa auf dem Meerweg gemacht werden. Die Reisenden, und zwar Mutter Anna von Jesus; die Priorin, Mutter Maria vom Kinde Jesus; die Novizenmeisterin, Schwester Maria von Jesus dem Gekreuzigten und eine Josefsschwester, Mutter Emilie, verliessen den Hügel Davids am 7. Mai 1878.

Mehrere Wochen vor der Abreise hatte die Ekstatikerin erklärt, Gott werde ihr auf dem Weg die Stelle zeigen, wo der auferstandene Jesus am Ostertag in Gegenwart der beiden Jünger von Emmaus das Brot gesegnet und gebrochen hatte. Es sollte ihr an diesem Ort ein bestimmtes Zeichen gegeben werden. Die Fahrt nach Jaffa wurde im Wagen unternommen und das Dorf der Heimsuchung, Ain Karêm, durchquert, wo die Ordensfrauen ein begeistertes *Magnifikat* sangen. Von da aus begaben sie sich in die «Wüste Johannes des Täufers» und in das Dorf Abu-Gosch, erklommen den Hügel der Bundeslade und wagten schliesslich den Abstieg durch den steilen *Wadi* zur Ebene von Saron, die sich bis zum Meer ausdehnt.

Der Wagen hielt zum Pferdewechsel bei dem für die Schwestern unbekannten Dorf Latrun-Amwas. Kaum war die Araberin, die noch niemals an dieser Stelle vorbeigekommen war, abgestiegen, wurde sie in Verzückung versetzt und begann schneller zu gehen. Bald liess sie ihre Gefährtinnen weit hinter sich. Diese eilten ihr durch Felsen und Äcker nach. «Sie rannte fast», sagte später die Novizenmeisterin.

Nach einigen Minuten erreichten sie den Gipfel einer Anhöhe, wo zwischen Gras und Dornengestrüpp einige Quadersteine zu sehen waren. Entzückt, erschüttert wendet sie sich ihren atemlosen Schwestern zu und sagt mit lauter Stimme: «Das ist wirklich der Ort, wo unser Herr mit seinen Jüngern gegessen hat.» Etwas später erstand Fräulein Dartigaux dieses Grundstück, und nach einigen Jahren unternahm Herr Guillemot, ein französischer Architekt, die ersten Ausgrabungen. Diese wurden 1924 von der französischen Biblischen und Archäologischen Schule unter der Leitung von P. Vincent OP übernommen und weitergeführt. Das Ergebnis der Forschungen war erstaunlich. Drei übereinandergebaute Heiligtümer wurden entdeckt: ein römisches (Anfang des 3. Jahrhunderts), ein byzantinisches (5. Jahrhundert) und ein mittelalterliches (12. Jahrhundert). P. Abel, ein Historiker des Heiligen Landes, schrieb in vollkommener Kenntnis der Sachlage: «Die Aufrechterhaltung des altehrwürdigen Namens, die ausführlichen, aus der frühen christlichen Literatur stammenden Zeugnisse, sowie das ehrwürdige Denkmal, das sich auch heute noch als ein unwiderleglicher Zeuge erweist — dies alles verkündet, mit welch eifersüchtiger Sorge die Gläubigen Palästinas den Namen Emmaus zu ehren suchten, der in ihren Augen durch das Evangelium noch berühmter geworden war, als durch die Geschichte der seleukidischen oder römischen Feldzüge.

Rückkehr nach Abellin

Die vier Reisenden, die sich in Jaffa eingeschifft hatten, gingen in Haifa an Land. Sie erstiegen den Berg Karmel, um die Wiege ihres Ordens zu verehren. Wir haben schon von der kindlichen Ehrfurcht gesprochen, die Mirjam «unserem Vater Elias» bezeugte. Von Kindheit an hatte sie ihn schon geliebt, wenn sie vom Hügel ihres Geburtsdorfes aus die Bergkette des Karmel betrachtete, auf dessen Vorgebirge sich das Heiligtum unserer Lieben Frau vom Berge Karmel erhebt. Die Chronistin erzählt eine reizende Geschichte, welche die Liebe der kleinen Araberin zur Natur und insbesondere zu den Tieren schildert.

«Es gibt auf dem Karmel eine prächtige Hunderasse mit langem Haar und schönem, buschigem Schwanz, die den Ordensleuten als Wachthunde dienen und der Schrecken der Einheimischen sind. Bei der Ankunft der Karmelitinnen schienen diese Hunde sie als Freundinnen zu betrachten. Sie umkreisten sie, insbesondere Schwester Maria von Jesus dem Gekreuzigten, beschnupperten sie und erwiesen ihnen Freundlichkeiten. Und als die Nonnen schliesslich weggingen, begleiteten die Hunde sie ein gutes Stück Weges und waren nur mit Mühe zur Rückkehr ins Kloster zu bewegen.»

Von Haifa aus gelangte die Gruppe nach Nazareth. Die Strasse führte bei Schef-Amer vorbei, wo sich die Schwestern einige Tage bei den *Dames de Nazareth* ausruhten. Viele Jahre später sprach eine der Schwestern, welche die Karmelitinnen aufgenommen hatten, Schwester Alexandrina, noch von dem denkwürdigen Besuch der kleinen Araberin. Sie erinnerte sich genau an ihre Bewegungen, ihre Haltung, den Ausdruck ihrer Stimme: «Sehen Sie, sie sass an der Stelle, wo Sie sich jetzt befinden. An diesem Platz hat sie gegessen. Sie war sehr lieb. Es war eine Heilige. Wenn jedoch die Rede auf ihre Stigmata kam, regte sie sich auf und verbarg rasch ihre Hände in ihren weiten Ärmeln.»

Ganz erschüttert fährt Schwester Alexandrina fort und verrät uns ihr Lebensgeheimnis. Sie war in die Kongregation der Schwestern von

Nazareth eingetreten und hatte ihr Noviziat noch nicht beendet. Sie trug sich mit dem Gedanken, auszutreten, hatte jedoch darüber noch mit niemandem gesprochen, weder mit ihrer Oberin noch mit ihrem Beichtvater. Aber hören wir weiter:

«Als Schwester Maria von Jesus dem Gekreuzigten ankam, wurde ich innerlich gedrängt, mit ihr zu sprechen. Aber ich wagte nicht, mich an sie zu wenden. Eines morgens sass die Dienerin Gottes vor meinem Zimmer auf einem Stuhl und hielt ihre Betrachtung. Da suchte ich sie auf, obwohl ich grosse Angst hatte. Mit welch wissenden Augen sah sie mich an. Man hätte glauben können, sie lese in meiner Seele. Zuerst machte ich Umschweife, sagte dann aber schliesslich doch mit gleichgültiger Stimme, als handle es sich um eine andere: ‹Schwester Maria, wenn eine Person ihre Gesellschaft verlassen wollte, um anderswo einzutreten . . .› Sie liess mich nicht ausreden und sagte mit erzürntem Blick: ‹Schwester, es geht Ihnen hier sehr gut, es geht Ihnen hier sehr gut!› Sie hatte alles erraten. Und sogleich verschwanden meine Versuchungen und kehrten niemals wieder. Ich empfand überhaupt keine Lust mehr, wegzugehen. Und jetzt, nach vierzig Jahren, bitte ich sie, mir eine neue Jugend zu schenken, damit ich noch weiterarbeiten kann.»

Schef-Amer ist nur vier Kilometer von Abellin entfernt. Wie hätte man da auf die Freude eines Wiedersehens mit dem lieben Dorf verzichten können, das dort auf dem Hügel von Ölbäumen und Mandelbäumen umgeben liegt! Schwester Alexandrina schlägt vor, die Nonnen mit dem Pfarrer von Schef-Amer zu begleiten. Auf dem langen steinigen Pfad hört sie ständig auf die Reden der Stigmatisierten und beobachtet ihre geringsten Bewegungen. Sie erzählt später: «Das hat sie an dieser Stelle gesagt. Hier hat sie gerastet. An diesem Brunnen, *ain Hafeh* (Quelle der Gesundheit), hat sie ihren Durst gelöscht und uns gesagt, die Heilige Familie habe sich einst hier ausgeruht, um zu trinken.»

Eine Stunde nachdem sie Schef-Amer verlassen hatten, erkletterten die Karmelitinnen den sonnigen Hang, der nach Abellin führt, das hoch oben wie ein Ringeltaubenschwarm liegt. Noch eine hübsche Geschichte:

«Als wir in Abellin ankamen, gewahrten wir den Pfarrer des Dorfes in einem eigenartigen Aufzug. Er war beschmutzt und wie ein Fellache gckleidet. Als einziges kirchliches Merkmal trug er die Kopfbedeckung der griechischen Priester. Die Dienerin Gottes bemerkte ihn zuerst, verliess unsere Gruppe und eilte ihm entgegen; sie kniete nieder und bat ihn um seinen Segen. Wir bewunderten ihren Glauben, der ein solches Verhalten ermöglichte. Der gute Pfarrer lud uns ein, in sein Haus einzutreten. Dort ermahnte ihn Schwester Maria in grosser Einfachheit und mit tiefem Glaubensgeist, in seiner Pfarrei so viel Gutes wie möglich zu wirken. Dann sprach sie von ihrem Taufpaten, dem Scheich des Dorfes. Da sein Haus sich in der Nähe der Kirche befand, riefen wir ihn herbei. Er war sehr glücklich, sein Patenkind wiederzusehen und zeigte Mirjam die Stelle, wo er sie über das Taufbecken gehalten hatte. Danach hielt sie ihm in der Kirche, wo das Allerheiligste nicht zugegen war, eine kleine Ansprache und bat ihn, auf sein Seelenheil bedacht zu sein.»

Mit Rührung besuchte die kleine Araberin auch ihr Geburtshaus mit dem Mörser, in dem ihr Vater das Pulver bereitet hatte, sowie das Haus ihres Onkels, der sie aufgenommen und verwöhnt hatte, und endlich den Obstgarten, in dem sie die Stimme, die ihr ganzes Leben erhellte, vernommen hatte: «Alles vergeht! Wenn du mir dein Herz schenken willst, werde ich immer bei dir bleiben.» Vierundzwanzig Jahre waren vergangen, seitdem sie Abellin verlassen hatte, um sich nach Alexandria zu begeben.

Das Dorf der Heiligsten Jungfrau

Schef-Amer ist zwanzig Kilometer von Nazareth entfernt. Die Strasse führt über Sephoris, wo nach der Überlieferung das Wohnhaus der Eltern der Muttergottes, Joachim und Anna, gelegen war. Bald danach beginnt der beschwerliche, steile Aufstieg zu den Höhen von Nazareth, von wo aus man zu dem tiefer gelegenen, im Evangelium erwähnten Dorf gelangt.

Zuallererst begaben sich die Pilgerinnen zur Verkündigungsgrotte, wo sie niederknieten. Hier, in diesem bescheidenen Marktflecken, ist das erhabenste Geheimnis, das göttliche Wort, im Schoss eines jungen Mädchens Fleisch geworden. Wie es die kürzlich vorgenommenen Ausgrabungen erwiesen haben, zählte Nazareth damals nur etwa zwanzig Häuser und hundertfünfzig Einwohner. Unter dem Altar der heiligen Grotte liest man: «Hier ist das Wort aus der Jungfrau Maria Fleisch geworden.»

Sobald wie möglich wurde am Nordhang des Hügels das Grundstück besichtigt, das Fräulein Dartigaux für das künftige Kloster gekauft hatte. Die Verwirklichung des Planes wurde zwar hinausgeschoben, aber 1910 konnten die Karmelitinnen in einen schönen, oberhalb des Heiligtums der Verkündigung gelegenen Karmel einziehen, von dem aus man eine der schönsten Landschaften Galiläas erblickt: Jenseits der Hügel, die Nazareth zu einem Blumen- und Fruchtkorb gestalten, überblickt man von Osten nach Westen die Kuppe des Berges Tabor, die Hügel von Naim und Gelboe sowie den geraden Höhenzug des Karmelgebirges, welche die reiche Ebene von Jizreel oder Esdrelon einfassen.

«Nach ihrer Rückkehr nach Bethlehem», schreibt die Chronistin, «schenkte uns unsere liebe Schwester Wasser vom Brunnen der allerheiligsten Jungfrau ein. An dieser Quelle hatte die Gottesmutter die Windeln des Jesuskindes gewaschen und Wasser für den Haushalt der Heiligen Familie geschöpft. Sie erzählte uns auch all die verschiedenen Ereignisse dieser Reise.» Später schrieb Schwester Maria an P. Etchécopar, dass sie während der Reise von Bethlehem nach Nazareth das Bewusstsein der Gegenwart Gottes auch nicht einen Augenblick verloren habe.

4. DER ROSENSTRAUCH VON BETHARRAM

Bétharram ist ein im Departement der *Pyrénées Atlantiques,* am linken Ufer des Gave bei Pau, fünfzehn Kilometer abwärts von Lourdes gelegenes marianisches Heiligtum. Im letzten Jahrhundert, im Jahre 1835, hatte dort ein baskischer Priester, P. Michael Garicoïts, der von Pius XII. 1947 heiliggesprochen wurde, die Kongregation der Priester vom Heiligsten Herzen Jesu zur Verkündigung des Evangeliums in den Landgegenden und zur Erziehung der Kinder gegründet. Er hatte auch in Pau eine Niederlassung eröffnet. So kam es, dass ein Pater dieser Gemeinschaft zum Spiritual des Karmels ernannt wurde. Enge Bande knüpften sich zwischen dem Kloster und Bétharram. Diese Verbundenheit wurde durch die Ankunft der kleinen Araberin in Pau noch verstärkt. 1872, nach ihrer Rückkehr von Mangalore, hatte sie P. Estrate zu ihrem Beichtvater erwählt. Zwei wichtige Ereignisse, die auf die Beziehungen zwischen Bétharram und Maria von Jesus dem Gekreuzigten zurückzuführen sind, werden die Echtheit der Verzückungen und Visionen der Galiläerin wie auch ihrer Prophezeiungen und ihrer Schau aus der Ferne bestätigen. Alles dies sollte zu konkreten und dauerhaften Verwirklichungen führen.

Die Bestätigung der Satzungen

P. Garicoïts war am 14. Mai 1863 im Morgengrauen nach einem scheinbaren Misserfolg gestorben. Das Drama seines Lebens bestand darin, dass er trotz seiner Demut glaubte, Gott habe ihn dazu berufen, eine wirkliche, vom Heiligen Stuhl anerkannte Kongregation zu gründen, wogegen sein Bischof, Msgr. Lacroix, nur eine Diözesankongregation von Missionaren wünschte, die unter seiner ausschliesslichen Autorität verbleiben sollte. Die Krise brach aufgrund schwerer Spannungen zwischen den Anhängern des Stifters aus, die sich über dessen Grundgedanken nicht einig waren. Als nach etwa zehn Jahren die Lage immer auswegloser wurde, griff Schwester Maria von Jesus dem Gekreuzigten ein.

Am 2. Mai 1875 wird die Seherin über diese Situation und die geeigneten Mittel, ihr abzuhelfen, unterrichtet. Hier der zwar etwas lange Bericht über ihre Vision, der jedoch stark an die biblischen Allegorien und insbesondere an die Gleichnisse Jesu erinnert, wie wir sie beim hl. Johannes finden:

«Diese Nacht habe ich geträumt, dass ich auf einem mit Gras bewachsenen Weg voranging. Rechts befand sich ein mit Rosen, Veilchen, Stiefmütterchen und Blumen aller Art übersätes Gartenbeet. Ich sah, wie ein Spinngewebe das ganze Beet bedeckte und erstickte. Weder Luft noch Sonnenstrahlen vermochten es zu durchdringen. Ich stand still und sagte mir: Wie traurig, dass dieses schöne Blumenbeet von diesem Spinnennetz bedeckt ist! Da habe ich mehrere Reiser zusammengelesen und daraus eine Art Besen angefertigt, mit dem ich das Spinngewebe ein wenig auf die Seite zog; da sind meine Rosen zum Vorschein gekommen, und eine Stimme sagte zu mir: ‹Du musst die Spinne vor dem Netz entfernen, denn sonst wird sie dieses ständig erneuern.› Ich habe nach der Spinne gesucht und dabei ein Loch in der Erde entdeckt. Weil ich dachte, sie sei da, habe ich darin mit meinem Stöckchen herumgewühlt, ohne jedoch die Spinne zu finden.

Da bin ich niedergekniet und habe gesagt: ‹Herr, ich bin nichts und kann nichts: eine Spinne ist stärker als ich. Wenn du mir keine Einsicht schenkst, kann ich nicht wissen, wo sie ist; wenn du ihr nicht befiehlst, zu mir zu kommen, werde ich sie nicht finden!› Während ich bete, erhebe ich die Augen und sehe, wie die Spinne ihr Netz über den Rosenstrauch webt. Sie war so gross, dass ich befürchtete, sie nicht töten zu können. Da habe ich gesagt: ‹Herr, gib mir die Gnade, sie zu vernichten, nicht für mich, sondern für dich, damit der Duft der Blumen zu dir aufsteige, statt durch das Spinnennetz erstickt und auf dem Boden zurückgehalten zu werden.›

Ich habe die Spinne mit dem Stock geschlagen und sie schliesslich mit Steinen zermalmt. Dann warf ich mich auf die Knie und sang: ‹Gott allein ist gross! Gott allein ist heilig! Gott allein ist allen Lobes würdig!› Während ich sang, bin ich aufgewacht und fragte mich: Was hat denn dieses schöne Blumenbeet zu bedeuten? Dann schlief ich wieder ein. Es hatte inzwischen geregnet, und ich sah das Blumenbeet wieder. Der Rosenstrauch war sehr gewachsen und prächtig anzusehen. Nachher, während der Messe, bei der Kommunion, habe ich eine herrliche Taube vor mir erblickt. Sie hat sich auf den höchsten Zweig des grössten Rosenstrauchs geschwungen, und ihre Flügel waren so gross, dass sie ihn ganz bedeckten. Da haben sie sich ausgedehnt und auch die anderen Rosensträucher beschattet. Und die Taube hat zu mir gesprochen: ‹Sagt P. Estrate und P. Bordachar, dass sie noch diesen Monat nach Rom gehen sollen, denn so werden sie die Gnade, die ihnen später nicht mehr zuteil werden kann, empfangen, und zwar nicht nur für sich, sondern für die ganze Kongregation.›

Während wir den Rosenkranz beteten, fühlte ich mich unbehaglich! Ich ging den Rosenstrauch ansehen und zählte dessen Knospen. Da vernahm ich eine Stimme, die mir sagte: ‹Sie sollen noch diesen Monat nach Rom gehen, um die *Regel* von Bétharram hinzubringen. Wenn Sie zuwarten, werden Sie nicht mehr dieselbe Gnade finden wie jetzt. Mit einer Million werden Sie später nicht so viel erreichen wie jetzt, indem Sie sich einfach vorstellen.›»

Mit dem Rosenstrauch war ganz offensichtlich Bétharram gemeint. Auf diese Vision vom 2. Mai 1875 folgten noch mehrere andere: «Sagt Bischof Lacroix, er solle die *Regel* von Bétharram nach Rom schicken, denn der Moment ist günstig. Die heiligste Jungfrau wünscht, er solle sie so rasch wie möglich durch P. Estrate und P. Bordachar in die Ewige Stadt bringen lassen. Es ist zweckmässig, dass sie zusammen gehen.»

Bischof Lacroix hatte es niemals eilig. P. Estrate hat geschrieben: «Da das Ergebnis der Überlegungen des Bischofs auf sich warten liess, unternahm das *Kind* noch mehrere Versuche und drängte den Bischof, die Genehmigung der Satzungen so rasch wie möglich zu erlangen, denn seine Tage seien gezählt und die Feinde der Kongregation warteten auf seinen Tod, um zu versuchen, die Gemeinschaft aufzulösen.» Der Bischof versprach, sich um die Angelegenheit zu kümmern... und wurde wieder von seinem Charisma der Reglosigkeit ergriffen.

Auf den von der Seherin übermittelten Befehl des Himmels begab sich Fräulein Dartigaux am 10. Mai nach Bayonne, und nach einer zweistündigen leidenschaftlichen Unterredung übergab ihr der Bischof die *Regel* samt den unerlässlichen bischöflichen Empfehlungsschreiben. Am 18. Mai reisen P. Estrate und P. Bordachar nach Rom ab, wo sie am frühen Nachmittag des 22. ankommen. Da P. Bordachar einen Brief der Dominikanerinnen von Mauléon an P. Bianchi, den Generalprokurator der Dominikaner, zu bestellen hat, begeben sich die beiden Ordensmänner zur Kirche Santa Maria sopra Minerva, um sich ihres Auftrags zu entledigen. P. Bianchi empfängt sie mit grosser Güte und befragt sie über den Zweck ihrer Reise. Als er erfährt, dass es sich um die Bestätigung der Satzungen handelt, sagt er: «Übergebt sie mir. Ich bin einer der Konsultoren der Kongregation für die Bischöfe und Ordensleute. Ich werde sie selbst überprüfen und es so einrichten, dass ich zum Referenten ernannt werde.» Alles vollzog sich mit unglaublicher Schnelligkeit. In ihrem Kloster von Pau sagt die Seherin während einer Verzückung: «O, sie sind glücklich, sie sind glücklich! Das ist vorbildlich. Gott gibt den Oberen die Einsicht; wenn die Kleinen jedoch nach Beweisen suchen, werden sie nur Finsternis und wieder Finsternis finden.»

Zwei Monate später, am 30. Juli, unterzeichnete Pius IX. das *Breve laudativum*. Dieses gelangte am 6. August, am Fest der Verklärung Christi, nach Bétharram. Die damals schon in Bethlehem weilende Ekstatikerin dankte dem Herrn mit den Söhnen von Michael Garicoïts. Die Patres von Bétharram betrachten Schwester Maria von Jesus dem Gekreuzigten als ihre grösste Wohltäterin und als die zweite Gründerin ihres Instituts.

Die Hausgeistlichen von Bethlehem

Es war der Wunsch der Karmelitinnen von Bethlehem, dass die Patres von Bétharram, die im Karmel von Pau als Hausgeistliche amtierten, diesen Dienst auch in ihrem Karmel übernehmen könnten. Aber wie viele Hindernisse stellten sich der Erfüllung dieses Wunsches entgegen! Die notwendigen finanziellen Mittel mussten beschafft und das Einverständnis des Generaloberen von Bétharram, des Patriarchen von Jerusalem und schliesslich und besonders die Genehmigung von Rom eingeholt werden. Der Engel dieser verschiedenen «Verkündigungen» war selbstverständlich Schwester Maria von Jesus dem Gekreuzigten. Sie begann mit dem leichtesten der notwendigen Schritte und wandte sich an ihr *Schwesterchen*, Fräulein Dartigaux. Da öffneten sich die Tore weit. Danach gelangte sie an P. Etchécopar, den Generaloberen, der dem orientalischen Reiz des Briefes der kleinen Analphabetin nicht widerstehen konnte: «Gott schenkt Ihnen jetzt die Gnade. Später können Sie auch mit Millionen und allem im Heiligen Land nicht mehr Fuss fassen. Benützen Sie diese Gelegenheit, wenn Sie den Wunsch hegen, ein Haus bei der Wiege des Erlösers zu besitzen. Was uns anbetrifft, so ist uns kein Opfer zu viel, wenn wir einen unserer Patres bei uns haben können. Wenn Wasser aus unseren Augen dazu nötig sein sollte, werden wir Ihnen alle davon geben...» (5. Dezember 1876).

«Einer unserer Patres!» Welch ein Familiengeist! «Wasser aus unseren Augen!» Wie poetisch und zart.

Mirjams Bitte sollte bald erhört werden. Im folgenden Jahr, im Oktober 1877, begab sich P. Chirou mit einer neuen Schar von Karmelitinnen auf die Reise. Welche Freude für den Karmel! Aber die Kleine ist eine Orientalin und eine Frau! Sie kennt allerhand Kriegslisten. Ein einziger Spiritual genügt ihr nicht. Sie erbittet vielmehr eine Gemeinschaft, eine ganze Niederlassung. Und so zieht sie wieder ins Gefecht. Diesmal wird sie den Sieg nicht so leicht erringen. Vor allem gilt es, den Patriarchen von Jerusalem zu überzeugen. Wir können uns das Vergnügen nicht versagen, grosse Auszüge aus dem Brief zu zitieren, den sie am P. Etchécopar richtet, um ihm Rechenschaft über diese Unterredung abzulegen:

«Karmel auf dem Hügel Davids, den 9. August 1877.
Teurer und vielgeliebter Vater,
Hier eine gute Nachricht für Ihr Herz. Vor einigen Tagen sah ich P. Chirou, der mir sagte: ‹Ich fühle mich nicht in Sicherheit, denn ich weiss nicht, ob uns das (von Don Belloni geleitete) Waisenhaus zugesprochen wird. Und selbst wenn das der Fall sein sollte, wäre es besser, wir bauten uns ein Haus. So hätten wir, wenn man uns wegschikken sollte, wenigstens eine Bleibe und könnten in Gemeinschaft leben.› Da habe ich ihm gesagt: ‹Mein Vater, Geduld! Das übernehme ich! Sie werden sehen, mein Vater!› Einige Tage später ist der Patriarch gekommen, und ich habe mit ihm gesprochen. ‹Kürzlich hatte P. Belloni mir gesagt, er könnte uns für den Hausgeistlichen in seinem Haus ein Zimmer einrichten, falls wir das wünschen sollten. Ich habe ihm keine Antwort gegeben. Aber Ihnen, Monsignore, sage ich, dass das weder die Absicht der Stifterin noch die unsrige ist. Wir wünschen, dass das Haus des Spirituals an unser Haus (den Karmel) angebaut werde. Wir müssen noch einen zweiten Pater haben und einen Bruder, der ihnen die Küche besorgt, da es uns verboten ist, für den Aussendienst zu kochen.› Da hat mir der Patriarch geantwortet: ‹Ist das nur für den Bau gemeint, oder sollen sie immer dableiben?› Da habe ich gesagt: ‹O, ja! Wenn sie hier zu sterben wünschten, wäre es uns recht; und andere Patres der Kongregation würden sie ersetzen.› Da hat er mir erwidert: ‹Ich sehe keine Schwierigkeit; die Mis-

sion ist sehr arm; aber wenn sie selbst für ihren Lebensunterhalt sorgen können, bin ich mit Freuden einverstanden.›

Gerade neben uns liegt ein sehr schönes Grundstück; da wir es später auch um Goldeswert nicht haben könnten, möchten wir es kaufen...

Es lebe Jesus! Augenblicklich müssen wir uns damit begnügen. Aber da der Herr für die Zukunft grosse Dinge auf diesem Hügel versprochen hat, hoffen wir, dass Sie hier später noch andere Werke unternehmen werden...»

Drei Monate nach dieser Unterredung war noch nichts entschieden. Mit der sanften Hartnäckigkeit der Heiligen unternimmt die kleine Araberin einen neuen Versuch und spricht noch einmal mit dem Patriarchen. Dieser befürchtet, einen Präzedenzfall zu schaffen, wenn er anderen Ordensmännern als den Franziskanern erlaubt, sich im Heiligen Land niederzulassen. Die *kleine Araberin* begnügt sich nicht mit Worten und Bitten, sondern fügt auch noch ihre Opfer hinzu. In einem Brief an P. Etchécopar verrät die Sekretärin des Karmels das Geheimnis des künftigen Sieges: «Sie hat uns offensichtlich durch viele körperliche Leiden und hauptsächlich durch andere, noch heftigere Schmerzen die Gnade erkauft, die der liebe Gott uns gewährt hat.» Oft müssen unbekannte Seelen einen hohen Preis für unser Heil bezahlen...

Der härteste Widerstand kommt von Rom. Aber die Ekstatikerin lässt sich nicht entmutigen. Aus Liebe zum *Rosenstrauch* wird sie zur Diplomatin. Sie vervielfacht ihre kleinen Schritte und lässt an wichtige römische Persönlichkeiten schreiben, die ihr helfen könnten. Sie kennt jedoch niemanden in Rom! Was tut es! Sie verschafft sich Namen und Anschriften und diktiert.

Wir sind im Besitz der Antwort von Kardinal Simeoni, dem Präfekten der Kongregation für die Glaubensverbreitung. Sie ist an «Schwester Maria von Jesus dem Gekreuzigten, *Oberin* der Karmelitinnen von Bethlehem», gerichtet. Wie hätte der würdige Kirchenfürst erraten können, dass eine arme arabische Laienschwester sich um derartige Angelegenheiten kümmerte! Seine Antwort hätte genügt, auch die grössten Optimisten zu entmutigen. Er erklärt, das Vorhaben sei «mit zahlreichen und bedeutenden Schwierigkeiten verbunden» und rät daher, den Plan aufzugeben. «Und ich bitte den Herrn, Sie mit seinen Wohltaten zu überschütten. Propaganda, den 6. April 1878». Der Herr wird diesen Schlusssegen auf seine Weise verwirklichen.

Das *Nein* des Kardinals schüchtert die kleine Araberin nicht ein. An wen soll sie sich jetzt wenden? Nur der Heilige Vater bleibt noch übrig! Nun, warum nicht an ihn gelangen? Eine Notiz des Karmels vom

16. April lautet: «Heute hat Schwester Maria von Jesus dem Gekreuzigten von der Muttergottes den Auftrag erhalten, unmittelbar an den Heiligen Vater zu schreiben und dem Patriarchen zu sagen, er solle ihren Brief unterzeichnen. Das Gesuch ist geschrieben worden; der Patriarch hat es paraphiert und nach Rom abgesandt.»
Selbstverständlich übermittelt Leo XIII. die Eingabe der Kongregation für die Glaubensverbreitung. Kardinal Simeoni platzt vor Zorn. Sieben Monate lang schiebt er seine Antwort hinaus. Aber am 15. November bringt er dem Karmel seine Ablehnung formell zur Kenntnis. Der ewige Kampf Davids mit Goliath! Dieses energische *Nein* kommt erst nach dem Tod der Seherin in Bethlehem an. Das Tagebuch des Karmels notiert: «Sie hat gewiss vom Himmel herab gelächelt!» Dort oben weiss man doch alles, nicht wahr?
Kurz vor ihrem Tod hatte Schwester Maria von Jesus dem Gekreuzigten Fräulein Dartigaux angefleht, sich nach Rom zu begeben. «Mein Gott», schrieb sie ihr am 23.Juli, «gehen Sie schnell selbst nach Rom, wenn Sie nicht schon abgereist sind; ich bin sicher, dass Sie (die Genehmigung) persönlich rascher erlangen werden. Seine eigenen Angelegenheiten bringt man am besten selbst in Ordnung.» Am 4. August sagt sie auf ihrem Schmerzenslager zu P. Chirou: «Im Himmel ist alles schon Wirklichkeit, also wird das einst auch auf Erden der Fall sein.»
Nach ihrem Tod am 26. August ging tatsächlich alles erstaunlich rasch vorstatten. Trotz der Ablehnung der Kongregation für die Glaubensverbreitung gelang es Fräulein Dartigaux schliesslich, von Leo XIII. die erbetene Genehmigung zu erhalten. «Was hat die Kongregation dazu gesagt?» fragte der Papst seinen Sekretär. «Sie hat einstimmig abgelehnt.» − «Nun, ich verlange, dass diese Gründung gemacht wird.» Und er fügte hinzu, Palästina und Syrien seien ein genügend weites Arbeitsfeld für zahlreiche Arbeiter. Am 21. Dezember, einem Samstag, empfing Fräulein Dartigaux das kostbare Dokument. Am 12. Mai 1879 reisten P. Estrate und P. Abadie mit Bruder Hilarius ab, um die Niederlassung von Bethlehem zu gründen; sie sollten P. Chirou unterstützen, der zum Oberen ernannt worden war.
Noch eine andere Prophezeiung verwirklichte sich. Der von einem französischen Architekten ausgearbeitete Plan war der Seherin vorgelegt worden. Man hatte einen monumentalen Bau vorgesehen. War er nicht zu grossartig für drei oder vier Personen? P. Chirou teilte seine Bedenken der Schwester mit. «Lass nur», antwortete sie. «Du wirst sehen: das Haus wird zu klein sein. Man wird in grosser Zahl von Bétharram kommen!» Aufgrund der in Frankreich ausgelösten Verfolgung gegen die Religion wurden tatsächlich von 1890 an

die Novizen und Scholastiker des Instituts ins Heilige Land geschickt. Während eines halben Jahrhunderts kamen sie in immer grösserer Zahl, bis der israelisch-arabische Konflikt ihr Kommen unterbrach. Im Dezember 1890 vollzog P. Etchécopar die kanonische Visitation der Gemeinschaft von Bethlehem. In einem Rundbrief an die Kongregation schrieb er am 23. Dezember: «Die Stunde ist gekommen, unsere Dankesschuld mit lauter Stimme zu verkünden; ich bin glücklich, Ihnen in dieser Stadt, wo Hieronymus auf die Bitte von Paula und Eustochium seine unsterblichen Kommentare geschrieben hat, die Namen der beiden von Gott erwählten Werkzeuge unserer Gründung bekanntzugeben: Schwester Maria von Jesus dem Gekreuzigten und Fräulein Bertha Dartigaux.»

Wie eine Burg Gottes erhebt sich die Kapelle des Karmel von Bethlehem und das Kreuz darüber strahlt wie ein Siegeszeichen in den Himmel von Judäa.

IV. Die Kleine

1. DAS KLEINE NICHTS

Bethlehem 1878. Wir gelangen nun zu den letzten Lebensmonaten der kleinen Araberin von Abellin, Mirjam Bauardy. Vom Höhepunkt dieses Lebens, nämlich dem Karmel von Bethlehem aus, möchten wir die innere Landschaft erforschen, die wir oft bei Nacht und stets der geheimnisvoll vom Heiligen Geist vorgezeichneten Zickzacklinie folgend, durchquert haben.

Jetzt ist uns die Möglichkeit gegeben, das spirituelle Bild dieser Begnadeten des Heiligen Geistes zu entwerfen. Da die ausserordentlichen und spektakulären Charismen nun weit zurückliegen, werden wir die Gnaden und mystischen Erfahrungen, deren Anzeichen sie waren, besser erkennen.

Der Aufstieg der kleinen Araberin zeichnet sich im rasanten Abendlicht klarer ab. Drei Gipfel tauchen auf, oder besser: Drei Hauptzweige eines Ölbaums, dessen Wachstum trotz Wind und Sturm regelmässig erfolgt ist:

1. Das Bewusstsein des eigenen Elends und der eigenen Ohnmacht.
2. Die leidenschaftliche Suche nach dem göttlichen Willen.
3. Der Sinn für den Vorrang der Liebe, der zur Sehnsucht nach dem Himmel und zur Vollkommenheit der Liebe führt.

Die Taube und die Schlange

Am Ende unseres Weges zeichnet sich Mirjams Profil deutlich ab, vor allem mit den natürlichen Eigenschaften, welche diese Palästinenserin zu einem Vorbild wahrer orientalischer Eigenart gestalten. Wir möchten hauptsächlich auf folgende Merkmale verweisen: Unschuld, Treuherzigkeit und Spontaneität; Aufrichtigkeit, Ehrlichkeit, Abscheu vor jeglicher Verstellung oder Heuchelei; Lebhaftigkeit, Empfindsamkeit, leichte Erregbarkeit; Hingabe, Takt, Feingefühl, Grossmut. Ein Zeuge sagt: «Sie war von Natur aus lebhaft, aufbrausend, leidenschaftlich; dennoch war ihre Selbstbeherrschung vollkommen.» Treue und Verschwiegenheit waren für Mirjam ebenfalls bezeichnend: «Sie war weder neugierig noch argwöhnisch», sagt ein anderer Zeuge, «sondern ganz aufrichtig.» Ihr Gang hatte Würde:

«Sie hat die Haltung einer Königin», sagten die Passagiere des Schiffes, mit dem sie nach Palästina fuhr. Fügen wir schliesslich noch als Krönung den Adel ihrer Gesinnung hinzu: ihre Seelengrösse, ihre Bereitschaft zum Verzeihen, die Anmut und Poesie ihrer Sprache, und ihrer Umgangsformen, ihre Gabe des Mitgefühls. Die Orientalen und insbesondere die Palästinenser sehen in ihr ein Kind ihres Landes und ihrer Rasse, mit derselben Sprache, denselben Gefühlen, Reaktionen und Reflexen. Sie ist «Fleisch von unserem Fleisch und Blut von unserem Blut» schrieb Msgr. Gregorius Haggear, der griechisch-katholische Erzbischof von Galiläa.

Lassen sich bei dieser Orientalin wie bei den Menschen, denen die Suche nach der Vereinigung mit Gott durch die Beschauung fremd ist, auch psychische Störungen feststellen? Sind bei ihr krankhafte Zustände zu bemerken? Gewiss kann es vorkommen, dass natürliche und übernatürliche Ursachen, mystische Nacht und psychische Störungen gleichzeitig auftreten. Der wahre Kontemplative offenbart sich jedoch im Zusammenhang mit allen Umständen seines Lebens. In seinem Bericht über die Stigmatisierte sagt P. Mager: «Wenn der Zustand der eingegossenen Beschauung sich zu den ausserordentlichen Phänomenen gesellt, haben diese mit Gewissheit denselben Ursprung wie diese Beschauung, nämlich einen übernatürlichen.»

Nach diesen Bemerkungen erscheint das mystische Porträt der *Kleinen* noch klarer. Es ist uns nun möglich, das Wachstum der drei Äste des Ölbaums oder den spirituellen Aufflug jener zu verfolgen, die den erhebenden *Aufstieg zum Berge Karmel* lebte, der aber auch ein Kreuzweg war.

Was an diesem so kurzen und so angefüllten Leben zunächst beeindruckt, ist die enge Verbindung zwischen Einfachheit und Klugheit. Die junge Araberin lässt uns an das Wort des Meisters denken: «Seid einfältig wie die Tauben und listig wie die Schlangen» (Mt 10, 16)!

Niemand wird leugnen, dass die kleine Araberin durch ihre Unschuld und Herzenseinfalt auffällt, und dies in einem Masse, welches eine nur natürliche Eigenschaft überschreitet. Im Karmel, wo jegliche Geziertheit streng ausgeschlossen ist, konnte sich diese Veranlagung nur noch stärker entwickeln. Während des Aufenthaltes der Novizin von dreiundzwanzig Jahren im Karmel von Pau wurde folgender Vorfall notiert. Als Mirjam in der Krankenabteilung weilte, hatte man ihr zur Unterhaltung zwei Fischchen in einem Glasbehälter und eine Taube gegeben. Man kann sich die Überraschung der Schwestern, die sie besuchten, denken, als sie die Taube auf dem Kopf der schlafenden Kranken erblickten und die beiden Fischchen ausserhalb des Wassers am Boden zappeln sahen. Als Mirjam auf-

138

wachte, fand sie diesen Anblick ganz natürlich: «Die Fischlein kommen zu mir, weil ich sie liebe und pflege. So muss auch ich zu Gott gehen, der mich geschaffen hat und mich weit mehr liebt als ich die Tiere. Ich hoffe, dass er mir Barmherzigkeit erweisen wird.»
Man versetzte die Fischchen wieder in ihren Glasbehälter. Die Kranke wünschte sich jedoch eine richtiges Aquarium, um ihnen grössere Bewegungsfreiheit zu verschaffen. Sie verrät ihren Wunsch der Priorin, und diese erlaubt ihr, mit dem Bischof bei Anlass seines nächsten Besuches darüber zu sprechen, was sie auch tut: «Herr Bischof, wenn ich sehe, wie die Fischlein ständig ihre Mäulchen öffnen, muss ich an Jesus denken. Ich möchte immer dasselbe tun und immer an Jesus denken. Überdies hat Jesus die Fische geliebt, er hat Fische gegessen, und das erinnert an Jesus.» Sie beharrt auf ihrem Wunsch. Da antwortet der Bischof: «Mein Kind, Sie haben das schon einmal gesagt, und das genügt.» Da fügt sie hinzu: «Ja, Herr Bischof. Wenn es Gottes Wille ist, wird er meinen Wunsch erfüllen. Meinerseits werde ich nicht mehr daran denken.» Danach war keine Rede mehr von dieser Angelegenheit.
Sie lebte in inniger Vertrautheit mit den Tieren. Beim Anblick trinkender Vögel sagte sie: «Seht, nach jedem Schlückchen erheben sie die Köpfchen zum Himmel, um Gott, der ihnen zu trinken gibt, zu danken!» Wir haben schon von der Anhänglichkeit gesprochen, die ihr die grossen Hunde des Karmelgebirges bezeugten. Sie hatte einen für den Karmel von Bethlehem bekommen, und das Tier wurde Lulu genannt. Eines Nachts rettete sie ihn, als Diebe ihn brutal verletzt hatten. Kurz vor ihrem Tod streichelte sie den Hund und sagte: «Wenn mein liebes *Schwesterchen* kommen wird, dann sollst du dich vor ihr niederlegen und ihr die Füsse lecken und küssen. Hörst du!» Als Fräulein Dartigaux 1879 an die Pforte des Karmels klopfte, sah man Lulu tatsächlich der Stifterin entgegengehen, sich ihr zu Füssen legen und seine Freude bekunden. Man denkt an Franz von Assisi, der den Wolf von Gubbio zähmte und den Vögel Umbriens predigte! Ihre Herzenseinfalt offenbarte sich auch anlässlich der ausserordentlichen Phänomene. Sie war eine Seele, die sich ihrer Charismen nicht bewusst war. Sie hielt ihre Ekstasen für einen Schlaf, ihre Stigmen für Lepraflecken oder für schändliche Male. Nach dem einmütigen Zeugnis aller war sie die einzige, die sich des ausserordentlichen Charakters ihrer Zustände nicht bewusst war.
Hier folgt der Bericht über eine Vision, die durchsichtig macht, wie unschuldig sie ist:
Sie erblickte in den Armen Jesu ein dreijähriges Kind, das ihr dem Antlitz und der Bekleidung nach ähnlich sah. Nur die Grösse war

verschieden. Die dreiundzwanzigjährige Novizin beneidete die kleine Dreijährige, von Jesus so sehr geliebte Karmelitin. Sie sagte zum Herrn: «Diese Kleine ist überglücklich, denn du liebst sie so sehr!» Da antwortete ihr Jesus: «Ja, ich liebe sie; sieh,wie ich sie in meinen Armen halte; aber sie weiss es nicht.» — «Sie weiss es nicht! O! ich versichere dir, wenn ich an ihrer Stelle wäre, ich würde es fühlen und wäre glücklich! O Kleine, bete für mich, die ich Sünde bin! Du bist rein, ich aber bin ein Misthaufen.» Als Mirjam diese Vision ihrer Novizenmeisterin erzählte, fügte sie hinzu: «Die Kleine sah mich nicht; sie schaute nur Jesus an und Jesus schaute sie immer an.» Diese Unschuld, Herzenseinfalt und Kindlichkeit, die den klösterlichen Erholungsstunden und Mirjams Briefen einen solchen Charme verliehen! Sie war immer froh und heiter und stets darauf bedacht, anderen Freude zu machen. Ständig war sie bei der Arbeit in Küche, Waschhaus und Garten. In ihren Briefen an Fräulein Dartigaux erzählt sie, dass ihr die Marmelade geraten oder missraten ist, dass sie Tomaten eingemacht hat, dass im Garten bald allerlei Gemüse wachsen wird...

Wurde ihr Urteil durch ihre Einfalt beeinträchtigt? Die Zeugen sprechen im Gegenteil von der übernatürlichen Klugheit der Ordensfrau, von ihrem gesunden Menschenverstand und ihrem durch den Heiligen Geist erleuchteten Urteil. Diese mit so zahlreichen Charismen überschüttete Karmelitin misstraute den Leuten, deren ausserordentlichen Weg man rühmte: «Mir scheint, dass diese Menschen über ein ins Wasser gelegtes Brett gehen. Ich habe sagen hören, wie gefährlich diese Zustände sind! O mein Gott, bewahre mich vor alledem! Der Glaube genügt uns. Da gibt es keinen Hochmut!»

In Alexandria hatte sie eine Ordensfrau gekannt, die für eine Mystikerin gehalten wurde. Mirjam erklärte jedoch ihrem Beichtvater, dass es sich nur um eine Täuschung handle. Da er Einwände erhob, riet sie ihm, er solle diese Schwester einer einfachen Prüfung unterziehen, nämlich sie verdemütigen und vorgeben, ihren Aussagen keinen Glauben zu schenken! Der Priester befolgte den Rat. Da geriet die angebliche Visionärin ausser sich, entfernte sich in höchster Wut, verliess ihr Institut und heiratete.

Ihre Klugheit offenbarte sich auch in den Ratschlägen, die sie ihren Mitschwestern gab. Diese mussten über ihre Weisheit staunen. «Wenn sie Missstände feststellte», sagte eine Karmelitin, «machte sie die Mutter Priorin, bisweilen sehr energisch, darauf aufmerksam, wie ich es selbst miterlebt habe...» Ihre Anweisungen waren stets auf die Förderung des spirituellen Fortschritts der Nonnen ausgerichtet.

Sie zögerte nie, auf Geheiss des Himmels an die Grossen dieser Welt, ja sogar an den Papst zu schreiben. Eines Tages fragte man sie, ob sie einen bestimmten Brief an den Heiligen Vater der Schwester Sekretärin diktieren würde. Mit einem hübschen Lächeln antwortete sie: «Was? Eine Frau sollte einen derartigen Brief an den Papst schreiben? Nein, nein, das soll unser Pater tun», und sie deutete dabei auf Abbé Saint-Guily.

Schwester Maria von Jesus dem Gekreuzigten wurde oft ins Sprechzimmer gerufen, wohin sie sich jedoch nur im Gehorsam oder aus Notwendigkeit begab. Bisweilen bat sie selbst, diese oder jene Person sehen zu dürfen, um ihr wichtige Anempfehlungen zu vermitteln. So musste sie eines Tages einem ausländischen kirchlichen Würdenträger gegenüber eine schwierige Aufgabe erfüllen. Dieser hatte sich durch eine italienische Ekstatikerin, von der viel die Rede war, stark beeindrucken lassen. Die kleine Araberin sagte ihm jedoch, der Herr habe ihr versichert, dass alles vom Teufel komme. Sie fügte aber klug hinzu: «Ich sage Ihnen nicht, sie sei schuldig; ich habe nicht gesehen, dass diese Seele Gott nicht angehörte.» Sie schloss mit diesen bewundernswerten Ratschlägen: «Monsignore, Jesus hat mich auch beauftragt, Ihnen noch folgendes anzuraten: Die Muttergottes erscheint hier oder dort; gehen Sie nicht hin, lassen Sie es sich nicht angelegen sein. Der Herr sagt Ihnen: Halten Sie sich an den Glauben, die Kirche, das Evangelium. Wenn Sie aber hier und dort das Aussergewöhnliche sehen und befragen gehen, wird Ihr Glaube abgeschwächt werden.»

Man hat oft den Unterschied zwischen den Worten, welche die Seherin von sich aus sagte, und jenen, die sie im Namen des Herrn mitzuteilen hatte, hervorgehoben. Wenn sie ihre eigenen Gedanken zum Ausdruck brachte, verhielt sie sich schüchtern, misstrauisch, zurückhaltend; sprach sie dagegen im Namen des Himmels, dann zeigte sie sich kühn und sicher. Als sie mit Festigkeit zu dem kirchlichen Würdenträger gesprochen hatte, fügte sie demütig hinzu: «Berufen Sie sich nicht auf das, was ich gesagt habe; richten Sie Ihr Verhalten nicht danach, ich bitte Sie!» Da wird man sich ihrer Gabe der Unterscheidung der Geister bewusst, der Gabe der Weisheit, die ihr erlaubte, zwischen dem, was von ihr, und dem, was von Gott kam, zu unterscheiden. Sie erklärte das aufrichtig: «Wenn ich sage: Ich fühle das oder ich habe diese Meinung, kann ich mich täuschen, und ich täusche mich auch tatsächlich. Wenn ich jedoch die Worte Jesu oder der Muttergottes übermittle, habe ich immer und in allem festgestellt, dass diese sich verwirklichten. Dasselbe Vertrauen habe ich auch für die Zukunft.»

Der Riese und die Ameise

Eine solche Unschuld und Weisheit führen zu tiefer Demut. Im Januar 1874 sagte die Ekstatikerin: «Man sagt mir, dass man misstrauisch werden muss, wenn die Gnade in uns nicht Beschämung und Demut erweckt. Dann ist nicht Gott am Werk; denn die wahre Gnade führt zur Zerknirschung. Und ich erkenne, dass das wahr ist, denn wenn Gott mich heimsucht, sehe ich mein Nichts und mein Elend ein, dass ich es nicht ertragen könnte, wenn nicht der Herr selbst mich stützte.»

Sie hat sich in dem Kind, das Jesus in seinen Armen hielt, nicht erkannt. Aber für ihre Schwestern war die Identifizierung ein leichtes, so dass man sie in der Klosterfamilie *die Kleine* oder *die kleine Araberin* nannte. Sie verwirklichte das Ideal des Evangeliums: «Wenn ihr nicht werdet wie die Kinder...» In der Erfahrung des Weges der geistlichen Kindheit ist sie Theresia vom Kinde Jesus vorausgeeilt.

Am 31. Oktober 1868 schaute sie eine geflügelte Ameise und einen Riesen. Die Ameise, das Symbol der Demut, trug mit Leichtigkeit die Last eines ganzen Hauses, wogegen der Riese, das Symbol des Hochmuts, unter dem Gewicht einiger Strohhalme zusammenbrach. Eine Stimme sagte ihr: «Ich liebe diese Ameise, weil sie klein ist; daher werde ich ein grosses Haus auf sie bauen.» Und die junge Schwester rief naiv: «Ich weiss nicht, wer diese Ameise ist, aber ich wollte, ich könnte ihr gleichen.»

Sie nannte sich das *Kleine Nichts*. Mit diesem Namen hatte der Engel sie während ihrer Verklärung am 4. September 1868 genannt. Er bringt gut zum Ausdruck, dass sie sich vor Gott ihres Nichts bewusst war. Dadurch tritt um so mehr der Gegensatz hervor, wie sehr Gott Alles, wie er der Absolute ist, der alle Begriffe übersteigt. Von diesem Gefühl und dieser Erfahrung der göttlichen Transzendenz, die bei den Semiten und insbesondere den muslimischen und christlichen Arabern so lebendig sind, war die junge Mystikerin von Abellin durchdrungen.

Sie fasst ihr Leben in dieser glänzenden Formel zusammen: «In erster Linie erinnert euch alle an eines: *Das kleine Nichts wird nur durch das Nichts zum Ziele kommen.*»

Wenn man den Lebensweg der kleinen Araberin überblickt, wird einem bewusst, dass ihre Demut ständig grösser wurde. Schon als Kind hielt sie sich für ein Nichts. Und sie wird zu weniger als nichts werden. Der Heilige Geist weiss seine Meisterwerke wunderbar zu verfeinern und in die harte Schule der Prüfung zu nehmen. Am Abend ihres Lebens bezeugte die *Kleine* eine solche Selbstverachtung, eine solche Beschämung, ein solches Bewusstsein ihres Nichts, dass man den Eindruck hat, sie wäre am liebsten im Erdboden verschwunden. Ständig wiederholte sie: «Ich bin nichts.» Sie betrachtete sich als einen armseligen Erdenwurm. Der Sekretärin empfahl sie: «Man soll alles schriftlich niederlegen und nichts verlorengehen lassen, insbesondere die Mängel und Fehler des kleinen Nichts; alles wird später nützlich sein; Mirjam wird nichts sein, damit Gottes Wirken zum Vorschein kommt.»

Am 28. Juli 1876 schreibt Mirjam an P. Etchécopar: «Beten Sie ernstlich für mich, dass ich Jesus nicht beleidige. Erflehen Sie für mich Demut und Nächstenliebe. Davon finde ich in mir auch nicht eine Spur. Niemals habe ich das Bedürfnis nach Demut empfunden wie jetzt. Ich Stäubchen bin nichts als Hochmut.» Eine Ordensfrau befragte sie über ihre Familie. Da hebt sie ein Staubkorn auf und zeigt es ihr mit den Worten: «Das ist meine Familie; ein Staubkorn ist mehr wert als ich, denn der Wind hebt es hoch, ich aber falle zu Boden; dann muss Gott mich tragen.» Ein andermal hebt sie wieder ein Staubkörnchen auf und ruft in ihrer originellen Sprache: «Ich – ein kleiner Staub!» Ihre Taten und ihre Worte entsprachen einander. Als sie in Jerusalem als Diebin verhaftet oder wenn sie verleumdet wurde, suchte sie sich niemals zu entschuldigen und wartete einfach, bis die Wahrheit an den Tag kam. Nur aus Gehorsam war sie Chorfrau geworden, und sie fühlte sich erst wohl, als man ihr den weissen Schleier der Laienschwestern zurückgab und sie wieder die schwersten und abstossendsten Arbeiten, wie zum Beispiel das Leeren der Senkgrube, ausführen liess. Als man sie aus dem Karmel von Mangalore weggeschickt hatte, war sie ganz überrascht, dass man sie aufs neue im Karmel von Pau empfing: «Wie konnten Sie mich aus lauter Nächstenliebe nach meiner Entlassung aus Mangalore wieder aufnehmen?»

Weit entfernt, der kleinen Araberin etwas vorzumachen, behandelten die Oberinnen sie, wie ein Zeuge versichert, «mit besonderer Energie, um nicht zu sagen mit Härte». Die Absicht war offensichtlich lobenswert, denn man wollte sie, wie Bernadette, in der Demut bewahren. Man nannte sie *dicke Bäuerin, kleiner Lumpen, Schwatzbase...* Während der letzten Jahre in Bethlehem liess sich die Priorin, Mutter Anna, keine Gelegenheit entgehen, sie öffentlich zu tadeln und ihr insbesondere ihre Lebhaftigkeit vorzuwerfen. Eine Ordensfrau von Schef-Amer, welche die Karmelitinnen auf ihrer Reise nach Galiläa empfangen hatte, erzählt: «Wir befanden uns im Garten und unterhielten uns mit der Dienerin Gottes, als die Priorin herbeikam und uns sagte: ‹Nun hören Sie noch immer dieser Schwatzbase zu?›. Ohne ein Wort wirft Mirjam sich sogleich nieder und zeigt sich bereit, sich unverzüglich zu entfernen. Die Priorin erlaubte ihr jedoch, bei uns zu bleiben.»

Winzige Einzelheiten? Aber besteht das Leben in einem geschlossenen Kloster nicht grossenteils aus derartigen Kleinigkeiten, und sind die seelischen Leiden nicht auch auf solche Stecknadelstiche zurückzuführen? Aufgrund geringfügiger Dinge und anscheinend mit den besten Absichten werden Schmerzen empfunden und zugefügt. Die Herzen bluten leicht, weil nirgendwo die Seelen von so äusserster Empfindsamkeit sind wie in den klausurierten Klöstern.

Das *kleine Nichts* war sich ihres Elends so tief bewusst, dass sie über ihre kleinsten Fehler in Tränen ausbrach. Die Novizenmeisterin, Schwester Maria vom Kinde Jesus, schrieb: «Sie weint über ihre geringsten Unvollkommenheiten so sehr, wie wir nicht über unsere lässlichen Sünden zu weinen vermögen.» Wenn von ihren Leistungen die Rede war, benützte sie dieses malerische Bild: «Ich fädle nur die Nadel ein, und Gott tut alles übrige.» Weit entfernt, sie zu lähmen, gab ihr diese Schau ihres Nichts restloses Gottvertrauen und grenzenlose Kühnheit ein. Die Demut der Heiligen ist niemals deprimierend. Wenn sie ihren höchsten Grad erreicht hat, lässt sie die Seele an die Dimensionen Gottes herankommen. Die Demütigen sind hochherzig und wagemutig. Weil sie leer von sich selbst sind, vermag Gott sie zu erfüllen. Wie ein Kartäuser sagte: «Lassen wir Gott die Freude, Gott in uns zu sein!»

Da sie auf der untersten Stufe der Demut angekommen war, konnte Schwester Maria von Jesus dem Gekreuzigten sich erlauben, ihre Mitschwestern zu beraten. Mit welchem Zartgefühl ging sie dabei vor! Man könnte mit ihren von orientalischer, aber auch übernatürlicher Weisheit erfüllten Aussprüchen ein köstliches Lehrbuch der Demut schreiben. Hier geben wir ein paar davon wieder:

«Der Reiche wird von allen geschätzt und geehrt. Der Arme wird verachtet. Er hat nichts, aber wenn er demütig ist, wen ehrt der Herr? Den Demütigen!»

«Die Demut ist glücklich, verachtet zu werden und ganz entblösst zu sein. Sie hängt an nichts und ärgert sich über nichts. Der Demut ist alles recht, die Demut ist glücklich, die Demut gibt sich mit allem zufrieden.»

«Die Demut trägt den Herrn immer in ihrem Herzen.»

«Die Demut besitzt in dieser und in der anderen Welt die Freude. Die Demut kennt keine Menschenfurcht; sie ist über alles glücklich.»

«Der Herr sagt: ‹Sieh den Regenwurm! Je tiefer er in die Erde eindringt, desto sicherer ist er. Aber wenn das Tier auf der Erdoberfläche bleibt, wird es zertreten. Wenn alles vereist ist, schenkt die Erde dem Wurm Wärme; wenn die Sonne scheint, wird ihm die Erde zur Kühle.»»

«Die Demut ist das Reich des göttlichen Herzens. Man muss sich um die Demut mühen, man muss den Samen ausstreuen. Dann schenkt Gott die Demut. Man soll nicht nur sagen: ‹Gib, Herr!› Man muss säen und sich anstrengen.»

«In der Hölle findet man Tugenden aller Art, nur die Demut findet man nicht. Es gibt im Himmel allerlei Fehler, aber den Stolz gibt es nicht. Gott verzeiht also der demütigen Seele alles, aber Tugend ohne Demut bedeutet ihm nichts.»

Noch ein letztes Beispiel. Der Patriarch von Jerusalem hatte einem Franziskaner von den Wundmalen der Karmelitin von Bethlehem erzählt. Der Ordensmann besuchte die Stigmatisierte und fragte sie: «Sind Sie die Person, die wie der heilige Franz von Assisi die Wundmale besitzt?» Sie antwortete ihm: «Sie täuschen sich wahrscheinlich; es muss sich um ein anderes Kloster handeln.» Der Franziskaner beharrt: «Der Patriarch hat es mir gesagt!» Da erwidert sie nichts mehr. Aber bei der nächsten Begegnung mit dem Patriarchen machte sie ihm heftige Vorwürfe, dass er das Geheimnis offenbart hatte. Sie wollte nur eine kleine Ameise sein.

Das Meer und der Wassertropfen

Eine wahre Karmelitin flieht alles Komplizierte. Ihr Ziel ist die Einheit. Vor allem die Einheit ihres innerlichen Lebens. Alles, was sich dieser Einheit entgegensetzt, wird unerbittlich ausgemerzt. Eine solche Askese ist mit harter Entsagung verbunden. Gewiss hat eine klausurierte Nonne bei ihrem Eintritt auf jeglichen bewussten Besitz verzichtet, und man könnte sich die Frage stellen, welcher irdischen Güter sie sich noch entledigen könnte.

Als Kind betrachtete Mirjam eines Tages das Mittelmeer vom Ufer aus. Da gewahrt sie Jesus, der zu ihr sagt: «Du siehst dieses unendliche Meer! Nimm von seinem Wasser nur die Menge, die du brauchst. Obschon das Meer sich nicht erschöpfen lässt, benütze sein Wasser nur nach dem Mass deines Bedürfnisses. Ich sage dir das, um dir ein Beispiel der Armut, die du üben sollst, zu geben.» Diese Lehre wird Mirjam eines Tages einer ihrer Gefährtinnen mitteilen: «Erinnere dich daran, dass du nicht mehr Wasser als nötig schöpfen sollst, hättest du auch das ganze Meer vor dir.» Und die betreffende Ordensfrau sagte später: «Dieses Wort hat mich tief beeindruckt und in mir für mein ganzes Leben die Liebe zur Armut geweckt.»

Mirjam ist arm zur Welt gekommen. Sie hat arm und immer ärmer gelebt, wie ihr göttlicher Bräutigam. Als sie in Alexandrien im Hause ihres Onkels mit Schmuck behängt wurde und einen reichen Mann hätte heiraten können, opferte sie alles und selbst ihr Leben um Christi willen. Alles vergeht, Jesus allein besteht! Als sie in Beirut Hausmädchen war, verschenkte sie fast alles, was sie verdiente. Ihre zahlreichen Reisen unternahm sie ohne einen Pfennig; und dennoch fehlte es ihr an nichts! Ihr ganzes Leben lang bevorzugte sie die armseligsten Gegenstände. Ein abgetragenes oder geflicktes Gewand erfüllte sie mit Freude. In der Küche verschwendete sie nichts und suchte aus allem Nutzen zu ziehen. Als sie eines Morgens die Milch geronnen vorfand, wandte sie sich an Gott: «Du weisst, dass ich Milch für die Schwestern brauche. Ich werde sie kochen. Bitte, segne sie, damit sie nicht noch mehr verdirbt; lass sie wieder gut werden!» Ihre Gefährtin wollte nicht daran glauben. Einige Augenblicke später musste sie jedoch feststellen, dass die Milch während des Kochens wieder flüssig und gut geworden war.

Während ihrer Entrückungen empfahl sie oft im Namen des göttlichen Meisters eine peinlich genaue Treue zur Armut, sowohl im affektiven wie im tätigen Bereich. Sie wandte sich heftig gegen die Verschwendung und auch die geringsten Fehler gegen die Armut. Selbst auf eine Stecknadel oder einen Brosamen achtete sie. Sparsamkeit? Nein, vielmehr Feingefühl gegenüber der Vorsehung. Sie wünschte die Gründung in Bethlehem zu Ehren der Armut des Jesuskindes in der Krippe. Das Kloster sollte einfach und nüchtern, nur die Kapelle sollte reich verziert sein. Keine Spur von Kleinlichkeit jedoch in der Ausübung der Armut: «Für eine unbedingt notwendige Reparatur, koste sie auch eine Million, würde der Herr die nötigen Mittel schenken; aber ein unnütz verwendeter Strohhalm genügt, um ihn zu verletzen und uns seine Strafe zuzuziehen. Für ein unnütz zugestopftes Loch könnte er gut zehn weitere an einer anderen Stelle öffnen.»

Die Priorin des Karmels von Pau, Mutter Maria von der Unbefleckten Empfängnis, hat die Geschichte mit dem Chormantel nie vergessen. Sie war erkrankt, und ihr Zustand verschlimmerte sich. Da entschloss sich die kleine Araberin, ihr die Ursache dieser Verschlimmerung aufzuzeigen. Sie sagte ihr, dass der Herr unzufrieden sei, weil sie ihren Chormantel auf das Drängen der Schwestern gegen einen anderen, leichteren vertauscht hatte. Ganz glücklich über diese Ermahnung, beeilte sich die Priorin, den Mantel aus der Krankenabteilung entfernen zu lassen. «Sogleich», versicherte sie, «empfand ich ein Wohlgefühl, eine ausserordentliche Besserung. O heilige Armut, wie wohltuend bist du!»

146

Folgende Empfehlung Mirjams wird für die Schwestern, die in der Gemeinschaft ein Blumenbeet zu pflegen haben, leicht verständlich sein: «Eine mit der Pflege eines Blumenbeetes beauftragte Schwester sollte nicht allein das Recht haben, darin Blumen zu pflücken, weil sie dadurch zur Besitzerin wird, was von Gott ablenkt. Alles soll vielmehr Gemeingut sein. Diese Schwester soll sich freuen, dass andere auch Blumen von diesem Beet pflücken, weil sie Jesus damit die Blumen doppelt schenkt.» Die wahrhaft Arme wird jeden Tag ärmer. Sie sucht und entdeckt ständig etwas, dessen sie sich noch entledigen kann. Es gilt nicht, sich um der Entäusserung willen zu entäussern, sondern eine tiefe Sehnsucht, die im Herzen eines jeden Menschen wohnt und die der Heilige unter dem Einfluss des Heiligen Geistes in die göttliche Tugend der Hoffnung umwandelt, frei werden zu lassen.

Aus der geistlichen Armut erblüht die Hoffnung. Da die junge Karmelitin ganz in Gott lebt und Gott ausgeliefert ist, erhofft sie alles von ihm. Der brennendste Wunsch dieser Törin Gottes gilt dem Himmel. P. Estrate sprach von der «Himmelskrankheit» seiner geistlichen Tochter. Nicht dass sie den Himmel als eine Fluchtmöglichkeit betrachtet hätte, denn ihre Werke, ihre Gründungen, ihre Aufmerksamkeiten den anderen gegenüber sind der beste Beweis, dass sie mit beiden Beinen auf dem Boden stand. Für sie bedeutet der Himmel vielmehr eine Vollendung, eine Sublimierung, eine Erfüllung, den Ort des völligen und endgültigen Besitzes der Dreifaltigkeit. Im Wind der Läuterung ähnelt sie den Zypressen der galiläischen Hügel, die ihre Zweige immer enger zusammenschliessen, immer schlanker werden und schliesslich in einer Spitze enden, die sich unter dem Hauch der Brise im blauen Himmel schaukelt.

Vernehmen wir einige Aufschreie ihrer Hoffnung:

«Ich hoffe auf Gott gegen jegliche Hoffnung.»

«Mein Gott, trotz meinem Elend und meinen Sünden hoffe ich stets auf dich. Und würfest du mich auch in die Hölle, so würde ich dennoch auf dich hoffen.»

«Ich kann nichts, ich bin nichts, aber du kannst alles. Ich hoffe auf die göttliche Barmherzigkeit.»

«Ich weiss nicht, ob ich gerettet werde; aber ich habe Hoffnung, mein Gott, dass du mich retten wirst. Ja, ich habe die Hoffnung, dass ich meinen Gott sehen werde.»

«Beschleunige, Herr, beschleunige den Moment meines Weggangs, ich langweile mich auf Erden! Ich bin wie ein Kind, das seinen Vater verloren hat und eilt, ihn zu suchen. Du bist gut, Herr, aber du bist auch hart. Ach, wenn ich Jesus wäre und du Schwester Maria von Jesus dem Gekreuzigten, ich würde dich nicht so lange warten lassen! Ich bin wie ein in seinen Käfig gesperrter Vogel: Öffne mir die Tür, damit ich mich zu dir aufschwingen kann!»

«Ich kann nicht mehr leben, o mein Gott! Nimm mich fort von dieser Welt!»

«Ich werde meinen Gott schauen! Nicht von weitem, wie jetzt, sondern in Wirklichkeit, in Wahrheit. Ich werde den lebendigen Gott schauen! Ich werde seine Stimme hören; meine Knochen und mein Fleisch werden mit Freude gesättigt sein. Nachdem ich in einem Abgrund war, werde ich mit ihm in einem Palast sein! O gewinnbringender Tod, gib mich rasch meinem Vielgeliebten zurück!»

2. STÄNDIGES LAUSCHEN AUF GOTT

Im geistlichen Aufstieg von Schwester Maria von Jesus dem Gekreuzigten verflechten sich Askese und Mystik, Passivität und Aktivität eng miteinander, um die Hinbewegung auf das einzige Ziel, und zwar die, möglichst vollkommene Vereinigung mit dem Vielgeliebten, unablässig zu vollziehen. Der Heilige Geist, dem die kleine Araberin, wie ein zerbrechliches Boot auf den Fluten, ihre Segel entgegenspannt, entfernt sie ständig von allem, was sie von Gott abwenden könnte, und treibt sie unaufhörlich auf alles zu, was sie Gott näherzubringen vermag, wie schwer auch die verlangten Opfer sein mögen. Treu und aufmerksam achtet sie auf den Hauch des Heiligen Geistes, beharrlich lauscht sie auf Gott. Unerbittlich löst sie sich von allem Vergänglichen, um die Parasiten, welche die göttlichen «Sendungen» stören, auszumerzen.

Der Schleier aus Musselin

Wir sind unfähig, Gott zu sehen und zu hören, weil wir dicke Mauern zwischen ihm und uns errichten. Für die Heiligen dagegen ist alles durchscheinend. In allem erkennen sie das Antlitz Gottes. In einem anmutigen Bild sagt Schwester Maria von Jesus dem Gekreuzigten, der Glaube sei wie ein «Schleier aus Musselin», durch den hindurch wir die Anwesenheit des Vielgeliebten ahnen und seine Stimme vernehmen.

In allem sah sie Gott und in allem erkannte sie ihn, insbesondere in der Schöpfung, die ihr zu einer reichen geistlichen Lesung wurde. Sie bewunderte die Natur. Wie mit einer Freundin harmonierte sie mit ihr und betrachtete sie als die erste Botin und Vermittlerin des Schöpfers. Vor allem aber war die Kirche für die Seherin die Epiphanie der drei göttlichen Personen. Welche Liebe bezeugte sie für die Kirche, die sie als einen Ölbaum betrachtete. Während des Ersten Vatikanischen Konzils fastete sie mehrmals «für die Kirche, für den Triumph und die Einheit der Kirche.» Täglich dankte sie Gott, dass er sie zu einem Kind der Kirche gemacht hatte. Wie ihre seraphische Mutter Teresa jubelt sie oft: «Ich bin eine Tochter der Kirche!» oder: «O Kirche, meine Mutter, du mystische Rose, wie innig liebe ich dich!»

Sobald ihr der Teufel während der Zeit ihrer Besessenheit eine Atempause liess, opferte sie sich Gott für die Kirche auf: «Ich bringe meine Leiden dar in Vereinigung mit Jesus und allen Märtyrern, die für den Triumph der Kirche gelitten haben. Ich wünsche mich aufzuopfern, zu leiden, geröstet und zermalmt zu werden, damit die Kirche den Sieg erringt. Ich vereinige mich mit Jesus auf dem Kalvarienberg und opfere mich mit ihm auf für die Bekehrung der Sünder und die Kinder der Kirche. Ich bringe meine Leiden dar für die Blinden, die nichts von der Kirche wissen, damit sie sie kennen lernen.»

Dem Teufel aber sagt sie: «Du führst mich in Versuchung gegen die Kirche? Ich gehe in den Garten, pflücke eine Frucht und öffne sie. Ich schaue nach und finde den kleinen Samen in der Frucht. Ich gehe in die Kirche, öffne den Tabernakel und finde die Eucharistie. Du willst mich gegen die Kirche in Versuchung führen? Nun, ich liebe sie. Sie ist meine Mutter und wird dir den Kopf zertreten. Du glaubst, mir Angst einzujagen? Dann liebe ich sie nur noch mehr; das alles wird zur Ehre der Kirche gereichen. Ich weiss, dass die Kirche niemals fallen wird. Du, Satan, bist einmal vom Himmel gefallen, und seither fällst du ständig. Du bist bewusst gefallen; wir fallen oft, aber aus Schwäche.»

In der Kirche sieht und liebt die *Kleine* vor allem ihr sichtbares Oberhaupt, den Papst. Ihr Leben fiel mit dem Pontifikat Pius' IX. zusammen (1846–1878). Wir haben gesehen, unter welchen Umständen sie dazukam, ihm zu schreiben und wie sich ihre Züge in den letzten Monaten ihres Lebens in die «ihres Vaters» verwandelten. Dieselbe kindliche Verehrung übertrug sie auch auf Leo XIII. In Bethlehem wohnte sie seiner Wahl während einer Ekstase bei: «Ich habe ihn gesehen, ich kenne ihn. Er ist gross. Ich will nicht sagen, um wen es sich handelt. Man soll später nicht sagen können, wir hätten uns durch ausserordentliche Dinge führen lassen.» Welch bewundernswerte Klugheit!

Aufgrund der Autorität, die ihnen von der Kirche übertragen wird, betrachtete sie die Bischöfe, die Priester, ihre Priorinnen und Novizenmeisterinnen als Stellvertreter Gottes. Nach einer Unterredung mit Bischof Lacroix sagte sie: «Das Wort des Bischofs ist Gottes Wort; was immer er auch von mir verlangte, ich würde es tun.» Als sie eines Tages in Pau das Sprechzimmer, wo sie mit Abbé Saint-Guily gesprochen hatte, verliess, sagte sie: «Mir schien, ich sehe Jesus!» Einige Monate vor ihrem Tod schrieb sie an Patriarch Bracco: «Gestern habe ich Ihren Brief erhalten und mit Freuden geküsst. Alles, was aus Ihrem Mund kommt, bedeutet für mich Gott. Ich würde tausendmal lieber sterben, als auch nur einen Schritt gegen Ihren Willen tun. Für mich, mein vielgeliebter Vater, ich wiederhole es, ist das Wort meines Vaters alles.» Sie war sogar bereit, Bischof Marie-Ephrem während der Krise in Mangalore ihre Seele zu eröffnen, wenn er es von ihr verlangt hätte.

Über die Priester erklärte sie eines Tages: «Das Gebet des Priesters schenkt mir Freude, weil ich nicht auf sein Wissen, sondern auf die Kraft Gottes achte, die in ihm wohnt.» Wenn sie einem Priester begegnete, küsste sie ihm nach orientalischer Sitte die Hand und bat um seinen Segen, dies auch bei P. Lescik, dem Pfarrer von Bethlehem, obschon sie wusste, dass er sie kaum mochte.

Gehorsam bis zum Wunderwirken

Als Mutter Veronika die von den Josefsschwestern entlassene Postulantin dem Karmel von Pau vorstellte, hatte sie der Priorin geschrieben: «Sie wird gehorchen bis zum Wunderwirken.» Dieses Urteil wird sich buchstäblich bestätigen. Gehorsam und Demut waren die Prüfsteine, die den Bischöfen und Seelenführern erlaubten, den Geist, der sie führte, zu unterscheiden. Sie war dem göttlichen Willen leidenschaftlich ergeben. Für sie bestand der Gehorsam darin, den Wunsch und den Plan Gottes zu verwirklichen, was es auch kosten möge.

Lauschen wir der Erzählung einer ihrer Visionen von apokalyptischer Prägung:

«Jesus hat mir ein wenig Hoffnung gemacht, um meinen Gehorsam zu belohnen. Hinter mir habe ich etwas wie ein grosses schwarzes Meer gesehen, das von grossen schwarzen Tieren und Schlangen erfüllt war. Vor mir erblickte ich einen langen Weg, und am Ende des Weges Jesus, wie verborgen. Der ganze Weg war mit grossen Steinen bedeckt, die das Gehen sehr erschwerten. Es braucht viel Mut und guten Willen, um darauf voranzugehen. Je weiter man vorwärts geht, desto weniger Steine findet man. Das grosse Meer und die Tiere sind immer hinter denen her, die bis zum Ende gehen. Ich habe viele Menschen gesehen, die mit Eifer voranschritten. Wenn man sich Jesus nähert, wird der Weg angenehm; das grosse dunkle Meer wird zu einem leuchtenden Meer, und statt der Tiere gewahrt man Engel.

Auf der linken Seite erblickte ich einen kleinen See, dessen Wasser nicht sehr dunkel war; es befanden sich auch Tiere darin, aber nur kleine. Daneben sah ich die Vergnügungen. Die Leute, die dabei stehen bleiben, versinken im See, der ganz schwarz wird; die Tiere werden grösser, verschlingen die Seele und lassen sie in die Hölle fallen.

‹Sieh, meine Tochter›, hat Jesus zu mir gesagt, durch den Gehorsam gehst du auf dem Weg, der zu mir führt. Mit dem grossen Meer sind die schweren Sünden gemeint. Denen, die zu mir kommen, verzeihe ich diese Sünden und schenke ihnen den Himmel, während andere, deren Schuld geringer ist, schliesslich in die Hölle fallen, wenn sie im See bleiben, der das Sinnbild der Welt und der Natur ist.›»

Die Worte der kleinen Araberin über ihre leidenschaftliche Liebe zum göttlichen Willen offenbaren, aus welchem Metall ihr Gehorsam ist: Er ist aus reinem Stahl!

«Ich will immer, was Gott will! Ich tue stets den Willen Gottes.»

«Ich komme lieber in die Hölle durch den Willen Gottes, als in den Himmel durch meinen Willen.»

«Der Gehorsam ist alles!»

«Die Regel ist mehr als Wundertaten, mehr als der Himmel, sie ist alles.»

«Der Gehorsam ist der Seele, was die Flügel dem Vogel sind.»

Eines Tages hielt sie ein Buch in den Händen, in dem sich ein Zettel mit ihrer Gelübdeformel befand. Sie legte den Finger auf jedes der drei Worte (Keuschheit, Armut, Gehorsam) und sagte dabei: «Das wird in diamantenen Buchstaben auf der Stirn geschrieben stehen, und dies alles (der Rest der Formel) in reinem Gold. Der Gehorsam wird in der Mitte der Stirn geschrieben sein, denn Gott ist nichts angenehmer als der Gehorsam, weil auch Jesus gehorcht hat. Die Keuschheit ist nicht so gross wie der Gehorsam. Was hat der Herr als kleines Kind getan? Er hat gehorcht. Wenn er verachtet wurde? Er hat gehorcht. Und das letzte Wort, das er gesprochen hat: *Alles ist vollbracht,* bedeutet: Ich habe dein Wort erfüllt, ich habe gehorcht. Warum sind die Engel so tief gefallen? Nicht wegen (einer Sünde gegen) die Keuschheit, sondern weil sie nicht gehorcht haben. Der Hochmut besteht im Ungehorsam.»

Niemals suchte die Schwester ihre Priorinnen oder ihre Seelenführer zu beeinflussen. Sie war die gehorsamste Karmelitin, obschon sie zahlreiche Gelegenheiten gehabt hätte, sich durch ihren lebhaften Charakter zu widersetzen.

Das Erstaunlichste war, dass die Charismatikerin bis in ihre ausserordentlichen Zustände gehorchte, so sehr war ihr der Gehorsam in Fleisch und Blut übergegangen. Verlangt man, dass sie mitten in der Ekstase wieder zu sich komme? Die Entrückung hört auf. Befindet sie sich auf dem Gipfel einer Linde und befiehlt man ihr, sie solle wieder herunterkommen? Sogleich gehorcht sie der Stimme ihrer Priorin. Fordert man von ihr, sie solle dafür sorgen, dass ihre Wundmale verheilen und nicht wieder zum Vorschein kommen? Sie tut es.

Das sind Zeichen, die nichts mit Hysterie zu schaffen haben, sondern den übernatürlichen Ursprung dieser Zustände bestätigen. P. Garrigou-Lagrange sagte dazu: «Es muss in der Tat bemerkt werden, dass zwar beim Hysteriker Suggestion durch Hypnose möglich ist; dies jedoch nur durch den Einfluss eines gebieterischen Willens und einer starken Einbildungskraft auf eine krankhafte Empfindsamkeit, unter Preisgabe des Willens und ohne jegliches Verdienst... Man findet da keineswegs den moralischen Charakter des religiösen Gehorsams, in dem ein menschlicher Wille sich aus Tugend dem göttlichen Willen unterwirft und sogar aus der Ekstase hervorkommt, um zu gehorchen.»

«Gehorsam bis zum Wunderwirken?» Welch besseres Zeugnis könnte es dafür geben als das, welches die *Kleine* einige Augenblicke nach ihrem Tod gab? Aber lassen wir eine Augenzeugin, die Schwester Sekretärin, sprechen: «Als man den Leichnam in den Sarg gelegt hatte, sah man, wie ihre Arme sich dreimal von selbst aus dem Sarg hervorstreckten. Nachdem unsere Mutter Priorin sie mehrmals zurückgelegt hatte, sagte sie zu der Toten: ‹Mein Kind, ich bitte Sie im Namen des Gehorsams, lassen Sie die Arme gekreuzt, damit der Sarg geschlossen werden kann.› Und das gute Kind, das während seines Lebens bis zum Wunderwirken gehorcht hatte, gehorchte auch nach seinem Tod, und seine Arme blieben reglos liegen.»

Der Lobgesang auf die Liebe

Um schliesslich das Geheimnis dieses Daseins voller Kontraste mit seinen Entsagungen, seinen Leiden und Demütigungen, aber auch seinen Charismen, seinen Gnaden und Verklärungen zu erfassen, gibt es nur ein Wort: *Die Liebe;* nur einen Namen: *Den Heiligen*

Geist. Von Mirjam Bauardys Geburt bis zu ihrem Tod hat der himmlische Bildhauer unablässig an seinem Meisterwerk gearbeitet, es geläutert und im Feuer erstrahlen lassen. Er hat die Karmelitin von sich
selbst entleert, damit sie zu einem *kleinen Nichts* werden konnte, und
sie zugleich mit seinen Gaben überschüttet, um sie zu einer «lebendigen Liebesflamme» zu gestalten. Mirjam ist das Werk der Liebe.
Angesichts dieser Begnadeten denkt man unwillkürlich an die erste
Strophe des paulinischen *Hochgesangs auf die Liebe:* «Wenn ich in
Sprachen der Menschen und der Engel redete, hätte aber die Liebe
nicht, so wäre ich wie ein tönendes Erz und eine klingende Schelle.
Wenn ich die Gabe der Prophezeiung hätte, alle Geheimnisse wüsste
und alle hohe Erkenntnis, dazu auch allen Glauben besässe, um Berge zu versetzen, hätte aber die Liebe nicht, so wäre ich nichts» (1 Kor
13,1–2). Schwester Maria von Jesus dem Gekreuzigten besass die
ausserordentlichsten Charismen, vor allem aber das Charisma der
Charismen, nämlich die Liebe, im höchsten Grade. Versuchen wir,
den Stufen des Aufstiegs zum höchsten Gipfel der Liebe, der von der
Galiläerin in den letzten Monaten ihres Lebens erreicht wurde, nach-
zugehen.

Der Widerschein der Liebe

Die kleine Araberin von Abellin sah in allem und in allen, in jedem
nahen oder fernen, befreundeten oder unbekannten Wesen den Widerschein der Liebe. Wie schon betont, erkannte sie in der Natur die
geheimnisvolle, aber wirkliche Anwesenheit des Schöpfers. Alles
trug zu ihrem Aufschwung zu Gott bei: Blumen und Früchte, Vögel
und Schmetterlinge, Fische und Hunde, Hügel und Meer, Himmel
und Erde. Für diese Orientalin war die ganze Schöpfung die lebendige Ikone des Schöpfers.
Aber vor allem erblickte und erkannte sie in jeder ihrer Mitschwestern die göttliche Liebe. Gewiss besteht die heroische Bruderliebe
in den klausurierten Klöstern nicht in ausserordentlichen Heldenta-
ten. Das Ausserordentliche besteht vielmehr darin, das Gewöhnliche mit Aufmerksamkeit und Feingefühl, unablässig und mit ständig
sich steigernder Liebe zu vollbringen. Die Eintönigkeit des «schrecklich Alltäglichen», das Leben mit immer denselben Menschen inner-
halb hoher Mauern, die sie nicht nur von der Aussenwelt abschliessen, sondern auch ihren Geist und ihr Herz verengern können, ist
nicht immer leicht zu ertragen. Dazu kommt noch die tägliche Wie-
derholung derselben Bewegungen, derselben Übungen, desselben
Hin und Her!

Es ist eine durch die Erfahrung bestätigte Tatsache, dass der Mensch sich nur vervollkommnen, seine Persönlichkeit sich nur festigen und entfalten kann durch Konfliktbeziehungen zu seinen Mitmenschen, durch Spannungen und vielleicht mehr noch durch die tägliche Bemühung, diese zu überwinden. Die Liebe Schwester Marias von Jesus dem Gekreuzigten zu ihren Gefährtinnen war voller Aufmerksamkeit, Feingefühl und unermüdlicher Hingabe. Sie schaute ständig nach Gelegenheiten aus, Freude zu bereiten, Schmerzen zu lindern oder anderen eine schwere Arbeit abzunehmen. In allen Menschen, aber in erster Linie in ihren Mitschwestern, die Bräute Christi sind, liebt und verehrt und dient sie Jesus.

Wenn es not tat, schwang sich ihre Liebe bis zum höchsten Heldentum auf. So pflegte sie während der dramatischen Fahrt über das Rote Meer auf dem Weg nach Indien Tag und Nacht ihre schwer erkrankten Mitschwestern, von denen drei während den Zwischenlandungen starben.

Im Januar 1875 wütete eine Grippe-Epidemie im Karmel von Pau. Trotz eines strengen vierzigtägigen Fastens pflegte die *kleine Araberin* ihre Schwestern mit grösster Hingabe. Die Novizenmeisterin schrieb darüber: «Man kann sich die Liebe und Hingabe, mit denen sie sich für die Kranken einsetzt, kaum vorstellen. Ständig auf den Beinen, am Kochherd, um für schwer erkrankte Nonnen eine abwechslungsreiche Kost zu bereiten ruht sie sich nur kurz aus.» Einmal erhielt sie Kunde vom Traum einer wählerischen Kranken, die nichts mehr ass. Sogleich kochte sie das auserlesene Gericht, von dem jene geträumt hatte. Als sie es ihr brachte, sagte sie liebevoll mit ihrem gewinnendsten Lächeln: «Ich habe von deinem Traum gehört und mir gedacht, ich wolle ihn erfüllen. So habe ich diese Speise eigens für dich zubereitet. Träume nur immer solche Träume!»

Gibt es im Garten eine schwere Arbeit zu verrichten, so geht sie trotz ihrer Erschöpfung. Im Waschhaus ist sie immer die erste und legt eine Binde um die Stirn, um ihre Kopfschmerzen etwas zu lindern. «Wir sehen sie oft arbeiten und sich für die anderen einsetzen, wenn sie fast nicht mehr kann.» Ganze Nächte wacht sie bei dem Feuer, das nicht verlöschen darf, und ruht nur auf einem Stuhl aus.

Sie opferte ihre Leiden für eine ihrer Berufung untreu gewordenen Schwester, die sie mit ihren Verleumdungen verfolgte. Hören wir, was ein Zeuge darüber erzählt: «Im Karmel von Pau habe ich Schwester Maria-Alphonsa gekannt, die Bischof Lacroix mit ihren hartnäckigen Bitten dazu brachte, ihr zu erlauben, sich in den Karmel von Mangalore zu begeben. Sie unternahm die Reise 1871 und kam 1872 mit Schwester Maria von Jesus dem Gekreuzigten wieder zurück. Als diese das wenig klösterliche Verhalten ihrer Gefährtin mit einem Offizier bemerkte, machte sie ihr Vorhaltungen, wodurch sie sich den Groll der Schuldigen und nach deren Laisierung Verleumdungen aller Art zuzog. Die Dienerin Gottes rächte sich, indem sie für die frühere Schwester betete und bedeutende Busswerke für sie aufopferte. Zu ihrer Freude erlangte sie deren Rückkehr zu Gott.» Die Schwester trat aufs neue in den Karmel von Pau ein.

Den Widerschein der göttlichen Liebe schaute die Seherin auch in den Menschen, die sie im Sprechzimmer, während ihrer Reisen und insbesondere in den letzten Monaten ihres Lebens auf dem Bauplatz, den sie auf dem Hügel Davids beaufsichtigte, kennen lernte. Sie bezeugte ihr Interesse den zumeist muslimischen Arbeitern, die ihr grosse Dankbarkeit und Verehrung entgegenbrachten. Sie hatte sogar Erbarmen mit den Kamelen, die schwere Steinlasten zu schleppen hatten. Einmal empfahl sie dem Kamelführer, das Gewicht auf dem Rücken des offensichtlich erschöpften Tieres zu vermindern.

Die Nonne starb an den Folgen einer den Arbeitern erwiesenen Liebestat. Ein Handwerker, Farah Lolos, sagte: «Ich habe drei Jahre lang unter ihrer Aufsicht gearbeitet. Es ist meine Überzeugung, dass diese Schwester wirklich alle Tugenden geübt hat.» Alle anderen Arbeiter — meist etwa sechzig oder mehr — waren derselben Ansicht. Ausnahmslos priesen sie ihre Güte.

Das ging gewiss nicht ohne Anstrengung von Seiten der Galiläerin, denn die vollkommene Sanftmut war ihr nicht angeboren. Immer wieder hatte sie Ausbrüche ihrer leicht erregbaren, empfindsamen und aufbrausenden Natur zu bereuen. Im Gemeinschaftsleben und insbesondere in der strengen Klausur braucht es wenig, um Ärger und Nervosität hervorzurufen. Von einem Bauplatz mit so ungeschliffenen Männern ganz zu schweigen!

Den Widerschein Gottes ahnte die Araberin auch in den muslimischen und heidnischen Massen, unter denen sie in Indien und Palästina gelebt hat. Ökumenismus und Kontakte zu den nichtchristlichen Religionen gab es damals noch kaum. Für die Karmelitin war aber jeder Mensch nach dem Ebenbild Gottes geschaffen, und jeder, so sündig er auch sein mochte, wurde von Gott geliebt und gesucht, war nach seinem Bild geschaffen. Daher ihr ständiges Anliegen, Gott in Jesus Christus zu verkündigen. Auch in dieser Hinsicht hatte sie als wahre Tochter der heiligen Teresa von Avila eine missionarische Seele. Wie etwas später Theresia vom Kinde Jesu, horchte auch sie in ihrem geschlossenen Kloster auf die Rufe und Nöte der Sünder und Heiden. Hatte sie nicht unter dem Druck ihres leidenschaftlichen Wunsches nach der Verkündigung des Evangeliums Missionsklöster in Indien, einem buddhistischen, und Palästina, einem muslimischen Land, gegründet?

Sie betete für die Missionare und Märtyrer und opferte sich für sie auf. «Da wir nicht wie sie arbeiten können, müssen wir ihnen durch unser Gebet und Opfer helfen!» Sie küsste die Seiten des Buches, in dem von den Leiden der Märtyrer die Rede war: «Ich bin eine Tochter der Kirche, meiner Mutter, der Kirche, ich möchte den Martertod erleiden!» Zu einer Zeit, wo die Nachrichten aus dem Ausland nur mit grosser Verspätung eintrafen, erfreute sie sich, wie wir gesehen haben, der Gabe des «Fernsehens». Sie teilte ihren Gefährtinnen Ereignisse mit, die sich in den Missionsländern abspielten und von denen sie keine natürliche Kenntnis haben konnte. So wohnte sie den Überschwemmungen in Indien bei, die schreckliche Verheerungen anrichteten. Sie schaute und beschrieb sogar Marterszenen, die sich in China abspielten.

In Frankreich wandten sich die Missionare von Bétharram – ihre *Brüder,* wie sie sie mit Vorliebe nannte – an Schwester Maria von Jesus dem Gekreuzigten, wenn es um die Bekehrung grosser Sünder ging. Da sie Gott ganz angehörte, war sie auch den Menschen völlig ergeben. Ist dies nicht die höchste Spitze der Liebe? Diese ist Abkehr von sich selbst, um sich den anderen zuzuwenden, Selbsthingabe, *Verzeihung,* das heisst: Vollkommenes Sich-Verschenken. Gott ist Verzeihung, weil er die Allmacht der Liebe ist. Er ist, wie Theresia von Lisieux in Erinnerung ruft, die barmherzige Liebe.

«Rendez-vous» der Liebe

Wenn die kleine Araberin Gott schon in seinem irdischen Widerschein in seinen Geschöpfen so innig sucht, findet und liebt, was müssen dann erst ihre persönlichen Begegnungen, ihre «Rendezvous» mit Gott gewesen sein? Aber wie könnte man in das Geheimnis einer solchen Seele eindringen! Es scheint, man würde da einer unaufhörlichen Anbetung des Herrn, einem mehr und mehr schwindelerregenden Aufstieg einer Seele und eines Leibes in Feuersglut beiwohnen? Versuchen wir, mit unendlicher Behutsamkeit, diese innere Burg zu besuchen.

Den Gott der Liebe sieht und besitzt Schwester Maria von Jesus dem Gekreuzigten vor allem im inneren Gebet. Von Kindheit an offenbarte sich ihre kontemplative Seele. Sie zog sich gern in die geheime Zelle ihres Herzens zurück, wo «der Vater im Verborgenen sieht», wie Jesus gesagt hat. Die Entrückung war fast ihr normaler Zustand während der beiden täglichen Betrachtungsstunden der Nonnen. Sie ist ein Inbegriff der Sammlung, und der Wohlgeruch Gottes entströmt ihr. Stets durchquert sie die Gänge mit gesenkten Augen, die Hände unter dem Skapulier. «Ich war ihre Arbeitsgefährtin», erzählt eine Karmelitin, «und bezeuge, dass sie mir trotz ihrer eifrigen Arbeit den Eindruck machte, sie lebe ständig in der Gegenwart Gottes.»

Ihre mündlichen Gebete, wie zum Beispiel das gemeinsame Rosenkranzgebet oder auch nur ein einfaches *Vaterunser,* wandeln sich in Betrachtung um. Wenn sie mehrere *Vaterunser* zu beten hatte, gelang ihr das nur mit grosser Mühe, weil sie sich in der Kontemplation verlor. In ihren Gesprächen und während der Erholungsstunden sprach sie oft von Gott oder suchte ein gewöhnliches Gespräch auf Gott hinzulenken. Wie für Jesus das Gebet zu einem einzigen glühenden *«Abba, Vater!»* wurde, so verdichtete sich das innerliche Gebet der Galiläerin in dem einzigen, leidenschaftlichen Aufschrei: «O Liebe! O Liebe!» Selbst hochoben auf der Linde, wohin der Geist sie entrückt hatte. Die Zeugen sind einmütig: «Wenn man sich ihr näherte, spürte man nur Gott.»

«Ihre ganze Person», sagte eine gute Bethlehemitin, Frau Morcos, «erstrahlte in einem Licht Gottes und des Heiligen Geistes.» Ihr bevorzugtes Stossgebet war: «Mein Gott, ich liebe dich!» Sie war niemals die Sklavin ihrer Sinne oder Launen. Ganz von Reinheit und Liebe durchdrungen, lebte sie im Unsichtbaren und schaute es. Die Seherin fand ihre Erholung in der Gesellschaft Jesu, Mariens, der Engel und der Heiligen.

Ist es da erstaunlich, dass diesem *brennenden Dornbusch* Hymnen und Psalmen wie Feuergarben entströmten? Hier eine dieser lebendigen Flammen als ihr *Magnifikat:*

«Mein entzückter Geist betrachtet all deine Werke.
Wer kann von dir sprechen, o du grosser Gott!
O Allmächtiger, meine entzückte Seele!
Seine wunderbare Schönheit entzückt meine Seele.
Wer kann sagen, dass der Allmächtige uns anschaut?
Ein Blick!
Du, der du mich anblickst, komm zu mir kleinem Nichts!
Ich kann hienieden nicht mehr verweilen, meine Seele seufzt zu Dir!
Ruf mich zu dir, wecke mich auf!
Du allein, mein Gott, mein Alles!
Himmel und Erde und Sonne freuen sich über deinen grossen Namen.
Ich sehe dich, allerhöchste Güte: Dein Blick ist mütterlich.

Mein Vater, meine Mutter, in euch schlafe ich,
In euch atme ich. O wachet auf!
Meine Seele ist wie wahnsinnig,
Sie kann nicht mehr, zieh sie an dich!
Wann werden wir Gott schauen ohne Ende!»

Die Charismatikerin sieht den Gott der Liebe und betet ihn an *im wahrhaftigsten* Sakrament seiner wirklichen Gegenwart, der Eucharistie. Erinnern wir uns an die geheime Erstkommunion der Achtjährigen, an ihren Hunger nach der Hostie. Sie badet ihr Leben lang in der wunderbaren Helle des lebendigen Brotes. Als Karmelitin erwartete sie die Kommunion kniend im Chor und brachte ihre Sehnsucht oft mit lauter Stimme zum Ausdruck: «Unter anderem», sagt eine ihrer Gefährtinnen, «habe ich sie sagen hören: ‹Gebt mir Jesus rasch, um mich zu stärken; ich bin krank, gebt mir Jesus rasch, um mich zu erquicken; ich bin hungrig, gebt mir Jesus rasch, um mich zu sättigen›.» Eines Morgens betrat P. Chirou, der Spiritual des Karmels von Bethlehem, die Kapelle, während sie im Chor mit lauter Stimme Liebesrufe wiederholte. Als sie ihn gewahrte, sagte sie, er solle sich beeilen, ihr die Kommunion zu spenden.

Der Priester antwortete ihr mit einer gewissen Heftigkeit: «Aber, Geschöpf Gottes, Geduld! Geduld!» Eine Karmelitin bezeugt: «Ich habe sie von der Kommunion zurückkommen und sich leidenschaftlich auf die Knie werfen sehen, und sie sagte mit Nachdruck: ‹Jetzt habe ich alles!›».

Während ihrer privaten Besuche beim Allerheiligsten verlor sie sich in Gott. Es geschah, dass sie, von übernatürlicher Freude hingerissen, im Chor vor dem Altar zu tanzen begann. Darin erkennen wir wieder ein bezeichnendes Verhalten der kleinen Orientalin. Wie um sich zu entschuldigen, sagte sie dann: «David hat vor der Bundeslade getanzt, und ich tanze vor dem Tabernakel.» Nimmt für den Psalmisten nicht Gott selbst am Tanze seiner Kinder teil? P. Lazarus bemerkt, dass die Ekstatikerin bisweilen sogar an die Tür des Tabernakels klopfte, wenn sie ein Lied an die göttliche Liebe sang, und dabei sagte: «Wach auf! Wach auf! Du schläfst ja!» Man denkt an jene Worte des heiligen Nikolaus von Flüe: «Gott weiss dem Gebet einen Geschmack zu geben, dass man dazu wie in den Kampf geht, oder auch, dass man dazu wie zum Tanz geht!»

Der Schmerz und die Liebe

Schliesslich und vor allem hat die kleine Araberin den Gott der Liebe fast ohne Unterlass am Kreuz gesucht und gefunden. Da ihr Bräutigam ein Gekreuzigter war, wollte auch sie als Gekreuzigte leben, um grösstmögliche Gleichförmigkeit mit ihm zu erreichen. Sie lebte ganz nach ihrem Namen, den sie im Karmel hatte: *Maria von Jesus dem Gekreuzigten.* Man kann sagen, dass ihr mystisches Leben aus dem «roten Faden der Märtyrer und dem goldenen Faden der Verklärungen» gewoben ist, nach einem Wort von Oliver Clément über die Spiritualität der östlichen Christenheit.

Schon in ihrer Kindheit in Abellin hatte der Herr sie erfahren und begreifen lassen, dass Lieben gleichbedeutend mit Leiden ist. Aber leiden wie Jesus, mit Jesus, für Jesus. Lassen wir uns nicht durch die allzu überschwenglichen Farben und Düfte der Dichtung dieser Palästinenserin in die Irre führen. Selbst ihre Gedichte sind ein wahres und reines Schluchzen, Blutstropfen, die aus ihrem durchbohrten Herzen, ihrer «Liebeswunde» gequollen sind. Wir haben heute weniger Sinn für Busse und Sühne, denen man sich insbesondere im letzten Jahrhundert mit grossem Ernst unterwarf. Und dennoch kann man die Begriffe Opfer, Aufopferung und Sühne nicht aus dem Christentum ausmerzen, wenn sie auch von dem allzu starken Aspekt der Rechtfertigung geläutert werden sollen. Die Mystiker sprechen von Brandopfer, das heisst: Von einer Zerstörung, die der Verzehrung durch das Feuer ähnlich ist. Pascals Wort wird sich immer als wahr erweisen, und die von Gott auserwählten Opfer sind dessen lebendige Illustration: «Jesus liegt bis ans Ende der Welt im Todeskampf, und man soll während dieser Zeit nicht schlafen. Ich muss meine Wunden zu den seinen fügen und mich zu ihm gesellen.» Die vom Leiden heimgesuchten Opfer hindern uns am Einschlafen.

Das Evangelium ist kategorisch: Nur durch den Tod finden wir den Zugang zum Leben, und man kann das Leben nur finden, wenn man es verliert. Das Evangelium erhebt Anspruch auf radikalen Verzicht. Ohne Leiden und Kreuz gibt es keine wahre Liebe.

Mirjam von Abellin hat in ihrem Fleisch und ihrem Herzen das Drama des Kreuzes erlebt, im Wechsel und oft in der Verschachtelung von physischen Schmerzen und innerlichen Leiden, von Verzweiflung und Verlassenheit, von Aufenthalten in der Hölle und Verworfenheit. Diese Teilnahme am Geheimnis des Kreuzes führte schliesslich dazu, dass an ihren Händen und Füssen, an ihrem Herzen und auf ihrer Stirn die Zeichen der Kreuzigung sichtbar erschienen. Schliesslich brachte sie selbst den Teufel zur Verzweiflung, der be-

kannte: «Wenn ich gewusst hätte, wie viel Böses sie mir zufügen sollte, hätte ich sie in ihrer Wiege erwürgt.»

Welch heftige Sehnsucht nach dem Leiden hatte sie! «Mein Gott,
wenn du es willst, gib mir noch mehr Leiden! Wenn ich dich nur lieben darf!» Die Novizenmeisterin bemerkte, dass sie «desto froher
war, je mehr sie zu leiden hatte».

War dieses Verlangen nach Leiden nicht irgendwie krankhaft oder
ungesund? Es ist leicht, alles mit Masochismus abzutun! Zweifelsohne soll man um jeden Preis gegen das Leiden ankämpfen. Aber was
der Mensch auch tun mag, er wird geboren, wächst heran, arbeitet,
freut sich, sündigt und stirbt unter Schmerzen. Laster und Tugend,
Kunst und Arbeit verursachen Schmerzen. Das Leiden ist die geheimnisvolle Gefährtin, die uns von der Geburt bis zum Tod begleitet. Sündigen wollen, ohne zu leiden, ist ein Haschen nach dem Un-
möglichen. Gott dagegen lädt seine Freunde ein, zu leiden, ohne zu
sündigen. Das ist die Torheit des Kreuzes.

Die Kunst der Heiligkeit besteht darin, das Leiden als ein Gottesge-
schenk anzunehmen. Durch die Wunden unseres Leibes und unseres
Geistes impft der gekreuzigte Gott uns seine Liebe ein. Schwester
Maria von Jesus dem Gekreuzigten litt, «weil die Liebe nicht geliebt
wird». Das ist der Schrei all jener Seelen, die von leidenschaftlicher
Liebe zum Gott der Liebe entbrannt sind.

Die kleine Araberin floh nicht vor dem Leiden, suchte es aber auch
nicht um seiner selbst willen. Sie wusste, dass die Liebe den Schmerz
erträgt und sublimiert. Nur durch die Liebe lässt sich das Leiden
überwinden. Die Mystiker begreifen das. Sie nahm das Leiden an,
ohne ihren Blick darauf zu heften. Ihre Augen wandten sich nach
oben zum Kreuz, an dem ihr angebeteter Bräutigam blutete. Die
Kleine sehnte sich nicht nach dem Kreuz an sich, sondern nach der
Vereinigung mit dem ans Kreuz geschlagenen Jesus. Für sie war es
ein und dasselbe, die Beute des Kreuzes oder die Beute Christi zu
werden. Daher war das Kreuz schliesslich Quell der Freude für sie.
Weder Strafe noch Unglück, sondern Quell der Läuterungen, der
Sühne und tiefer Freude bedeutete das Leiden für dieses Kind. Das
Kreuz schenkt wahre Freude.

In der Biographie über die heilige Margarita von Cortona schreibt
Mauriac über die Frauen, die er die *Keren des Schmerzes*[1] nennt:
«Wir sind es, welche die erschreckenden Masslosigkeiten dieser hei-
ligen Büsserinnen nötig machen. Unsere Unreinheit steht am Ur-

---

[1] Der Begriff «Keren» ist griechischen Ursprungs und bedeutet: Dämonen der Ver-
derbnis, besonders des Todes.

sprung des Martyriums, das die wahren Freunde Christi sich selbst zufügen und an dem wir manchmal bis zum Ekel Anstoss nehmen.» Schwester Maria von Jesus dem Gekreuzigten liebt das Kreuz, weil es Offenbarung und Gabe des Gottes der Liebe ist. Daher erlebt sie gleichzeitig die Dunkelheit und das Licht des Ostergeheimnisses: Tod und Leben, Leiden und Wonne. Bei Gustav Thibon finden wir diese treffende Bemerkung: «Das Kreuz vermählt den Schmerz mit dem Himmel. Im Kreuz ist das Leiden in die Freude der Liebe getaucht.» Je reiner ein Mensch ist, desto stärker ist er auch zum Leiden berufen. Weil Christus schlechthin *der Unschuldige,* das Lamm Gottes ist, war er auch der grösste Leidende der Menschheit, aber auch jener, der von seiner «vollkommenen Freude» sprechen konnte. Und das verleiht ihm das Recht, an seine Freunde als der gewaltige Bettler der Liebe heranzutreten und auch erhört zu werden.

Mirjam von Abellin war dem Gekreuzigten gegenüber nur ein «Ja»: «Ich wünsche nicht zu sterben, sondern immer zu leiden. Ich sage das nicht, weil es mein Wille, sondern weil es meine Neigung ist. Nicht sterben, sondern leiden.» Hier findet man die leidenschaftliche Sprache einer Teresa von Avila wieder. Aber wir möchten auch auf das Masshalten und den gesunden Menschenverstand der kleinen Araberin hinweisen: «Die Seele soll nicht sagen: Ich möchte dieses Kreuz, diese Demütigung, diese Entbehrung. Keine solchen Wünsche, denn der Eigenwille verdirbt alles. Es ist besser durch den Willen Gottes weniger, als aus Eigenwillen mehr zu leiden. Das Wesentliche ist, alles, was Gott gefällt, liebend anzunehmen.»

Was Mirjam betrifft, so verlangte Gott viel von ihr.

Der Ring der Liebe

Jesus ist ein blutiger Bräutigam. Er feiert seine Hochzeit im Blut. Für Mirjam war das nicht nur ein Sinnbild. Sie hat ihren Bräutigam niemals enttäuscht, sondern buchstäblich ihr Blut hingegeben. Ihre mystische Hochzeit hat sie auf dem Kreuz gefeiert. Nach einer langen Verlobungszeit, die notwendig war, damit der Herr sich eine «herrliche Braut ohne Flecken und Runzel, ohne Makel, aber heilig und untadelig» (Eph 5,27) bereiten konnte, kam der Tag der *geistlichen Vermählung,* wie die Mystiker sagen, der höchsten Stufe des Einswerdens mit Gott auf Erden.

Wir befinden uns im Jahre 1876, im Karmel von Bethlehem. Schwester Maria von Jesus dem Gekreuzigten ist dreissig Jahre alt. Sie hat sich auf ihre Hochzeit vorbereitet durch eine Fastenzeit, während der die Wundmale wieder aufbrachen und die Dornenkrone aufs neue auf ihrer Stirn erschien. Aber vernehmen wir das Geheimnis dieser Vermählung aus dem Mund der Begnadeten selbst während einer Ekstase. Rätselhafte Boten schlagen ihr vor, entweder sogleich zu sterben oder noch einige Zeit inmitten von Prüfungen zu leben, die durch einen wilden Wald versinnbildet sind.

«Die Kinder (Engel) sagen: ‹Wenn du durch den Wald gehst, wirst du fallen. Wenn du rasch zu Jesus gehst, wird der Herr dir geben, was du ersehnst.›Jetzt ist der Augenblick der Entscheidung gekommen. Aber wenn ich jetzt gehe, habe ich meinem Gott nichts anzubieten. Ich werde Zeit zum Geniessen haben und keine Zeit zum Leiden! Was ist Gott angenehmer? Sagt meinem Gott, dass ich will, was ihm am angenehmsten ist. Wenn ich jedoch fallen und Jesus beleidigen sollte, dann will ich rasch zu ihm gehen. Aber wenn er verspricht, mich zu bewahren, dann nehme ich jegliche Qual an. Ja, ja, ich willige aus ganzem Herzen ein. Für meinen Schöpfer ist es gewiss der Mühe wert. Alles vergeht! Ich bin glücklich, dass mein Schöpfer die Wahl trifft. Wenn ich selbst gewählt hätte... Aber der Herr wird mich bewahren und mir den Ring anstecken, und ich werde in Frieden gehen; er wird nicht zulassen, dass ich falle.»

Bei diesen Worten sieht man sie den Ringfinger ihrer linken Hand küssen. Sie scheint einen Ring von diesem Finger abzustreifen und ihn an den Ringfinger der rechten Hand zu stecken, indem sie ihn aufs neue küsst. Seither küsste sie den unsichtbaren Ring oftmals und immer an demselben Finger.

Sie betrachtete ihn mit Entzücken, und dieser Anblick stürzt sie in unsagbare Freude. Sie fährt fort: «Ich werde den Ring, meinen lieben Ring behalten. Ich wusste nicht, dass es einen verborgenen Ring für mich gab. Er ist schwer und leicht zugleich. Niemals habe ich einen Ring empfangen. Ich bin glücklich und habe ihn nicht verdient.»

Sie küsst den Ring aufs neue und sucht drei Worte zu buchstabieren, die sie darauf eingraviert sieht: «Es stehen da drei Worte», sagt sie, «aber es gelingt ihr nicht, sie zu entziffern. Dann fährt sie fort: «Die, welche sagen: *Herr, tu was du willst,* werden einen Ring empfangen. Es ist der Ring des Bundes. Vom Himmel und von der Erde wird man Steine auf mich werfen. Aber schliesslich achtet man mich dennoch wegen des Bundes. O mein Alles, ich habe den Ring nicht verdient. Ich habe einen Preis für meinen Undank empfangen. Man gibt ihn mir als Geschenk.»

Und nun steigt der Gesang der Braut an ihrem Hochzeitsmorgen zu ihrem Bräutigam auf. René Schwob schreibt: «Aber da ihr ganzes Leben eine einzige ununterbrochene Hingabe an die Liebe gewesen ist, sind ihre Lieder nur wie einfache Akkorde, die bisweilen hervortreten.» Hier auf gut Glück ein paar davon:

«Ich bin in Gott, und Gott ist in mir. Ich fühle, dass alle Geschöpfe, die Bäume, die Blumen Gott gehören und auch mir. Ich habe keinen Willen mehr, er gehört Gott. Und alles, was Gottes ist, gehört auch mir.»

«Der Herr will ein Brandopfer ohne Vorbehalt. Gib ihm alles.»

«Ich wünsche mir ein Herz, grösser als die Erde und das Meer, um dich zu lieben, mein Gott.»

«Ich kann nicht mehr! Die Liebe brennt mich, verzehrt mich, röstet mich. Er ist hier. Ich fühle mich wie Gott. Gott ist in meinem Herzen, in meinem Leib! Er ist bei mir! Wie kommt es, dass der Herr sich erniedrigt? Mein Gott und mein Alles! Es ist süss, an Jesus zu denken, aber süsser noch, seinen Willen zu erfüllen! Wann werde ich in diesem schönen Himmel sein? Ich hoffe, meinen Gott zu sehen. Ja, ich werde ihn sehen. Mein Herz sagt es mir, meine Seele sagt es mir: Ich werde Gott schauen! Meinen Gott! All meine Hoffnung ist in ihm. Mein Herz zerfliesst. All meine Sinne sind auf Gott hin ausgerichtet. Alles löst sich in Gott auf. Ich werde meinen Gott schauen! Ich werde meinen Gott schauen!»

Die Mystiker erinnern uns daran, dass die Sehnsucht Gottes, seine Absicht mit dem Menschen unsere Vergöttlichung ist. Der Hymnus auf die Liebe, den Schwester Maria von Jesus dem Gekreuzigten ihr ganzes Leben lang gesungen hat, wird sich mit dem Schlussakkord des Todes vollenden.

Der Tod und die Botschaft

Am 5. Januar 1878 begann Schwester Maria von Jesus dem Gekreuzigten ihr dreiunddreissigstes Lebensjahr. Ihr Leben geht nun seinem Ende zu. Sie weiss es, denn ihre Stimmen erinnern sie daran, dass sie ihr drittes Jahr im Karmel von Bethlehem nicht vollenden wird. Glücklich, in demselben Alter wie Jesus der Gekreuzigte zu sterben, sucht sie nicht, ihren baldigen Tod zu vergessen. Sie empfindet ihn weder als eine Überraschung noch als einen Misserfolg, sondern als die Vollendung und Erfüllung ihres Lebens, als den vollkommenen Schlussakkord eines Daseins, das eine Symphonie pathétique war, die Symphonie der Liebe.

Todesfälle, die Mirjams Heimgang ankündigen

Die meisten Hauptdarsteller im Drama ihres Lebens sind schon ins Jenseits hinübergegangen. Als erste hatte Mutter Elias, die erste Priorin und Novizenmeisterin der *Kleinen* in Pau, am 5. November 1870 auf der Missionsreise nach Indien diese Erde verlassen, als sie bei einer Zwischenlandung in Kalikat starb. Diese heilige Nonne hat von ihrer geistlichen Lieblingstochter ein Porträt entworfen, das wir hier wiedergeben:

«Ich spüre, dass ich ihr Charakterbild nur halb darzustellen vermag. Eine geübte Feder wäre nötig, um diese schöne Seele zu schildern in ihrer Kindlichkeit und Einfachheit, ihrer Demut und Grossmut, ihrer Liebe zu Gott und dem Nächsten, ihrer Seelenstärke in der Prüfung, ihrem Glauben, ihrem Gottvertrauen, ihrer Standhaftigkeit im Kampf gegen den Bösen Feind, der sie unaufhörlich verfolgt, in ihrer Liebe für das verborgene, gemeinschaftliche und gewöhnliche Leben. Man muss diese Schwester sehen und ihr nachgehen, um sie richtig zu beurteilen. Kommt alles Ausserordentliche, das in ihr vorgeht, gehöre es nun der Vergangenheit oder der Gegenwart an, von Gott? Wir sind nicht befugt, dies zu beurteilen. Das einzige, was wir sagen können, ist dieses: Wenn nicht der Geist Gottes der Urheber ist, würde unsere Novizin uns noch bewundernswerter erscheinen, weil sie es vermochte, als der Teufel auf sie einwirken durfte, Gott hoffnungsvoll die Treue zu halten, demütig und klein zu bleiben, ohne je die Hochschätzung der Geschöpfe zu suchen; denn sie will in allem nur den Willen Gottes und seine grössere Ehre. Ich habe ihre Gesinnung eingehend geprüft und festgestellt, dass sie niemals von ihrem Weg abgewichen ist, dem Weg einer vollkommen aufrichtigen Seele, die nur Gott allein sucht.»

Abbé Manaudas, der Superior des Priesterseminars von Bayonne und Exorzist des Bistums, war am 7. März 1873 gestorben. Bischof Marie-Ephrem war im besten Alter am Gründonnerstag desselben Jahres heimgegangen. Abbé Bordacher, einer der römischen Boten der kleinen Araberin, starb am 15. Oktober 1877, während ihm P. Estrate und Fräulein Dartigaux beistanden. Am 7. Februar 1878 verschied Papst Pius IX. in Rom. Dieser Tag wurde in Bethlehem zu einem Tag des Schreckens und himmlischer Drohungen, wie aus dem Bericht der Karmelitin, die das Amt der Sekretärin zu versehen hatte, ersichtlich ist:

«Am 7. Februar 1878 wurde die schon so tiefe Traurigkeit Schwester Marias durch ein recht tragisches Ereignis noch gesteigert. Der Winter war sehr hart; der in grossen Flocken gefallene Schnee blieb lange vereist liegen. Da stürzte die Klausurmauer neben der kleinen Zisterne beim Vorchor plötzlich ein und drohte wahre Verheerungen auf der tiefer gelegenen Ebene anzurichten. Die Steine, die sich von der Mauer lösten, flogen weit umher. Als Schwester Maria von Jesus dem Gekreuzigten von dem Vorfall hörte, war sie untröstlich. In demselben Moment hatte sie auch den Eindruck, dass ein grosses Unheil über die Kirche hereingebrochen war. Es war am 7. Februar 1878, ein für katholische Herzen unvergesslicher Tag.

Unser Heiliger Vater Pius IX. war von Gott wie eine reife Frucht der Heiligkeit gepflückt worden. Da hatte Schwester Maria von Jesus dem Gekreuzigten eine erhabene Vision. Sie wohnte dem schönen Sterben des Papstes der Unbefleckten Empfängnis und des Dogmas der päpstlichen Unfehlbarkeit bei. Während dieser erhabenen Ekstase schien er sich mit ihr zu unterhalten. Er nannte sie mit väterlicher Stimme «Kind Gottes, meine kleine Maria», und unsere heilige Schwester antwortete mit einer reizenden, liebevollen Kindlichkeit auf seine Fragen. Für Momente war ihr Antlitz von einem majestätischen Ernst überzogen, der dem bekannten Ausdruck Pius' IX. so unsagbar ähnlich sah...»

Einige Tage später traf die Nachricht vom Tode des Papstes im Karmel ein. Die Seherin empfand tiefen Schmerz und suchte möglichst viele Einzelheiten über die letzten Augenblicke *ihres* Papstes zu erfahren.

All diese wichtigen Todesfälle waren für sie Vorboten, die ihren eigenen Tod ankündigten.

Die letzten Vorkehrungen

Die Sehnsucht nach dem Tod wird in dieser Seele, in welcher der Heilige Geist wohnt, immer lebendiger. Ihre Worte werden dringlicher:

O, meine Natur lehnt sich auf und will nicht sterben. Und gleichzeitig erschauert mein Herz vor Freude, weil meine Augen meinen Schöpfer sehen werden. O, mein Gott, welch ein Glück! Meine Augen werden dich schauen, ich werde zu dir kommen! Es stimmt, dass ich gesündigt habe, aber ich bin voller Vertrauen. Beschleunige, mein Gott, den Augenblick, in dem ich zu dir kommen werde! Nichts gefällt mir mehr auf Erden. Eile, eile, Herr! Ich hänge jetzt an nichts mehr. Aber wenn ich weiterlebe, befürchte ich, mich an etwas zu klammern. Ich habe Angst vor mir selber.

Mein Herz kann nicht mehr; wie willst du denn, dass ich noch lebe! O seliger Tod, der mich meinen Gott schauen lassen wird! Welch einen Freudensprung werde ich tun, wenn ich meinen Gott sehen werde!

Mein Fleisch liebt den Herrn; meine Knochen lieben meinen Gott. O zögere nicht! Höre auf meine Klage, o mein Gott!

Wenn ich dich schauen werde, wird alles in mir wieder Leben und neue Kraft in dir gewinnen, o mein Gott.

O mein Gott, wie blind ist die Welt, wenn sie sich vor dem Tod fürchtet! Vor diesem seligen Tod! Man fürchtet sich davor, Gott zu schauen!

O gewinnbringender Tod, du befreist aus dem Gefängnis. Die Finsternis verlassen und in den Tag eingehen! Ich werde meinen Gott schauen, der Herr hat es mir versprochen!

Als sie im Mai von Abellin und Nazareth zurückkam, vertraute sie ihrer Novizenmeisterin an, dass der Herr sie durch eine ausserordentliche Gnade der Vereinigung beglückt hatte. In der Verkündigungsgrotte hatte sie mehrere Ekstasen. Die Wonne war so berauschend, dass sie einige Augenblicke lang kaum mehr konnte, und man hörte wie sie Jesus zuflüsterte: «Lass mich ein wenig!»

Sie wurde immer demütiger und gehorsamer und hielt ständig Ausschau nach allen, auch den geringsten Diensten, die sie ihren Schwestern leisten konnte. Sie teilte ihnen die göttlichen Ratschläge mit, die sie für ihre Gefährtinnen empfing: «Der Herr will in Bethlehem nur demütige Seelen, wirkliche Nichtse, auf die er einwirken und in denen er wahre Heiligkeit schaffen kann, Seelen des Gebetes, der Entsagung, der Liebe, des Gehorsams.»

Bei Sommeranfang wurden die Bauarbeiten des Klosters beschleunigt. Tapfer widmete sich die Laienschwester auch weiterhin ihrem undankbaren Amt als Aufseherin der Arbeiter. Die Zellen waren beinahe fertig, die Arbeiten am Turm fast abgeschlossen. Da spielte der Spiritual, P. Chirou, auf die Prophezeiung an, dass sie keine drei Jahre mehr leben werde, und neckte sie: «Nun, Sie sehen, dass Ihnen der Tod noch nicht bevorsteht! Sie halten sich gut!» Aber sie antwortete: «Lassen Sie nur, mein Vater! Sie werden sehen: Die drei Jahre sind noch nicht zu Ende!»

Es ist vollendet

Bald bemerkte man, dass Schwester Maria von Jesus dem Gekreuzigten litt. Im Juli wurde sie von Erstickungsanfällen heimgesucht. Wasser stieg ihr zum Herzen, ihre Füsse schwollen an. Ein erschöpfender Husten verhinderte den Schlaf. Trotz allem stand sie in aller Frühe auf und blieb auf dem Bauplatz, unermüdlich und hochherzig wie immer. Vier Tage vor ihrem Tod, am Donnerstag, dem 22. August 1878, schreibt die Novizenmeisterin: «Schwester Maria von Jesus dem Gekreuzigten leidet auch weiterhin sehr. Dennoch schleppt sie sich immer noch mit unglaublicher Anstrengung und bewundernswerter Hingabe zur Arbeit. Sie sagt uns bisweilen: ‹Ich tue mein Möglichstes, damit die Arbeiten rasch vorangehen und ihr nach meinem Tod ungestörte Ruhe und Stille finden könnt.› Mehrmals verlassen sie ihre Kräfte, und sie fällt hin; unverzüglich erhebt sie sich jedoch, um ihre Arbeit fortzusetzen.»

An diesem 22. August, gegen 10 Uhr, trug sie zwei schwere Giesskannen mit frischem Wasser für die Arbeiter herbei. Da stolperte sie auf einem steilen Pfad, fiel auf einen Geranienkasten und brach den linken Arm an mehreren Stellen. Als man sie in die Krankenabteilung trug, sagte sie zu der Mutter Priorin: «Mutter, das ist das Ende, das ist das Signal für das Ende!» Zu den Schwestern sagte sie: «Ich bin auf dem Weg zum Himmel, ich werde sterben. Die Sehnsucht meines ganzen Lebens wird sich erfüllen: Ich werde zu Jesus gehen.» Trotz aller Pflege litt die Kranke schrecklich. Ihr Leiden verschlimmerte sich, und zwei Tage später begann der Brand, der sich nach und nach auch auf die Schultern und den Hals ausdehnte. Am Sonntag, den 25. August, stellte Doktor Carpani, der Chirurg aus Jerusalem, das Fortschreiten des Brandes fest. Er entschloss sich, die brandigen Stellen herauszuschneiden oder herauszubrennen – doch alles vergebens! Als er wegging, sagte der Arzt auf Arabisch: «*Khalas!* Das ist das Ende!»

Als man von der schweren Erkrankung erfuhr, besuchten sie mehrere Priester – weniger, wie sie sagten, um ihr beizustehen, als um zu sehen, wie «eine Heilige» stirbt. So Don Belloni, der Beichtvater, P. Chirou, der Spiritual, und P. Guido, der Extraordinarius. Dieser brachte ihr die Wegzehrung. Man hörte die Kranke seufzen: «Komm, Herr Jesus, komm!» Einige Augenblicke später betrat Patriarch Bracco von Jerusalem die Zelle. Er hatte nicht aufgehört, der Karmelitin beizustehen und sie zu ermutigen. Jetzt, wo sie über die letzte Schwelle treten sollte, kam er wieder, um ihr Mut zuzusprechen. In seiner Gegenwart bat die Sterbende die Gemeinschaft um Verzeihung für ihre Verfehlungen.

Der Patriarch liess es sich nicht nehmen, ihr selbst die Krankenölung zu spenden. Gleich danach fragte er sie: «Sind Sie jetzt zum Sterben bereit?»

«Ja, mein Vater.»

«Haben Sie sich ganz dem göttlichen Willen ergeben, zum Leben wie zum Tod?»

«Ja, mein Vater.»

Und sie fügte hinzu: «Ein guter Tod, ein guter Tod.» Als er sich zurückzog, erinnerte sich der Patriarch daran, dass die kleine Araberin ihm tatsächlich vorhergesagt hatte, dass er ihr selbst die Krankenölung spenden werde. Damit hatte sich eine weitere Prophezeiung erfüllt. In diesen Augusttagen hüllte der *Hamsin,* der brennende Wüstenwind, das ganze Land in Staub. Er trocknete die Kehle der Kranken aus, die sagte: «Durst, Durst!» Nichts konnte diesen Fieberdurst stillen. Der Wind hörte erst nach der Beerdigung auf.

Die letzte Nacht war ein wahres Golgata. Nach Mitternacht brachte man der Sterbenden die Kommunion. Gegen halb fünf Uhr sagte sie mit ekstatischem Ausdruck: «Wie der Hirsch lechzt nach der Wasserquelle, so lechzt meine Seele nach dir, o Gott!» Wir wollen die Phasen dieses letzten Kampfes nach dem Bericht der Schwester Sekretärin, Mutter Maria vom Kinde Jesus, verfolgen:

«Um viertel vor fünf Uhr hatte sie einen starken Erstickungsanfall. Plötzlich erhob sie sich auf ihrem Lager, kniete nieder und sprach mit gefalteten Händen und kräftiger Stimme: Ich werde sterben, die Zeit ist da. Ruft alle Schwestern. Ich ersticke! Die Gemeinschaft wurde zusammengerufen. Unsere beiden guten Patres (Don Belloni und P. Chirou) hatten die Klausur betreten, um ihr beizustehen. Um fünf Uhr wurde zum Angelus geläutet. Sie machte das Kreuzzeichen, und man sah, wie ihre Lippen sich bewegten.

Einen Augenblick später warf sie einen erstaunten und verachtungsvollen Blick seitwärts; aber sogleich wurde ihr Antlitz wieder heiter; ihr Blick strahlte auf wie in der Verzückung, aber nur für die Dauer eines Blitzes.

168

Als ihr das Stossgebet: Mein Jesus, Barmherzigkeit! vorgebetet wurde, sagte sie: ‹O ja, Barmherzigkeit!› Das waren ihre letzten Worte. Man bot ihr das Kruzifix zum Kuss, eine letzte Absolution – und gleich danach gab sie ihre schöne Seele dem Schöpfer zurück, ohne Todeskampf, mit einem himmlischen Lächeln auf den Lippen und so sanft, dass wir es kaum bemerkten. Es war zehn Minuten nach fünf Uhr morgens.»

Während mehrerer Stunden bewahrte ihr Leib eine «paradiesische Schönheit» – der Ausdruck stammt von Doktor Carpani. Aber es entströmte ihm ein starker Gangränegeruch. Damit erfüllte sich eine weitere Prophezeiung. Als sie ihren Tod ankündigte, hatte sie gesagt: «Ich werde stinken wie die Pest! Sie werden sehen, ich werde ‹pesten›!»

Um einem Wunsch der *Kleinen* zu entsprechen, kam Doktor Carpani im Lauf des Morgens, um ihr Herz herauszunehmen, das in den Karmel von Pau gesandt werden sollte. Wir haben den Bericht über diesen Eingriff nach Msgr. Valerga wiedergegeben.

Sofort nach dieser Entnahme, drei Stunden nach dem Tod, quoll ein Strahl warmen Blutes aus der Seitenwunde, die rasch zugenäht wurde. Das Phänomen hielt den ganzen Tag lang an, und das Blut blieb so rot wie im ersten Augenblick. Es hörte erst am Abend auf, als man den Leichnam in den Sarg bettete. Ein anderes Phänomen, wovon wir schon berichteten, war die Biegsamkeit der Arme, die sich mehrmals von selbst in Kreuzesform ausdehnten. Selbst als die Tote schon im Sarg war, musste die Priorin ihr im Namen des Gehorsams befehlen, die Arme nicht mehr auszustrecken, damit man den Sarg schliessen könne.

Am 27. August beteiligte sich eine beachtliche Menschenmenge an dem Totenamt. Aus dem Mund aller Anwesenden drang ein einziger Schrei. «Die Heilige ist tot!» *Al-Qiddisa! Die Heilige!* Es ist dies das arabische Wort, mit dem Mirjam Bauardy auch heute noch in ihrem Geburtsdorf bezeichnet wird, wie ich anlässlich meiner zahlreichen Aufstiege nach Abellin bemerken konnte. Sie wurde beim Eingang des Chors der neuen Kapelle, die am 19. November 1892 eingeweiht wurde, begraben. Auf der Grabplatte wurde diese Inschrift eingraviert:

«J.M.J.T.
Hier ruht im Frieden des Herrn
Schwester Maria von Jesus dem Gekreuzigten,
Profess-Schwester vom weissen Schleier,
eine hochbegnadete, tugendhafte Seele.
Sie zeichnete sich aus durch ihre Demut,

ihren Gehorsam und ihre Liebe.
Jesus, die einzige Liebe ihres Herzens,
hat sie zu sich gerufen
in ihrem dreiunddreissigsten Lebensjahr
und im zwölften Jahr ihres Ordenslebens,
in Bethlehem, am 26. August 1878.
Requiescat in Pace!»

Diese Grabschrift ist vielleicht etwas lang für eine kleine Laienschwester. Als man den Patriarchen befragte, gab dieser jedoch seine Zustimmung und sagte: «Sie ist wohl etwas lang; aber ich denke, dass es den Schwestern keine Schwierigkeit bereitet, eine Ausnahme zu machen für jene, die sie im Leben so sehr geliebt haben».

Himmlische Blumenspende

«Ich nehme die Flügel meines Erlösers. Ich sehe, wie die ganze Welt mich selig preist. Wie ist es süss, dir anzugehören, o mein Heiland! Dein Name ist gross und erfüllt den Himmel. Alles lobt dich und ist von Freude durchdrungen, weil du gegenwärtig bist. Die Flügel, mit denen ich fliege, hat mein Erlöser mir gegeben. Gnädig hat er meine Seele angeschaut. Er hat mir die Flügel geschenkt, mit denen ich flog. Aus dem tiefen Abgrund, in dem ich mich befand, hat der Herr mich herausgezogen. Seit diesem Tag bin ich in seinem Schoss für immer. Glücklich der nie endende Tag!... Der Herr hat mich in seine Heimat geholt. Was sagt ihr, Bewohner der Erde?... Er gibt mir Flügel, um zu fliegen, er gibt mir tausend Blumen, um sie auf meinen Weg zu streuen. Er hat einen Korb voller Blumen in meine Hände gedrückt, und alle meine Freunde dürfen daraus nehmen, soviel sie wollen. Auf dem ganzen Weg habe ich Blumen gestreut, Freunde und Feinde haben sich eifrig bemüht, sie aufzulesen. Er schenkte mir Flügel, um zu fliegen, und legte einen Korb voller Blumen in meinen Schoss. Himmel und Erde, alles freute sich über sein wunderbares Lächeln!»

Mit diesen in der Ekstase gesprochenen Worten hatte Mirjam ihr künftiges Leben nach dem Tod prophetisch geschildert. Wird man sich wundern, dass um dieses Grab herum Wunder erblühten? Man denkt an die Phänomene, die den Tod Christi in Jerusalem umgaben. Am Morgen des Todestags der *Kleinen* gewahrten mehrere Personen von Bethlehem und Bet-Schala beim Sonnenaufgang über dem Karmel einen prächtigen Regenbogen. Zu dieser Jahreszeit und in dieser Richtung war dies mit den Gesetzen der Natur nicht zu vereinbaren.

Man betrachtete diesen Regenbogen als ein Zeichen zu Ehren der so-eben verstorbenen Karmelitin, als ihren «Heiligenschein».

An demselben und den folgenden Tagen liessen sich geheimnisvolle Wohlgerüche wahrnehmen in Bethlehem, in Mangalore, in Pau und selbst im Geburtshaus in Abellin, dessen Ruinen auch heute noch von den Dorfleuten besucht werden, die dort Weihrauch verbrennen und Öllämpchen anzünden. Noch am Todestag und mindestens zwei weitere Male erschien sie einer Ordensfrau, Mutter Maria von der heiligen Marina Verger, der Oberin des Klosters vom Guten Hirten in Perpignan und späteren Generaloberin der Kongregation, im Traum in Gestalt einer leuchtend weissen Taube. Diese Taube nahm später die Züge Schwester Marias von Jesus dem Gekreuzigten an, die ihr tröstende Worte sagte und schliesslich sprach: «Bleiben Sie immer mit Jesus vereinigt. Leben Sie nur aus Liebe und Opfer. Haben Sie keine Angst: Jesus wird Sie stützen. Mut und völlige Hingabe an Jesus!»

Andere Gnadenerweise, die den Ruf der Heiligkeit der Karmelitin weithin verbreiteten, liessen nicht lange auf sich warten. Der erste, dem sie eine Wohltat erwies, war wohl Doktor Carpani, der ihr Herz entnommen hatte. Am 31. August schrieb P. Guido an die Priorin des Karmels von Bethlehem: «Der Überbringer dieser Zeilen ist der Hausdiener des Chirurgen, der letzthin bei Ihnen war. Sein Herr ist an einem schweren Fussleiden erkrankt und seit Dienstag bettlägerig. Er möchte eine Reliquie der armen Schwester Mirjam darauflegen. Ich bitte Sie, ihm gütigst ein mit ihrem Blut getränktes Tüchlein zu geben.» Als der Chirurg das Linnen berührte, wurde er sofort geheilt.

1922 war eine Ordensfrau von Bethlehem seit mehreren Monaten hoffnungslos ans Krankenlager gefesselt. Die Röntgenuntersuchung hatte in ihrer Lunge eine Wunde festgestellt, die von einer früheren, schlecht verheilten Brustfellentzündung herrührte. Als man in Jerusalem den Prozess *De non cultu* vorbereitete, wurde die Kranke aufgefordert, Schwester Mirjam um Hilfe anzuflehen. Am 2. November, dem Tag der ersten Sitzung des Prozesses, wurde die leidende Schwester vollständig geheilt. Eine erneute Röntgenuntersuchung erwies, dass die Wunde in der Lunge vollkommen verschwunden war.

Ein Christ aus der Gegend von Madras war seit sieben Jahren auf dem rechten Auge am grauen Star erblindet. Da begann auch das linke Auge zu erkranken. 1926 liess er sich in Madras von bedeutenden englischen Augenärzten untersuchen. Diese erklärten ihm, er müsse sich einer Operation unterziehen, wenn er das linke Auge nicht auch noch verlieren wolle. Der Kranke kehrte betrübt nach Hause zurück. Da hörte er im Karmel von Kalikat zum erstenmal von Schwester Mirjam sprechen. Auf den Rat eines Missionars empfing er die Sakramente, begann eine Novene zur Dienerin Gottes und legte eine Reliquie auf sein krankes Auge. «Noch vor Beendigung der neuntägigen Andacht», schrieb der Begnadete, «verschwand jegliches Übel. Meine beiden Augen sind geheilt, mein Augenlicht ist völlig klar.»

Die Botschaft von Mirjam, der kleinen Araberin

«Warum hat Gott mitten unter uns diese grosse Seele erstehen lassen,» fragt Kardinal Sevin, Erzbischof von Lyon, in einem Brief vom 6. Dezember 1915. Offensichtlich ist das Leben Mirjam Bauardys ein unserer Zeit geschenktes Zeichen von besonderer Leuchtkraft. Es ist eine zugleich einfache und vielfältige Botschaft, wie das Leben der kleinen Araberin von Abellin und die orientalische Seele überhaupt auch einfach und komplex ist.

Die Einfachheit der Botschaft kommt daher, dass diese arabische Mystikerin in ihrem Leben und ihren Worten als die Verkörperung der reinsten Anforderungen des Evangeliums erscheint. Dieser geistlichen Tochter der Propheten ist es gelungen, deren wesentliche Lehren aufzufangen und mit derselben Kraft und in derselben Sprache weiterzugeben. So hat sie uns insbesondere *den Sinn für Gott, die Erkenntnis der Sünde, den Sinn für die Bekehrung,* diese Quellen der Hoffnung und des Heiles vermittelt. Vor allem hat sie die göttliche Botschaft des Meisters von Nazareth begriffen und sie mit feurigem Stilett in ihren Leib und ihre Seele eingravieren lassen.

Als Kind des Landes der Seligpreisungen ist sie die strahlende Ikone der neun unvergänglichen Worte des Herrn:
«Selig die Armen *im Geist und in der Wahrheit.*
Selig die Sanftmütigen.
Selig die Trauernden.
Selig, die hungern und dürsten nach der Gerechtigkeit.
Selig die Barmherzigen.
Selig, die reinen Herzens sind.
Selig die Friedensstifter.
Selig die Verfolgten.
Selig, die *um meinetwillen* geschmäht und verleumdet werden.»

Als Palästinenserin aus Galiläa, dem Land, in dem der unvergleichliche Meister in Gleichnissen lehrte, hat Mirjam die Lehren und Visionen des Himmels begriffen. Sie hat diese mitgeteilt in der Sprache Jesu, der ein echter Sohn Nazareths, der Blumenstadt im Herzen Galiläas, war. Das ist unmissverständlich. Wer mit den Evangelien auch nur ein wenig vertraut ist, erkennt in den Gebeten und Worten der *Kleinen* die Gedanken, die Symbole, die Redewendungen, die Ausdrucksweise Jesu wieder. Ihr Biograph P. Buzy schreibt: «Da sie Jüngerin und Landsmännin des göttlichen Meisters ist, spricht sie dieselbe Sprache wie er, mit demselben Akzent. ‹Auch du›, könnte man zu ihr sagen, ‹auch du bist Galiläerin, du gehörst ganz zu ihm, deine Aussprache verrät dich›» (vgl. Mt 26, 73).

Wir finden bei Mirjam dieselben Grundzüge, dieselben wesentlichen Forderungen, dieselben dringlichen Rufe. «Ich von mir aus glaube», erklärte Msgr. Bracco, der Patriarch von Jerusalem, «dass sie eine Heilige ist, denn ich habe in ihr die drei charakteristischen Zeichen der Heiligkeit bemerkt: Demut, Gehorsam, Liebe.»

Die Vielfalt ihrer Botschaft kommt daher, dass wir darin mehrere Aspekte auf einmal finden, wie dies auch bei der Botschaft Christi und der grossen Mystiker der Fall ist. Von diesen Aspekten werden wir nur die drei wichtigsten und auch aktuellsten berücksichtigen.

Der erste besteht darin, dass die arabische Mystikerin ganz deutlich *die Existenz der übernatürlichen Welt* offenbart. Auf seine eigene Frage: «Warum hat Gott uns Mirjam geschenkt?» gibt Kardinal Sevin diese erste Antwort: «Um unserem verweltlichten Leben ein wahrhaft übernatürliches Leben entgegenzustellen, ein solches, wie selbst die Wüste kein wunderbareres gekannt hat. Sie ist und wird in den Annalen der christlichen Heiligkeit einzigartig bleiben.» Und Gott weiss, dass die Wüste Juda Legionen von «Toren Gottes» gekannt hat. Kardinal Mercier, der Erzbischof von Brüssel, machte in einem Brief an den Übersetzer der englischen Version der Lebensbeschreibung Mirjams eine ähnliche Bemerkung: «Diese Biographie ist eine der ausserordentlichsten in der ganzen katholischen Hagiographie.» Wir möchten noch bemerken, dass diese demütige, des Lesens und Schreibens unkundige Araberin zu einer Zeit auftrat, in der eine der schwersten Krisen der Intelligenz grassierte, in einem Zeitalter der Skepsis und der Leugnung der übernatürlichen Welt im Namen der Wissenschaft. Heute sind die wahren Gelehrten demütiger geworden; sie finden durch die Teleologie zur Finalität zurück. Und dennoch geben viele von ihnen vor, alles könne durch «den Zufall oder die Notwendigkeit» erklärt werden. Und siehe da, gegenüber diesen *Pyramiden* des Wissens finden wir das *Staubkörnchen* von

Abellin. Mirjam Bauardy war Zeitgenossin von Renan (1823−1892), Littré (1801−1881), Jules Simon (1814−1896), von denen sie natürlich niemals hat reden hören. Wir zitieren jeweils nur ein Beispiel aus den Behauptungen eines jeden dieser Intellektuellen.

Renan erklärt in seinem Werk *L'avenir de la science,* das man den *Pentateuch des modernistischen Geistes* genannt hat, erklärt er: «Nicht nur eine Beweisführung, sondern die Gesamtheit der modernen Wissenschaften erlaubt uns, zu diesem ungeheuerlichen Ergebnis zu gelangen: Es gibt keine übernatürliche Welt.»

Littré behauptet: «Das Unerkennbare ist eine Gegebenheit, die niemals in unseren Berechnungen auftaucht.»

Jules Simon erklärt: «Die Wissenschaft beruht auf der Beständigkeit der Naturgesetze. Gott vermag nichts gegen sie. Wenn er existiert, kann das nur so sein wie ein Satellit, der um den Kosmos kreist, ohne auf ihn einzuwirken.»

Und nun stehen wir, mitten im Jahrhundert der Aufklärung, vor einer Herausforderung an den Glauben, an die Wissenschaft und den Unglauben. Ein unwissendes Mädchen von den galiläischen Hügeln wird auf seltsamen Wegen nach Frankreich, nach Marseille und Pau geführt, wo sie wie eine strahlende Zeugin der jenseitigen Welt erscheint. Mit ihr geschehen Dinge, die einen Blick hinter die Kulissen freigeben, in eine andere Welt voller Intelligenz, die Harmonie schafft und von aufmerksamen, liebenden Wesen bewohnt wird − einen Blick in eine übernatürliche Welt. Mit ihr erscheint das Übernatürliche, nach dem schönen Ausdruck von P. Dehau, als das «Natürliche Gottes». Sie durchquert den Himmel, das Fegefeuer und die Hölle; und sie kehrt zurück mit bald herrlichen, bald schmerzlichen, bald grauenhaften Visionen, die sie mühsam in Bilder und in ein gebrochenes Französisch zu übersetzen versucht.

Gott greift aufsehenerregend und auf seine verwirrende Weise in ihr Leben ein. Bischof Marie-Ephrem hatte die kleine Araberin an ihrem Professmorgen daran erinnert, als er Paulus zitierte: «Gott erwählt das Schwache, um das Starke zu beschämen, das Niedrige und Verachtete, was nichts gilt, um abzutun, was etwas gilt» (1 Ko 1, 27−28). Da ist die geheimnisvolle göttliche Konstante, das Gesetz der Umkehrungen, das in der Bibel so klar in Erscheinung tritt: Gott zieht die Jüngeren den Älteren, die Unfruchtbaren den Fruchtbaren, die Kleinen den Grossen vor.

Dieses junge Mädchen mit seinen Wundmalen und seinen Levitationen tritt nicht in den Jahrhunderten der Unwissenheit, in einer vorwissenschaftlichen Epoche in Erscheinung, zu einer Zeit, da es weder methodische Geschichtsforschung noch Kritik gab. Sie hat in der zweiten Hälfte des 19. Jahrhunderts mitten im westlichen Europa gelebt, als die wissenschaftliche Forschung, die Geschichtskritik und die philosophische Diskussion sich entwickelten und Triumphe feierten. Sie hat nicht in einem verlorenen Dorf, sondern während der ausserordentlichsten Jahre ihres Lebens in Marseille und in Pau gelebt. Ärzte, Chirurgen, Historiker, Diplomaten und eine Menge anderer Zeugen haben sie gesehen, befragt und angehört und ihre Aussagen eidesstattlich vor dem Gericht, das zu ihrer Seligsprechung eingesetzt wurde, niedergelegt. Die Geschichte, die Wissenschaft, Psychologie und Psychoanalyse, die Physiologie und die Medizin können nach Belieben das Phänomen untersuchen.

Auf das berühmte Schlagwort «Gott ist tot», das zu ihre Zeit aufkam, gibt die Mystikerin durch ihre blosse Existenz die Antwort: «Gott ist der Lebendige.» Er ist die Liebe. Den Philosophen, denen der Verstand nach allzu langem Tiefflug still steht, stellt sie ein Denken entgegen, das in den Dimensionen der Gedanken Gottes atmet und daran weit wird. Blondel hat mit Recht gesagt, dass die Mystiker die einzigen vernünftigen Menschen sind. Bergson hatte nicht unrecht, von ihnen Aufschluss über die äussersten Erfahrungen zu erbitten und sie zu fragen, welche Vernunft das Weltall in Bewegung setzt und sich auch in ihnen zu erkennen gibt.

Die Heiligen sind wie eine laute Stimme, die in die monotone Redeweise der Allgemeinheit einbricht. Sie sind die Menschen an der Spitze und die vordersten Helden, die Kosmonauten göttlicher Welträume. In einer zerstreuten Welt sind sie wie ein Schlag, den der Lehrer mit dem Lineal auf das Pult versetzt, um seine schläfrigen, geistesabwesenden Schüler zur Aufmerksamkeit zu rufen. In einer Welt der Lüge enthüllen sie das Land der Wahrheit, aus dem sie kommen. Wenn schon jeder Christ ein Wort Gottes an die Welt ist, so stellen die Mystiker «die lebendige Hermeneutik seines verborgenen Wesens, seiner Rolle, seiner Person dar» (Hugo Ball). Sie sind jene Tonsätze, ja oft Schlagwerkzeuge, durch die Gott sich noch immer offenbart.

Eine solche Mystikerin war Mirjam Bauardy, Schwester Maria von Jesus dem Gekreuzigten. Sie ist ein lebendiges Gleichnis aus dem Evangelium. Sie lässt uns die Verse Thompsons besser verstehen: «O unsichtbare Welt, wir schauen dich; unberührbare, wir rühren dich an; unerkennbare, wir erkennen dich; unfassbare Welt, wir umfassen dich.»

Der zweite Aspekt der Botschaft des kleinen Nichts ist die Bejahung der Transzendenz des Gottes der Liebe. Sie ist eine wahre Tochter des Karmels. Man könnte sagen: Auf zweifache Weise, nämlich

durch ihre Geburt und ihre Berufung. Sie ist im Schatten des Karmelgebirges geboren und hat dort ihre Kindheit verbracht. Sie sah als
Kind den heiligen Berg, der den Horizont von Abellin zum Südwe-
sten hin abschliesst. Kurz vor ihrem Tod erstieg sie im Verlaufe ihrer
Reise nach Galiläa den Karmelberg. Wie sollte sie als Karmelitin den
Eliasberg nicht als ein Zeichen ihrer Berufung zum Absoluten empfunden haben! Denn eine ganz besondere und fordernde Lehre wird
für den deutlich, der die Taten des Feuerpropheten auf dem Gipfel
des Karmel nachliest. Wie farbig und bedeutsam wird da die schreckliche biblische Szene der Herausforderung des Elias an die Götzen
und die Priester des Phönikischen Baal, das blutige Opfer auf dem
Altar, das blitzartige Eingreifen des einen Gottes, des Gottes des
Elias, das Schweigen der «anderen Götter» und schliesslich das Blut-
bad, das unter den betrügerischen Priestern und Propheten mit dem
Ruf: «Der Herr ist Gott!» angerichtet wurde. Er ist der einzige Gott
(1 Kg 18).
Der Karmel bleibt auch heute noch der Berg der letzten Entscheidungen derer, die Gott wählen und ihn allem anderen vorziehen. Der
Berg der Transzendenz des einen Gottes, gegen den alles andere ein
Nichts ist. Es ist beeindruckend, von Abellin aus die felsige Sperr-
mauer zu betrachten, die sich beherrschend bis in die Fluten des Mit-
telmeers − des biblischen Symbols der Unbeständigkeit − hinzieht
und die Wellen zurückwirft. Hier wird man in aller Strenge vor die
einschneidende Wahl gestellt: Entweder das Festland oder das trüge-
rische Meer; entweder Gott oder der Götze; entweder Gott oder ich.
Erinnern wir uns an das Wort des Elias an das strauchelnde Volk Israel: «Wie lange werdet ihr noch auf beiden Füssen hinken?»
In den teresianischen Klöstern hat Mirjam das Zeichen des Karmels
im Geiste des Elias gelebt. Sie hat ein für allemal ihre Wahl getrof-
fen, wenn sie auch ihre einzelnen Entscheidungen mehrmals am Tage neu treffen musste. In der einmaligen Entscheidung wie in den
täglichen Entschlüssen ist Christus zugegen. Dies ist das Opfer des
Elias, der Tod des Götzen oder des eigenen Ich, und das Leben in
Gott. Das ist Ostern.
Gott war für Mirjam das *grosse Alles,* und sie war für ihn das *kleine
Nichts.* Diese Grösse Gottes und dieses Nichts des Geschöpfes hat sie
mit ihrer ganzen Überzeugung und ihrer orientalischen Leidenschaft
erlebt, ohne jedoch der Masslosigkeit des Muslims zu verfallen, dessen unbedingte Unterwerfung unter Gott bisweilen fatalistisch ge-
färbt ist. Durch ihren christlichen Glauben hat Mirjam diese Über-
treibung vermieden. Ihr Aufstieg zum Berge Karmel war ein Aufstieg der Liebe. Sie ist ihren Weg mit Elias, dem Propheten des Feu-

ers und des Blutes, gegangen, aber auch mit Teresa von Avila, die die Strenge der Devise des Propheten, «Ich eifere für den Herrn, den Gott der Heerscharen» (1 Kg 19, 10), gemildert hat. Zwischen Elias und Teresa steht das Evangelium, steht Jesus: «Gott, der vor Liebe zerfloss.». Deshalb handelt es sich für Mirjam nicht um die Transzendenz der Macht, einer erdrückenden Macht, sondern um die Transzendenz der Liebe, einer barmherzigen Liebe, einer «innigsten Erbarmung unseres Gottes», wie der Priester Zacharias in seinem *Benedictus* sagt.

Erinnern wir uns an die Lavaströme, die dem «Vulkan» der Ekstatikerin Mirjam von Abellin entströmten. Der Kälte und Härte des Elias von Thisbe, des Mannes im ausgetrockneten Wildbach von Kerit, stellt sie die leidenschaftliche Liebe Teresas entgegen. Sie lebt aus dieser Leidenschaft und bringt sie in freudigen Worten und Bildern zum Ausdruck, die nur jene zu überraschen vermögen, die nichts wissen von den berauschenden Erfahrungen der grossen Mystikerinnen wie Teresa, Gertrud, Angela von Foligno, Katharina von Siena, Margareta-Maria Alacoque. Und wie könnte Mirjam sich nicht die entflammten Verse des *Hohenliedes* zueigen machen?

Unsere heutige Prüderie stösst sich bisweilen an der Sprache der Liebenden Christi. Aber die Mystiker aller Zeiten und insbesondere die Orientalen haben den göttlichen Bräutigam mit menschlichen Worten besungen. Wo verläuft die Grenze zwischen menschlicher und göttlicher Liebe, zwischen Eros und Agape? Und wer könnte die Aktualität einer derartigen Botschaft leugnen in einer Welt, die, nachdem sie Gott getötet hat, ihn sucht und ersehnt als das Wesen, das seine Transzendenz durch seine Liebe, seine barmherzige Liebe offenbart? Mirjam von Abellin hat es verstanden, in feurigen Worten und erlesenen Taten die Kleinheit oder geistliche Kindheit und die Transzendenz oder die Macht der Liebe Gottes zum Ausdruck zu bringen, die sich in Jesus offenbart. Man soll von sich selbst leer werden, um sich in grösster Tiefe von der absoluten Liebe beglücken und erfüllen zu lassen. Es genügt, sich lieben zu lassen. Welche eine Askese, aber auch − welch eine Trunkenheit!

In den Kämpfen zwischen der Natur und der Gnade haben wir in der demütigen Nonne gesehen, wie das Göttliche in der Natur Fleisch wurde, wie es sie sublimierte, ohne ihr Wesen zu verändern, und sie sogar bis zum Höhepunkt, den die Spirituellen mystische Hochzeit nennen, erhob. Mit ihrem ganzen wunden Leib, ihrem ganzen durchbohrten Herzen, mit allen Fibern ihres Wesens hat Mirjam geliebt. Sie wurde erlöst, weil sie sich verlor. Sie hat die wahre Weisheit nur entdeckt, weil sie sich der Torheit der Liebe hingab.

Der dritte Aspekt der Botschaft der jungen Araberin ist der, dass sie die aktive Anwesenheit des Heiligen Geistes in der Kirche geoffenbart hat. Mirjam von Abellin erscheint uns als ein Meisterwerk des Heiligen Geistes. Er hat sie durch die Windungen eines scheinbar stürmischen Daseins geführt, sie jedoch in Wirklichkeit zu einem einzigen Ziel, dem Aufstieg zum Berge Karmel, geleitet. Der Geist hat ihr Geschmack an der Beschauung geschenkt und ihr somit ein lebhaftes Gespür für die Gegenwart und das Wort Gottes vermittelt, der durch seinen Sohn in diese Welt gekommen ist. Dieses auserlesene Gespür und dieses Feingefühl brachten sie dazu, Gott in jedem Geschöpf, in jedem Menschen und in jeglichem Ereignis zu entdecken und zu erspüren. Alles wurde für sie zum Zeichen. Alles war Gnade, alles war Wort Gottes. Sie verstand es, in mystischer und köstlicher Weise im Universum und in der Menschheit zu lesen. Darin erwies sie sich wieder als Landsmännin der inspirierten Schriftsteller.

In einem Zeitalter, da der Heilige Geist der «göttliche Verkannte» war, wurde Schwester Maria von Jesus dem Gekreuzigten zu der Verkündigerin seiner Frohen Botschaft. Dies zweifellos durch ihre Charismen, aber mehr noch durch ihre Worte und ihre heroischen Tugenden. Man darf behaupten, dass durch ihre «ausserordentliche Andacht zum Heiligen Geist», von der die Zeugen sprechen, ihre Botschaft universale Gültigkeit besitzt. Und wie aktuell ist sie gerade in unseren Tagen, die auf das Zweite Vatikanum folgen, wo wir in der Kirche so etwas wie ein neues Pfingstfest erleben, eine spürbare Wiederkunft des Heiligen Geistes, ein erstaunliches Aufblühen der Charismen, die an die junge Kirche von Jerusalem gemahnen.

Am Schluss dieses «wunderbaren Lebens» der kleinen Araberin Mirjam, die im Karmel Schwester Maria von Jesus dem Gekreuzigten wurde, freut es uns, das Zeugnis eines Laien zu zitieren. Es stammt von dem Senator und berühmten Redner Charles Chesnelong, dem Vater des späteren Erzbischofs von Sens. Er hatte Gelegenheit gehabt, die Karmelitin in Pau zu sehen und sich für sie zu verwenden, insbesondere als es galt, in Rom Schritte zugunsten der Gründung des Karmels von Bethlehem zu unternehmen. Kurz nach dem Tod der *Kleinen,* am 5. September 1878, schrieb er an Fräulein Dartigaux:

«Diese heilige Ordensfrau gehörte zu den Menschen, für die der Tod eine Wegbereitung für die Vergeltung bedeutet. Zeit ihres Lebens war sie das Werkzeug der göttlichen Gnade gewesen, und bisweilen der Widerhall der Stimmen, die unser Herr in ihrem Herzen ertönen liess. Stets war sie ein Beispiel der Tugenden, welche die menschliche Seele zu erringen vermag, wenn sie sich völlig auf dem Opferaltar darbringt. Sie besass die Fülle des Glaubens und der Liebe und bezeugte auch tiefen Sinn für das aus Liebe zu Jesus Christus angenommene Leiden, das sie als einen Beitrag zur Sühne der von anderen begangenen Sünden betrachtete; denn für sich selbst hatte das heilige Kind nicht zu büssen. Zu einer Einfachheit, die der Widerschein einer selbstvergessenen Vollkommenheit war, gesellten sich bei ihr ein hoher Mut und eine gewisse übernatürliche Erhabenheit, die sie als eine durch die Berührung des göttlichen Meisters verklärte Seele erkennen liessen. Der Tod konnte für sie nur der Übergang von einer sich in der Prüfung offenbarenden zu einer in der Herrlichkeit gekrönten Heiligkeit sein.»

Gebet
von Schwester Maria von Jesus dem Gekreuzigten

Herr Jesus, im Schweigen dieses anbrechenden Morgens komme ich zu Dir und bitte Dich mit Demut und Vertrauen um Deinen Frieden, Deine Weisheit, Deine Kraft. Gib, dass ich heute die Welt betrachte mit Augen, die voller Liebe sind. Lass mich begreifen, dass alle Herrlichkeit der Kirche aus Deinem Kreuz als dessen Quelle entspringt. Lass mich meinen Nächsten als den Menschen empfangen, den Du durch mich lieben willst. Schenke mir die Bereitschaft, ihm mit Hingabe zu dienen und alles Gute, das Du in ihn hineingelegt hast, zu entfalten. Meine Worte sollen Sanftmut ausstrahlen und mein ganzes Verhalten soll Frieden stiften. Nur jene Gedanken, die Segen verbreiten, sollen in meinem Geiste haften bleiben. Verschliesse meine Ohren vor jedem übelwollenden Wort und jeder böswilligen Kritik. Möge meine Zunge nur dazu dienen, das Gute hervorzuheben. Vor allem bewirke, o Herr, dass ich so voller Frohmut und Wohlwollen bin, dass alle, die mir begegnen, sowohl Deine Gegenwart als auch Deine Liebe spüren. Bekleide mich mit dem Glanz Deiner Güte und Deiner Schönheit, damit ich Dich im Verlaufe dieses Tages offenbare. Amen.

Imprimatur: *R. Paralieu*
Pau, den 26. Mai 1965   *Generalvikar*

Gebet

Herr Jesus, der Du in Nazareth Fleisch geworden, in Bethlehem geboren und in Jerusalem gestorben bist, um uns zu erlösen, erinnere Dich daran, wir bitten Dich, dass Deine kleine Dienerin Schwester Maria von Jesus dem Gekreuzigten auch im Heiligen Land geboren und gestorben ist.

Erinnere Dich daran, dass Du sie mit aussergewöhnlichen Gnaden und Tugenden überschüttet hast, so dass sie durch ihre Reinheit und Demut an die Lilien des Feldes gemahnt, die Du im Evangelium gepriesen hast.

Wenn es zur Vermehrung Deines Lobes gereicht, verherrliche Dich nochmals in Deiner demütigen Dienerin. Lasse ihr bald die Ehre der Seligsprechung zuteil werden und erhebe sie dadurch zur Beschützerin Deiner heiligen Stätten, die heute von so schweren Gefahren bedroht sind.

(Von Louis Barlassina, dem Patriarchen von Jerusalem, approbierter Text.)

P. Benedikt Stolz, Heiligkeit im Heiligen Lande, Seiten 22–38, Miriam-Verlag, Jestetten, 1985.

Epilog

Von der Wiege an mit ausserordentlichen Gnaden bedacht, war Mirjam von Abellin schon der hl. Teresa ähnlich, bevor sie noch deren Tochter wurde. Die mystischen Gaben, die Gott über die Jungfrau von Avila in verschwenderischer Fülle ergoss, liess er im 19. Jahrhundert in der Jungfrau von Abellin wieder aufleben. Wie der hl. Teresa ward ihr von einem geheimnisvollen Pfeile das Herz buchstäblich durchbohrt. Sie trug die Wundmale an der Seite, an Händen und Füssen; um ihre Stirn zeichnete sich unter den Stichen unsichtbarer Dornen eine blutige Krone. Ihre Ekstasen waren etwas Alltägliches, da sie das Feuer der göttlichen Liebe nicht zurückhalten konnte. Die Worte, die von ihren liebeentflammten Lippen strömten, die Gesänge, die sie zum Lobe des Allmächtigen improvisierte, erinnern an die Lehren von Hymnen der ruhmvollen Reformatorin des Karmels. P. Benedikt Stolz OSB, Dormitio Abtei, Jerusalem

Quellennachweis

I. Handschriftliche Dokumente
Archive des Karmels von Pau, des Karmels von Bethlehem, der Patres von Bétharram, des lateinischen Patriarchates von Jerusalem.

II. Dokumente der Postulation für die Seligsprechung
Eine Reihe von Texten und Studien, die im Hinblick auf den Seligsprechungsprozess unter dem Titel Hierosolymitana herausgegeben worden sind. Davon habe ich insbesondere die *Rapporte* der beiden von der Kongregation für die Heiligsprechungen bezeichneten Experten in mystischer Theologie studiert, und zwar P. Garrigou-Lagrange O.P. und P. Mager OSB, sowie das *Summarium* oder die eidesstattlichen Aussagen der Zeugen. Die Postulation hat mehr als 120 davon vorgestellt; das Gericht hat deren mehr als 20 vorgeladen.

III. Biographische Dokumente
M.-E. Herbert, *Marie de Jésus Crucifié,* Montpellier 1898, *Vie merveilleuse de la sœur Marie de Jésus Crucifié,* 3 Bde., Montpellier 1903.
P. Estrate, *Vie de sœur Marie de Jésus Crucifié,* Paris 1913.
D. Buzy, *Vie de sœur Marie de Jésus Crucifié,* Paris 1921.
Pensées de sœur Marie de Jésus Crucifié, Paris 1922.
P. Benedikt Stolz OSB, *Flamme der göttlichen Liebe, Mirjam von Abellin,* Miriam-Verlag, Jestetten 1983.
R. Schwob, *Vie de sœur Marie de Jésus Crucifié,* in: La Légende dorée au-delà des mers, Paris 1930, S. 243–277.
F. Holböck, Neue Heilige der katholischen Kirche. Von Papst Johannes Paul II. in den Jahren 1979–1984 kanonisierte Selige und Heilige, Bd. I, Christiana-Verlag, Stein am Rhein, 1991.

IV. Besondere Studien
R. Garrigou-Lagrange, *Traité de théologie ascétique et mystique.*
J. Lhermitte, *Mystique et faux mystiques,* Paris 1952.
Vrais et faux possédés, Paris 1956.
V. Lossky, *Essai sur la théologie mystique de l'Eglise d'Orient.* Paris.
J. de Tonquédec, *Merveilleux métapsychique et miracle chrétien.*
J. M. Höcht, *Von Franziskus zu Pater Pio und Therese Neumann. Eine Geschichte der Stigmatisierten, neu herausgegeben von Arnold Guillet,* S. 159–167, Christiana-Verlag, Stein am Rhein, 1974.

MARIA ANNA LINDMAYR

Mein Verkehr mit Armen Seelen

Tagebuch einer Karmelitin

144 S., DM 14.–, Fr. 12.–

Dank einer besonderen Zulassung Gottes hatte Maria Anna Lindmayr Verkehr mit Armen Seelen.

GEORG BERGMANN

Franz Jägerstätter

326 S., farbiger Umschlag, 8 Fotos, DM 20.–, Fr. 17.–

Franz Jägerstätter hat Hitler den Militärdienst verweigert und wurde deshalb 1943 in Berlin enthauptet. Georg Bergmann schildert in diesem Buch den unerhört dramatischen Gewissenskonflikt dieses Mannes, der das Format eines Heiligen hat.

CARL JULIUS ABEGG

Fackel Gottes Johanna von Orléans

50 000 Ex., 144 S., 8 Fotos, DM/Fr. 9.80

«Ich betrachte die Geschichte der Jeanne d'Arc als ein wahres Wunder Gottes.»

PROF. DR. E. GÖRLICH

Der Wundermönch vom Libanon

4. Aufl., 140 S., DM 14.–, Fr. 12.–

Am 9.10.1977 heiliggesprochen. Scharbel Machluf ist ein mächtiger Helfer, der in ausweglosen Situationen helfen kann.

P. DR. MICHAEL JUNGO OSB

Verborgene Krone

4. Aufl., 20. Tsd., 120 S., 16 Fotos, DM 9.–, Fr. 7.80

In diesem Buch wird das beispiellose Leben Dorotheas, der Frau von Niklaus von Flüe, beschrieben, so echt und lebensnah, dass der Leser mit tiefer Ergriffenheit am Schicksal dieser grossen Frau teilnimmt.

BERCHTOLD VON BOMBACH

Das Leben der heiligen Luitgard

Die Heilige des Mutterschosses

20 000 Ex., 160 S., 32 Abbildungen, DM 9.80, Fr. 8.–

Die Urfassung der Lebensbeschreibung Luitgards, von ihrem geistlichen Führer, Berchtold von Bombach, verfasst – lange verschollen und dann neu entdeckt, ist von grosser Aktualität.

MARIAN PINHO SJ

Alexandrina Maria

132 S., DM/Fr. 7.80

Wie ein heiliger Bruder Klaus lebte Alexandrina während dreizehn Jahren einzig von der heiligen Kommunion.

DR. KARL IPSER

Franziskus rette meine Kirche

10 000 Ex., 254 S., 16 Fotos, DM 15.–, Fr. 13.50

Das leidenschaftlichste, das engagierteste Franziskus-Buch der Gegenwart.

MARIO NANTELI

Aufstieg zum Berg Karmel

Auflage: 10 000 Ex., 200 S., 10 Fotos, DM/Fr. 9.80

Dieses Buch erlebte in Italien sieben Auflagen. Die Marchesa Alessandra di Rudini-Carlotti (1876–1931) war die Tochter des italienischen Ministerpräsidenten, eine vollendete junge Dame. In Paray-le-Monial in Frankreich tritt sie in den Karmel ein. In wenigen Jahren wird sie zu einer Meisterin des inneren Lebens, und der Orden nutzt ihr grosses Organisationstalent; so wird sie u. a. Gründerin des Karmels in Paris. Das Buch schildert das Schicksal dieser faszinierenden Frau, einer Maria Magdalena des 20. Jahrhunderts.

JEAN BARBET

«Die über alles schöne Frau»

Die wahre Geschichte der heiligen Bernadette nach den ersten authentischen Augenzeugenberichten von Jean Barbet

2. Auflage, 15. Tsd., 168 S., A5, 73 Fotos, 7 Abb., DM 12.–, Fr. 11.–

«Ein Kind hat die ganze, zur Erde herabgekommene Schönheit des Himmels gesehen. Nichts ist unmittelbarer als ein Wunder.» Ein Text- und Bildband von einmaliger Schönheit.

MARIE DE L'INCARNATION

Zeugnis bin ich Dir

Selbstbiographie der bedeutendsten Mystikerin Frankreichs

288 S., 8 Fotos, Paperback, DM 19.–, Fr. 17.–

Papst Johannes Paul II. hat 1980 die Französin Marie de l'Incarnation (1599–1672) selig gesprochen, die Frau mit der doppelten Berufung, einer mystischen und einer apostolischen. Henri Brémond nannte sie «die bedeutendste Mystikerin Frankreichs», Bossuet stellte sie neben eine Theresia von Avila und Angela von Foligno, während die Kanadier sie «die Mutter der kanadischen Kirche» nennen.

ALBERT BESSIÈRES

Anna Maria Taigi

2. Auflage, 15. Tsd., 221 S., 8 Bildtafeln, DM 15.80, Fr. 14.50

Anna Maria Taigi ist eine echte Seherin und Prophetin – auch für unsere Zeit, besonders durch ihre erschütternde Vision einer dreitägigen Finsternis.

CHRISTIANA-VERLAG   **CH-8260 STEIN AM RHEIN**

183

P. JOSEF KOLACEK SJ

Der Heilige der Neuen Welt

JOHANNES NEPOMUK NEUMANN

10 000 Ex., 14,8 x 21 cm, 212 S., 8 Fotos, DM 14.–, Fr. 12.80

Am 19. Juni 1977 hat Papst Paul VI. Johann Nepomuk Neumann heiliggesprochen. Der neue Heilige war ein Sohn des Böhmerwaldes, der in Prag Theologie studierte und dann jung nach Amerika kam. In der Neuen Welt entwickelte er eine rastlose Tätigkeit als Missionar, als Seelsorger für die Auswanderer, als Pfarrer und schliesslich als Bischof von Philadelphia. Am 5. Januar 1860 brach er im Alter von 49 Jahren auf der Strasse tot zusammen.

PROF. DR: FERDINAND HOLBÖCK

Die Theologin des Fegfeuers

20 000 Ex., 150 S., 8 Fotos, DM 12.–, Fr. 9.80

Holböck schildert in diesem Buch Leben und Werk der heiligen Catharina von Genua und bringt im Anhang den «Traktat über das Fegfeuer» in einer eigenen Übersetzung.

GOTTFRIED HERTZKA

Das Wunder der Hildegard-Medizin

7. Auflage, 250 S., 4 Farbtafeln, Leinen, DM 26.50, Fr. 24.–

Nicht das Aussergewöhnliche ist daran das Aufregende, sondern die Tatsache, dass die Medizin Hildegards auch stimmt.

PAUL GOUIN

Mélanie, die Hirtin von La Salette

24 S., farbiger Umschlag, 16 Fotos, DM 19.80, Fr. 18.–

Der berühmte französische Schriftsteller Léon Bloy hat das Erscheinen der weinenden Muttergottes in La Salette für «das grösste Ereignis seit dem Pfingstmorgen» gehalten und er hat darüber ein Buch geschrieben unter dem Titel «Celle qui pleure» («Jene, die weint»). Die Engel weinen nicht, aber die Königin der Engel weint angesichts einer gottlosen Welt, die der ewigen Verdammnis entgegengeht. Das Hirtenmädchen Mélanie ist von der Schönheit der Muttergottes ergriffen, aber noch mehr von ihren Tränen erschüttert. Das Buch bestätigt die Aussage Papst Pius X., der zum Bischof von Altamura sagte: «E la nostra Santa – sie ist unsere Heilige!»

CHRISTIANA-VERLAG **CH-8260 STEIN AM RHEIN**